创富启示录系列

"财富"的"逻辑"

别有锋魏 —— 著

上海财经大学出版社
SHANGHAI UNIVERSITY OF FINANCE & ECONOMICS PRESS

上海学术·经济学出版中心

图书在版编目(CIP)数据

财富的逻辑 / 别有锋魏著. -- 上海：上海财经大学出版社, 2025. 7. -- ISBN 978-7-5642-4622-8

Ⅰ. F830.91

中国国家版本馆 CIP 数据核字第 2025YS1324 号

□ 策划编辑　陈　强　朱晓凤
□ 责任编辑　朱晓凤
□ 封面设计　贺加贝

财富的逻辑

别有锋魏　著

上海财经大学出版社出版发行
（上海市中山北一路 369 号　邮编 200083）
网　　址：http://www.sufep.com
电子邮箱：webmaster@sufep.com
全国新华书店经销
苏州市越洋印刷有限公司印刷装订
2025 年 7 月第 1 版　2025 年 7 月第 1 次印刷

890mm×1240mm　1/32　11.875 印张（插页：2）　296 千字
印数：0 001—7 000　　定价：88.00 元

推荐语

● **向松祚**

著名经济学家、金融学家

《环球财经》杂志总编辑、深圳市大湾区金融研究院院长

著作有《新经济学》(五卷)、《新资本论》《争夺制高点》《汇率危局》等

  《财富的逻辑》是一部极具洞察力的商业智慧之作,作者以深厚的经济学功底和丰富的实践经验,深刻剖析了财富创造的底层逻辑。作者从赚钱的两种模式——"Time for Money"(时间换金钱)与"Asset for Money"(资产换金钱)出发,深入浅出地揭示了个人财富积累的核心路径,启发读者从被动收入的角度重新思考财务自由的本质。

  本书的独特价值在于,它并非空洞的理论说教,而是基于作者多年投资实践得出的经验和教训,通过对大量真实案例的深度剖析,将复杂的财富逻辑转化为可操作的行动指南。无论是职场人、创业者还是投资者,都能从中找到适合自己的财富增长策略。尤其值得称道的是,作者对经济学、金融学、法律和人性等多元视角的融合分析,使得本书兼具学术严谨性与实践指导性。

  在当今充满不确定性的经济环境下,如何驾驭风险、把握趋势、实现财富的可持续增长,是每个人必须面对的人生课题。我诚挚推荐这本书给所有渴望突破财富"瓶颈"、追求财务自由的朋友,它必将成为你人生进阶的重要助力!

● 秦　朔

知名媒体人、人文财经观察家、"秦朔朋友圈"主理人

著作有《大脑风暴》《传播成功学》《感动中国》《美国秀》《大变局》等

在商业世界的潮起潮落中，创新始终是划破乌云的闪电。《财富的逻辑》以创新为经纬，在个人成长与企业发展的双线叙事中，揭示了财富创造的本质规律：无论是个体突破"时间换金钱"的线性增长困局，还是企业重构"资产换金钱"的价值链条，创新都是撬动复利效应的主杠杆。

书中尤为亮眼的是，将"创新思维"解构为可落地的方法论：个人篇中强调的"认知差突破"与"执行力迭代"，为职场人打开了从技能型劳动者向价值型创造者跃迁的通道；企业篇里对商业模式重构与技术赋能路径的剖析，则为经营者提供了脱离同质化竞争的困境，转向差异化创新的实战指南。

作者以产业投资人的观察视角，用大量鲜活案例印证：创新不是空中楼阁，而是对"用户未被满足的需求"的精准捕捉。从个人如何通过技能发展和认知升华实现收入结构的升级，到企业怎样借助技术迭代构建护城河，书中始终贯穿一条"以创新为要"的主线。真正的创新，永远始于对客户/用户的深度洞察和敏锐感知，终于对商业效率的革命。这与我多年观察中国商业生态的心得不谋而合。

作者以"投资人视角＋经济学人笔触"构建起财富认知的坐标系：横轴是时间维度的复利法则，纵轴是空间维度的资产配置。面向所有渴求财富的人群，作者试图传递这样一条真理：真正的财富逻辑，从来不是随波逐流的机会主义，而是对效率革命与价值创造的持续求解。

本书以创新为魂，既有对经济学诸学科的新鲜领悟和独到运用，又注入了对商业实践的深度观察。推荐每一位不甘于线性成长的读者，在书中遇见属于自己的创新破局时刻。

● 陈琦伟

著名国际金融学家、资本市场专家
亚商集团创始人兼董事长、亚商资本创始合伙人

《财富的逻辑》以投资学的底层框架为骨干,以商业实战的鲜活案例为血肉,构建了一套极具现实穿透力的财富创造认知体系。书中对收入模式的分析、对时间价值与金融思维的解读尤为精彩。前者道出了突破劳动收入天花板的关键在于获得可以持续创造收入的资产,后者则点明企业经营者撬动财富杠杆的核心在于构建"资产—现金流—资本溢价"的闭环逻辑,这与我在金融投资中强调的"资本效率最大化"的理念异曲同工。

作者以产业投资人的独特视角,将经济学和金融学等的基本理念和知识融贯于个人成长与企业成长的双螺旋结构之中,辅以恰如其分的案例分析,比如拼多多的社交裂变、蓝思科技的产业链垂直整合,生动演绎了 MBA 案例教学的经典范式。

在金融脱虚向实的时代背景下,此书既非空谈理论的著作,也非碎片化的商业鸡汤,而是展现出了难得的实践导向,通过"理论模型＋案例拆解＋工具指南"的三重结构,为读者提供了从财富认知升级到商业实战策略落地的完整路径。

推荐所有对财富积累有所追求的读者阅读此书,它所表达的"系统化创富思维框架",犹如一束亮光,照亮从劳动性收入模式向资产性收入主导跃迁的关键航程。

● 管　刚

北京凯文德信教育科技股份有限公司副总经理

曾任微软亚洲研究院、英特尔、阿里巴巴、腾讯等大型IT及互联网企业资深高管

  全书以个人跃迁（赚钱模式/职场竞争力/金融思维）与企业进化（商业模式/组织韧性/创新管理）双线并进，结合雅马哈、腾讯等中外经典案例，将经济学、金融学、管理学知识转化为可执行、可复制的行动指南。魏锋先生以20多年的投资经验，为读者构建了"认知升级＋实战方法论"的财富逻辑体系。书中的独到见解——"团队化对冲组织化的僵硬"对各行业的人才培养和组织创新极具启发。上市公司并购实战案例与"契约精神—时间管理—家庭资产配置"方法论，既是职场人突破阶层的思维工具，更是组织构建核心竞争力的实操手册。

● 柏　亮

零壹财经·零壹智库创始人、CEO

横琴数链数字金融研究院院长

  《财富的逻辑》是一部凝结了阅历与智慧的财富管理力作。作者构建了一套多维财富认知体系，以"价值发现者"的敏锐，揭示了财务性收入的底层逻辑，提出了"组织化与团队化双轮驱动"等管理模型。书中创新性地将个人财富进阶与企业价值增长打通：从职场竞争力塑造到金融思维养成，从契约精神锤炼到创新管理实践，通过经典商业案例，将深刻原理转化为创富方略。

● 杨晓冬

国家外国专家局 A 类外国专家、复旦大学 MSE（金融 IT 方向）教学顾问委员会委员
创璟资本（中恒星光旗下的创投公司）总裁

作为在金融行业浸润多年的从业者，我始终认为，对财富本质的理解深度决定了投资格局的广度。《财富的逻辑》一书以"资产换金钱"的金融思维为锚点，深入解析了投资活动中"时间价值"与"复利效应"的底层逻辑，这与金融领域长期倡导的"长期主义"思想完全一致。书中对"现金流管理"与"风险收益权衡"的务实探讨，尤为契合金融从业者对资产配置的核心考量。

作者以产业投资人的实践视角，将"股票、债券、股权等资产类别的配置逻辑"与"风险分散策略"融入案例分析，让复杂的金融概念回归常识。这种"从实践中来，到实践中去"的书写方式，既适合金融从业者深化投资策略认知，也能帮助普通读者建立科学的财富观。尤其值得关注的是，书中对"金融化与资产证券化"的解读，为理解现代财富积累提供了新维度——财富的本质不仅是劳动回报，更是对资本效率的精准把控。

在充满不确定性的市场环境中，本书传递的"系统化金融思维"极具价值。无论是想优化个人资产配置的投资者，还是寻求商业破局的创业者，都能从中找到启发：财富的进阶，本质是对"时间杠杆"与"资本规律"的理性运用。推荐每一位对财富积累有深度思考的读者阅读本书，在金融逻辑与商业案例的交织中，找到属于自己的财富增长模式。

● 向国华

深圳增略管理咨询有限公司创始人、财能书院大湾区分院名誉院长

华为管理变革最高奖项"蓝血十杰"获得者

著作有《打赢年度经营大战》《出海增长战略：赢在全球化的新征程》等

我历经华为20年的风云变幻，主导多项关键变革，深刻体会到财富积累是战略、执行与创新协同发力的成果。《财富的逻辑》恰似一把利刃，精准剖析了企业从初创到壮大过程中创造财富的底层逻辑。它从战略布局切入，阐述如何洞察市场趋势、找准差异化定位，为企业发展指明方向。在执行层面，它揭示了优化运营流程、提升资源配置效率的要点，助力企业降本增效，夯实发展的根基。

书中对企业成长的论述颇具现实意义，强调企业应在不同发展阶段灵活调整战略。初创期如何以最小成本验证商业模式、积累原始资本；成长期怎样通过规模化扩张和品牌建设抢占市场份额；成熟期又该如何挖掘第二增长曲线、突破发展"瓶颈"。同时着重强调创新在企业成长中的核心驱动力作用，无论是开拓新市场、研发新产品，还是变革商业模式，创新都是企业突破"瓶颈"、实现指数级增长的不二法门。对于渴望在竞争中脱颖而出的企业而言，这本书提供了难得的认知框架和执行路径，指引着企业在复杂多变的商业环境中构建可持续的竞争力引擎。

● 郭 玮

上市公司新致软件创始人、董事长
中国软件业协会理事

  《财富的逻辑》是一本兼具思想深度与实战价值的商业佳作。书中从"时间换金钱"与"资产换金钱"两种核心模式切入，抽丝剥茧地解析了财富积累的底层逻辑，更以丰富案例阐释企业经营、投资决策的关键法则。尤其值得一提的是，书中提出的"乙方思维"理念与我所经营的公司新致软件始终秉持的"客户至上"理念不谋而合。在商业环境日益复杂的今天，该书不仅为创业者指明了"从0到1"的破局路径，也为管理者提供了"从1到N"的增长方法论。无论是想厘清财富本质的普通人，还是深耕行业的从业者，都能从中汲取养分，在商业浪潮中找准方向，实现价值与财富的双向跃升。推荐每一位追求商业成长的读者细细品读。

● 冯子豪

上海百事通信息（法宝网）创始人

财富是一种资源，是可以为人所用、并由此获得自由的一种资源。世间追求财富而不得的人，大概率是对获取财富的路径缺乏必要的认知。无论是付出时间来换取金钱，还是经营者运用资产来赚取金钱，都需要理解财富的创造和积累过程，然后结合自己的实际情况进行人生财富积累的设计。

魏锋先生作为深耕产业多年的投资人，具有扎实的经济学理论知识和丰富的投资实践经验，理解中国经济的现实，同时洞察多个行业的发展，见证了诸多企业的创富或失败的过程。

本书可以视为魏锋先生将多年积累的经验回馈社会的一个部分，为更多想"创富"的人拨开云雾，找到正确的财富积累的方式。更为难能可贵的是，他把很多深刻的商业经营知识，海内外案例，用平实易懂的方式精练地表达出来。把商学院的经济管理课程用通俗的语言进行了解释，如果你只想看一本书来全面了解通往财务自由的必经之路，那么就看这本书吧。

君子爱财,取之有道
——代前言

财富与人生

我是一名股权投资行业的从业者,常被称为投资人(Capitalist)。如同大家所理解的那样,投资人的使命就是赚钱。在进入这个行业之前,我也是个创业者,彼时风险投资(VC)、私募股权投资(PE)还没有像现在这么人尽皆知。当时我还天真地以为只要有了钱,赚钱就是一件很容易的事情。然而,在股权投资行业十几年摸爬滚打下来,我才体悟到,原来赚钱在任何一个行业都不是轻而易举的小事。在繁忙之余,我总是愿意记录一下我的所感所知,时至今日,就想着整理一下做个小结。我不是一个职业作家,但是我一直认为写作是为了自己,创作冲动来临之际,有种话如泉涌、不吐不快的感觉。近年来,我经常出面参加一些论坛、创业大赛等,如今的我就好像对着一个对未来充满憧憬的年轻创业者,絮絮叨叨地谈着我过去投资生涯中的一些认知和体会,一方面想鼓励他们大胆地去追逐自己的梦想,另一方面又不忍心让他们在创业的过程中承受太多的挫折。就仿佛对待自己的孩子一样,明明知道真正让人成长的是挫折和失败,却一直不忍心、不舍得让孩子去受苦受累。为人父母者,焉有不解此意者耳?

古人云,"君子爱财,取之有道"。它本来说的是赚钱的原则,因为有些底线是不能触碰的,所谓"君子有所为有所不为"是也。然而,我这里篡其意而用之,想讲一个赚钱的逻辑问题,也就是说试图探寻某些赚钱的规律。我把本书的目标读者定位为"爱财的君子",简称"爱财君",英文就译为"Wealth Seeker"吧。

我们都知道,一件事情的成败,既有其必然的因素,也有其偶然的因素。生活中我们经常把偶然的因素归结为运气,而运气这种东西又是很难有规律可循的。因此,本书的主旨就是和爱财君一道探寻赚钱过程中所谓的必然的因素。

财务对于人的意义和价值是不言而喻的。阿克顿勋爵曾说,"经济自由是一切自由的基础"。我一直觉得,经济独立是人格独立的有力支撑,也就成了关乎人的尊严问题的大事。所以,财富的积累对于幸福的人生而言是不可或缺的,那么重视财富、研究财富也就成了人生的一门必修课。

财富的本质

那么,财富到底是什么? 它的本质在哪里?

财富具有非常广泛的意义,总的来看是指任何具备价值的事物,大致上可以从狭义和广义两方面来探讨财富的定义。狭义上的财富是指那些具备经济价值的事物,也就是可以用货币来衡量并且借助于货币介质来实现交易价值。比如,财富可以是金钱、房产、车辆、珠宝、股票等有形资产,也可以是能够换取货币或具有经济价值的资源,如土地、矿产等。广义的财富可以延伸到非物质层面,比如健康的身体、良好的人际关系、丰富的知识和技能、卓越的智慧、幸福的家庭、内心的平静和满足感、个人的声誉和威望、独特的创造力和创新能力等,不一而足。

接下来,我们来探讨一下财富的哲学意义。生活中大家经常能听到"财富自由(Financial Freedom)"这种表述,人们不由自主地就把财富和自由联系在了一起。所谓自由,简单地讲就是不受金钱的约束,想买啥就买啥。政治哲学把自由的本质定义为"免于被强迫的权利",由此可知,财富自由不可能是只局限于"买买买"的自由,从这里我们似乎可以窥探到财富的一些本质的东西。

财富本质上就是资源,而资源天生具有稀缺性;同时,财富与权力的伴生也几乎是天然的。所以,财富是某种代表着权力的资源。有了财富,不仅可以购买自己所需要的物品或服务,而且可以通过支配其他人来实现自己更高层次的愿望或理想。比如,有了财富,就可以选择专业人员帮你理财,也可以通过创立一个企业来生产某种商品或提供某种服务。

财富观

另外,我们还必须树立正确的财富观,否则单向度地追求财富往往也会把人搞得非常痛苦。因为人生最终的追求是幸福,而在幸福与财富并非简单的因果关系,这是因为在本质上,幸福就是一种自我满足。

正确的财富观能够帮助我们更合理地追求、管理和运用财富,从而过上充实、有意义且幸福的生活。

首先我们应该认识到,财富是结果而非目的。这是德鲁克最早提出来的观点,他认为,只要人们在经济意义上做对了某件事情,那么社会就会给予他奖赏,这个奖赏就是经济利润,就是财富。当然,具备了财富之后就可以实现自己的生活目标、提升生活品质甚至实现个人价值。但是财富终究不是人生追求的终极目标,我们应该把正确的事情作为事业的目标,然后再通过正确的方式来实现它。

其次就是创造财富需要在个人能力的基础上付出时间、心智和血汗,而不是妄想天上掉馅饼,追求所谓的不劳而获。到了人生的后半程,我才真正认识到"不走捷径""选择最难的路"的深刻含义。取巧贪便宜是人很难克服的本性,但是由于路径依赖、用进废退等效应的存在,必然导致人在人生的某个时点再补回这一课。有些亏吃在年轻的时候和吃在年老的时候是完全不一样的,因为年轻时面临的机会较多;而年纪越大,人生的可能性也就越小。所以,明智的年轻人才会选择走艰难的路,趁着年轻先把自己的核心竞争力打造起来。

接下来就是要适度地追求财富,不可盲目和贪婪,否则就是舍本逐末。财富是没有极限的,永远有比你更成功的人,永远有比你更富有的人。一如俗话所说,"货比货得扔"。另外,炫富的行为更是为人所不耻。相反,我们对已拥有的财富要心怀感恩,知足常乐,不必去攀比他人,更不必嫉妒他人。

另外一点就是始终要有风险意识,须知财富的获取也好、财务的管理也好,无不伴随着风险。"富贵险中求"自然有它的道理,但是如果能提前识别风险,做到完备的风险管理,那么即便出现最坏的结局,我们也具备心理上的准备和财务上的预案。

分享财富、回馈社会是成功人士经常采取的做法。成功人士往往取得过重大的成就，在人生到达某个时点时就开始启动慈善计划。这是正确的财富观的体现之一，因为财富就像水一样在世间流转，撒手人寰时一分一毫都带不走，既然这些财富都是取之于社会，那么在一个合适的时点上用之于社会则是顺理成章的事情了。

虽然本书讨论的重点是物质财富，但是我们绝对不能忽视精神财富，要注重培养和积累知识、积累智慧、情感、健康等精神层面的财富，它们对于人生幸福的重要性不亚于物质财富。

认知是创富成功的前提

我们该如何看到赚钱过程中的逻辑的一面呢？在系统地开始讲述本书的主要内容之前，我先简略说明一下认知的重要性。

人们经常说，"投资就是认知的变现"，这句话不无道理。我们无法排除运气在投资成功中发挥的作用，包括天时、地利、人和以及自身的资源禀赋等，但是即便是有了这一切，假如认知水平不到位，那么投资结果大概率也不会太好。特别是，观察其投资组合的整体表现和其长期的业绩表现，结果一定是这样的。所以我认为，认知不但是投资成功的前提，也是创业成功的前提。

在近 20 年的投资生涯中，我观察总结了一些成功人士的性格特点、思维方式和行为方式，这是本书成形的主要依据。这些虽然不能称之为严格意义上的充分条件抑或是必要条件，但是这些数据的统计学意义是无法否认的。另外，家庭盈余也是资本的重要来源，有必要给予一定的关注。

有人经常嘲笑做投资的，说投资人是"杂家"，可能什么都知道点儿,但是哪一样都不精通。我个人赞同这句话,因为投资的确需要综合利用跨行业的知识。宏观经济学帮助我们了解经济运行态势,判断投资时机,同时预知不同行业的发展前景;关注政府财政与货币政策动向,评估市场环境、判断整体风险水平;此外,政府对特定行业的扶持与否无疑也会影响我们的投资决心。我们还可以运用微观经济学知识研究企业生产、成本、价格和市场结构等,评估企业盈利能力、竞争力、创新能力和管理水平;提供多种方法对投资项目进行价值评估,锁定合理投资价格区间;同时判断项目风险与回报,制定投资与退出策略,并在此基础上构建合理的投资组合。财务知识更是不可或缺,它能帮助我们读懂财务报表,分析企业资产状况、盈利能力和现金流状况,准确评估企业价值。通过财务分析,我们还可以判断企业的偿债能力、营运效率等。了解财务知识能帮助我们更好地评估投资风险与回报,避免盲目投资;还能洞察企业财务健康状况,为投资决策提供有力的依据。法律知识对股权投资也是至关重要,它可以确保我们的投资行为合法合规,防范潜在的法律风险。在筛选项目时,可以审查合同、产权等的合法性;在投资过程中,明确各方的权利义务,保障投资者权益。法律知识还有助于处理纠纷,如股东争议等。同时,熟悉法律法规能把握政策走向,为投资决策提供依据。

最重要的是作为投资人"真经"的金融学知识。从理论层面看,金融学提供了一系列分析工具和框架,帮助我们理解和运用金融市场的运行机制。通过资产定价理论等知识,投资人可以评估股权的合理价值,判断投资标的是否被高估或低估。在实践中,金融学有助于投资人进行风险评估和管理。它可以让投资人了解不同资产之间的相关性,通过构建多元化的投资组合来降低风险。同时,金融学中的风险管理工具,如风险价值(Value at Risk,VaR)等,能帮助投资人量化风险,制定合理的风险控制策略。金融学还能帮助投资人把握宏观经济形势对投资行业的影响,了解宏观经济指标、货币政策等,可以预测市场趋势,为股权投资决策提供依据。例如,在经济扩张期,企业盈利能力通常较强,股权投资的机会可能更多;而在经济衰退期,投资风险相对较大,需要更加谨慎地选择投资标的。通过对企业的财务建模不但可以抓住企业的核心要素,而且能够对企业未来一定时期内的经营状况做出预测,对确定企业估值水平也有帮助。通过综合利用 DCF 和/或其他估值模型,可以准确地评估企业的价值和发展潜力,从而做出更明智的投资决策。

作为合格的职业投资人,除金融学、经济学、财务和法律知识外,还需要多种知识储备。比如,投资市场常受投资者情绪左右,贪婪与恐惧会诱发投资错误,甚至引发市场波动。了解心理学,能帮助我们在狂热时保持冷静,在恐慌时克服恐惧。通过行为金融学认识认知偏差,从而做出更明智的投资决策,在市场过热时不盲目跟风,在市场低迷时敢于寻找投资机会。行业知识也很关键,不同行业有不同的发展规律、竞争格局和技术趋势,我们要深入了解所关注行业的产业链、市场规模及增长潜力,紧跟新兴行业技术创新步伐。

总之,投资人的核心使命是综合利用各行各业的知识,顺应投资趋势,发现投资机会,控制投资风险,以实现预期的投资回报为使命。

因为本书的目标读者群是有创富梦想的人,所以本书"个人篇"里重点涵盖了创造财富所必需的知识、思考方法和思维框架。先从认识两种基本的赚钱模式开始,然后介绍了如何从走入职场的第一天就开始做好准备,接着强调了以客户为导向的乙方思维的重要性。接着用 5 章篇幅提纲挈领地讲述了经济学、财务、商业法律、金融学等重要学科的知识要领,意在培养爱财君们的合规意识、契约精神和金融思维。因为投资回报本质上是风险的溢价,爱财君必须学会"与狼共舞",学会在不确定的世界中追求理想的投资回报,这是"应对不确定性"这一章的核心命题。创新思维、时间价值的意义不言而喻,为此分别安排了一个章节。经典好莱坞大片《教父》里教父柯里昂有一句特别经典的台词,"在一秒钟内看到本质的人和花半辈子也看不清一件事本质的人,自然是不一样的命运",一针见血地说明了透过现象看本质的重要性。第12章专门探讨如何"看透本质,看清趋势,熟谙人性",并指出文史哲等学科在提升个人修养中的重要意义。因为个人的背后是家庭,有时候很难区分个人财富和家庭盈余。在"创造家庭盈余"一章里我们讲述了有关家庭财富创造的技术诀窍(Know-How)。到此为止,我认为爱财君的知识和认知基本上达到了创业的水准,在准备充分的前提下,要尽早创立自己的事业,因此个人篇的最后一章的主题思想就在于此。

调查数据显示,人们创造财富的主要形式是创业,换言之,企业/公司是创造社会财富的主体,为此本书特意安排了"企业篇"来帮助爱财君认识企业的基本面。企业篇共分为9章。"企业是什么"讲述了企业的概念、性质和基本属性。企业是由人组成的,因此"企业领袖"讲述了作为企业灵魂和大脑的企业领袖分别在创业企业和成熟企业中的作用和价值。关于企业到底是如何赚钱的,我们在"商业模式与应用场景"里进行了详细的分析和阐述。那么如何管理人呢?我们抛开组织行为学的鸿篇巨制,选取了组织化和团队化两个特别的视角讨论了人员管理的话题。行业观不但是对行业的鸟瞰,而且是把握行业发展趋势的有效方法论,因此,"创新管理"一章可以说是"个人篇"中"创新思维"的续篇,只不过是关于企业如何将创新思维付诸实践。创新在本书中占据了两章的内容,可见创新对于财富创造的重要性。企业竞争力是永恒的话题,本书安排了"竞争力"一章对其进行了深入分析和探讨。"企业金融"一章介绍了如何让企业实现快速发展,包括从资本市场融资、对外投资和并购等。企业的成长是企业最重要的目标,如何实现可持续的、可预期的、健康而快速的成长,本书在"企业篇"的最后一章"企业何以成长"中揭晓了答案。

　　本书的部分篇章试图从一个完全不同的视角来解读一些学科。尽管跟学科专家相比可能显得浅薄或偏颇，但是对于无心做学问而只追求其实用价值的爱财君们而言，只要满足我们的应用需求就已经足够了。所以，假如文中有冒犯或僭越之处，我也只能恳求原谅。

市场是投资人的终极信仰

　　在股权投资行业奋斗了十数年之后，我坚定地宣称，"市场是投资人的终极信仰"。在市场经济体系中，各种资源通过市场机制进行配置，企业和创业者有充分的机会去创新、发展和竞争。市场中不断涌现出新的商业模式和突破性技术，为投资者带来了丰富的投资机会。无论是新兴的科技领域、传统产业的转型升级，还是消费市场的多元化发展，市场经济的活力和多样性给予了投资人无限的可能，让我们相信在这个充满机遇的舞台上，总能找到具有发展潜力的投资标的。

　　另外，市场经济的竞争机制促使企业不断进步。在市场经济环境下，企业面临着激烈的竞争压力，只有那些具有创新能力、高效管理模式和强大市场适应能力的企业才能生存和发展。这种竞争机制对于投资人来说是一种保障，因为它能够筛选出最有价值的投资范围。投资人通过对市场中众多企业的观察和分析，选择那些在竞争中脱颖而出的企业进行投资，相信这些企业能够在市场的考验下持续成长，为投资者带来丰厚的回报。

　　再者，市场经济的价格机制能够准确反映资产的价值。在市场经济中，价格是由供求关系决定的。对于投资人来说，资产的价格信号

(即估值)是投资决策的重要依据。通过对市场价格的观察和分析,投资人可以判断一个项目或企业的价值是否被低估或高估。同时,市场价格的波动也为投资人提供了买卖的时机,他们可以在价格合适的时候进入市场,在价格上涨时获得收益。这种对价格机制的信任,使得投资人将市场化奉为圭臬,坚信市场终将能够反映资产的真实价值。

此外,市场经济的开放性和流动性也为投资人提供了便利。市场经济是一个开放的体系,资金、人才、技术等资源可以在不同的地区和行业之间自由流动。这种流动性使得投资人能够更加灵活地配置资金,寻找最佳的投资机会。

最后,市场经济的法治环境为股权投资提供了保障。在市场经济中,法律制度是维护市场秩序的重要保障。完善的法律法规体系可以保护投资者的合法权益,规范企业的经营行为,降低投资风险。投资人相信在一个法治健全的市场经济环境中,他们的投资能够得到有效的保护,投资纠纷能够得到公正的解决。这种对法治环境的信任,使得投资人更加坚定地将市场经济作为自己的信仰,放心地进行投资活动。

投资生涯感悟

如果说要小结一下的话,那么从我过去十数年的投资生涯来看,我首先感受到的就是它的无常,正如生命的过程一样,多姿多彩、变幻莫测。有人说世界唯一不变的就是"变",环境在变,前提在变,人心也在变。为此,我专门安排了一个章节"应对不确定性",探讨如何驾驭不确定性。

投资也好,人生也好,都不得不面对一系列的选择,不得不对一些事物做出判断。但是要做出好的投资业绩，必须选择一个好的赛道，一个好的团队！人生也是一样，选专业、交朋友、谈恋爱，哪一件不是要对人做出判断呢？！因此，选择和判断是投资业务的核心，要做到"断人断事断乾坤"！选择有时候是轻率的，有时候是痛苦的，但是无论怎样，我们都必须为我们选择的结果负责任。我曾经戏谑地对比过培训和投资两个行业，前者过程清晰、结果模糊，因为成不成才谁也无法保证；而后者过程模糊、结果清晰，虽然投资决策的过程非常晦涩、非常艰难，投资结果却是异常清晰的，赚就是赚、亏就是亏，而且都是量化的。

长期的投资实践帮助我更深地认识了人性。"等闲变却故人心，却道故人心易变。"其实，变的是环境，变的是人心，不变的是人性。何谓感性、何谓理性、何谓认知、何谓行为模式、何谓契约精神，在百转千回、跌宕起伏的投资过程中，我有幸感受到了人生的宽度，既有不堪一击的脆弱，也有百折不挠的顽强。

最后以我撰写的一副对联结束：人生如投资，资本为本；投资似人生，无常乃常！

别有锋魏
2025 年 5 月

目 录

个人篇

01 赚钱的两种模式 / 003

02 做好打工人 / 016

03 乙方思维 / 028

04 经济学通识 / 040

05 财务通识 / 063

06 法律与合规 / 083

07 契约精神与信用管理 / 103

08 金融与金融思维 / 114

09 应对不确定性 / 133

10 创新思维 / 143

11 时间价值与时间管理 / 152

12 看透本质,看清趋势,熟谙人性 / 159

13 创造家庭盈余 / 176

14 及时建立自己的事业 / 186

企业篇

15　企业是什么 / 199

16　企业领袖 / 217

17　商业模式与应用场景 / 233

18　组织化与团队化 / 255

19　行业观 / 270

20　创新管理 / 287

21　竞争力 / 298

22　企业金融 / 320

23　企业何以成长 / 339

个人篇

赚钱的两种模式

概述

我一直认为,人世间赚钱的方式从最为本质的层面来看可以归结为两种模式,这两种模式犹如财富之路上两条并行的轨道,各自承载着不同的财富积累逻辑。

其中一种模式是通过付出时间来换取金钱,我们可以将其表述为"Time for Money"。在这种模式下,时间成了人们交易的筹码,个人需要投入大量的精力和时间来完成工作、提供服务或者执行任务,以此来获得相应的报酬。这就好像是一位辛勤的农夫,用自己在田间劳作的时间和汗水,换取农作物成熟后的收获,也就是金钱。无论是按小时计费的临时工,还是按月领取薪水的上班族,他们都遵循着这种以时间为交换标的的赚钱模式。

另一种模式则是运用资产来换取金钱,即"Asset for Money"。这里的资产涵盖了广泛的范围,包括但不限于房产、股票、知识产权、企业等。这些资产就像是一座座的金矿,拥有者无须像第一种模式那样持续投入大量的时间和精力,因为这些资产本身就具备创造财富的能力。例如,出租一处位于繁华地段的房产,每个月可以为房东带来稳定的租金收入;一家运营良好的企业,能够持续为股东创造利润。

在理财学的范畴里,这两种赚钱模式被进一步升华,上升到了主动收入和被动收入的概念。主动收入主要对应着以时间换金钱的模式,它强调的是个人通过积极参与劳动、付出时间和精力所获取的收入。这种收入的获取与个人的工作状态紧密相连,一旦停止工作,收入的来源就可能中断。而被动收入则与用资产换金钱的模式相契合,它是一种相对轻松的收入形式,不需要个人持续不断地投入大量时间和精力,资产自身就像一台台自动运转的赚钱机器,源源不断地为所有者创造财富,为其提供稳定的现金流和财务保障。这两个概念的提出,为我们深入理解财富的创造和积累过程提供了更为清晰和系统的视图。

受雇模式

在获取财富的途径中,第一种收入模式是较为普遍且被大众所熟知的方式,即通过"出售"自己的时间来赚取金钱,也就是我们所说的"受雇模式"。在这种模式下,无论你所获得的报酬单价是多少,无论报酬是以月薪、周薪还是以时薪等形式来计算,都存在一个共性:在工作时间范畴内,你很难完全自由自在地支配自己的时间。你需要按照雇主的要求,在规定的工作时间内履行工作职责,就像被嵌入了一台庞大机器中的一个齿轮,被迫随着整个机器的节奏运转。

从理财学的角度来看,这种收入模式被定义为主动收入。所谓主动收入,是指必须通过个人积极地参与、全身心地投入时间和精力才能获得的收入。在受雇模式下，通常情况是需要个人持续不断地投入工作时间，才能获取相应的报酬。这就如同在跑步机上跑步，一旦你停止脚步，收入也会随之戛然而止或者大幅缩水。这种收入模式依赖个人所具备的技能、知识、体力等因素来开展工作，而且收入的多寡与工作时长、努力程度、工作效率以及工作质量有着直接且紧密的关联。从某种程度上来说，它具有一定的稳定性，只要个人持续稳定地工作，一般情况下都能拥有一份稳定的收入保障。然而，这种稳定性并非一成不变，一旦受到经济形势的变幻、行业发展的兴衰、个人健康状况的起伏等因素的影响，收入就可能随之发生波动。

主动收入常见的形式主要有以下两种：

(1) 工资薪金

这是在现代社会中最为常见的主动收入形式。人们受雇于各类企业或单位，依据工作时间和岗位所规定的要求完成相应的任务，以此获得固定的月薪或年薪。这是基于雇佣合同的契约交易，员工付出自己的劳动时间和专业技能，雇主则支付相应的报酬。在企业里，员工按照公司规定的上班时间准时出勤，完成领导分配的工作任务，每月就能按时领取固定的工资，这份工资是他维持生活的主要经济来源。

(2) 个体经营所得

这是另一种主动收入形式，即自己经营生意或者从事个体劳动所获得的收入。比如，一个人开了一家小店，店主通过向顾客销售商品或者提供服务来获取利润。这种收入的多少比工资性收入来得要复杂，取决于经营状况的好坏、市场需求的大小以及个人经营能力的强弱等多个变量；当然，也和工作时长呈现正相关关系。拿经营咖啡店来举例，店主需要花费大量的时间来准备食材、制作咖啡、招待顾客，店铺营业时间越长，顾客越多，所获得的利润也就越高。

在本书的内容架构中，我会专门安排一定的篇幅来讲述作为打工人如何在受雇模式下取得成功。这种成功涵盖了多个维度，包括如何进行职业职位的选择、怎样挑选合适的公司、怎样争取加薪以及如何实现职位的晋升等。然而，需要明确的是，本书的目标读者是那些心怀财富梦想的爱财君们，他们志在成为未来的"财务自由人群"。对于他们而言，无论他们在受雇模式下所获得的主动收入有多高，这种模式最多只是他们财富积累道路上的一个过渡形态。为了帮助读者更好地理解和把握财富升级的路径，本书还安排了专门的章节来深入讨论创业的时机。对于那些有志于改变自身命运的爱财君们来说，创业就像是一处通往财富自由新世界的关隘，往往也是人生中一个至关重要的转折点。

我们不难发现，那些在财富之路上取得成功的人士都非浑浑噩噩之辈。相反，他们拥有清醒的头脑，就像在迷雾中拥有指南针一样，对自己有着清晰透彻的认识。他们清楚地知道自己内心真正想要的是什么，也明确自己应该如何行动，前进的每一步都是经过深思熟虑的。因此，这些人从来不会轻易放过任何一个可能改变自己命运的宝贵机会，他们就像敏锐的猎人，时刻准备着捕捉命运之神赐予的契机。

即便是在受雇模式下，其收入模式也可以进一步细分。其中，有一部分人厌恶风险，他们追求稳定、安全的收入，希望能够拿到固定的工资，无论是固定的月薪、年薪，还是按小时计算的时薪，对他们来说都是一种安心的保障。而另外一部分人则截然不同，他们是所谓的风险追逐者，他们渴望在不确定中寻求高收益，希望获得与业务成果挂钩的收益。

当然，随着现代企业人力资源管理水平的逐步提升，绩效的考核已经成为公司日常管理中不可或缺的一个重要环节。这意味着，如今越来越多的打工人所获得的薪酬形式都是"基本薪资＋绩效薪资"的薪酬包。复合薪酬包制度的导入和实施，既为员工提供了基本的保障，也保留了一定的弹性。一方面,基本薪资为员工提供了一定的生活保障,让他们在面对生活时多了一份安心;另一方面,绩效薪资就像一个激励的引擎,促使员工努力工作,提高工作效率和质量,以争取更多的收入。

在现实生活中,我们会发现一个有趣的现象:那些风险追逐者往往更容易获取财务上的成功。有一句话说得好,"悲观者往往正确,乐观者往往成功",市场往往更青睐那些敢于冒险的人。从经济学理论的角度来看,我们不得不承认,市场在很大程度上具有有效性。然而,事实上,市场就像一块看似完美却存在细微缝隙的玉石。也就是说,市场总是存在着一些不完善的地方,这些不完善之处对于那些有备而来、眼光敏锐的人而言,就是改变命运的绝佳机会。所以说,市场中从不缺乏机会,关键在于你是否拥有发现机会的慧眼,以及是否有勇气踏入那些无人问津的领域,去发掘隐藏在其中的财富。

资产模式

在获取财富的途径中,还存在着第二种极具吸引力的模式,那就是通过外在的资产,而非仅仅依赖个人的时间来赚取财富,我们将这种模式称之为资产模式。在这种模式下,个人的时间不再像在受雇模式下那样受到严格的束缚。

就拿生活中常见的例子来说,房主通过将自己闲置的房子出租,每个月都能稳定地获得一笔房租收入。在这个过程中,他无须像上班族那样朝九晚五地上班,只需要在租房相关的事务上花费少量精力,如与租户签订合同、偶尔处理一些房屋维修问题等。企业主则是凭借自己精心经营的企业来赚取利润,他们在前期投入大量的心血建立企业的运营体系、开拓市场、打造产品和服务后,随着企业的正常运转,即使他们在某些时间段没有全身心地投入企业的日常管理中,企业依然能够持续创造价值。还有有限合伙人(Limited Partner,LP),他们通过向基金投入资金成为投资者,借助专业基金经理的运作和投资策略来获取投资收益。无论是房子(不动产)、企业(股权资产),还是基金(基金份额、金融资产),不同类型的资产,都是不同类型的"赚钱的机器",忠诚地服务着自己的主人。

与主动收入相对应的是被动收入,这是资产模式下的一个重要概念。被动收入是一种特殊类型的收入,它不需要个人持续不断地投入大量时间和精力,就像一棵种下后无须过度照料就能茁壮成长的摇钱树。一旦建立起这种被动收入的渠道,不需要人们花费大量时间进行日常的运营或维护,就能持续不断地为所有者带来收入。从某种程度来说,被动收入可以为个人提供较为稳定的现金流,成为个人财富的稳定保障。这意味着,即使个人因为某些原因暂时不工作,或者减少了工作时间,收入也不会像在传统雇佣模式下那样立即停止,从而为个人提供了更大的财务自由空间。而且,值得注意的是,一些被动收入渠道还具有强大的增长潜力,它们可以随着时间的推移和规模的扩大而增加收入,如同滚雪球一般,让财富不断积累。比如某些畅销书,即便是作者不在世了,依然能够为其继承人带来可观的版税收入。

被动收入的形式多种多样,常见的如下:

(1)投资收益

这是一种广泛存在且具有丰富内涵的被动收入形式,它是通过投资各种资产来获得的收益。这些资产包括股票、基金、债券、房地产等。例如,当投资者购买股票后,就相当于成了公司的股东。如果公司经营良好、盈利颇丰,股东就有权利获得股息分红,这是公司对股东的一种回报。就像那些长期持有优质蓝筹股的投资者,每年都能从公司的利润分配中获得可观的股息。再如房地产投资,投资者购买房产后,除了可以期待房价值随着时间增长而增值外,还可以通过出租房屋获得稳定的租金收入。一套位于繁华地段的房产,每个月的租金收入可能比许多普通上班族的月薪还要高。而且,假如周边配套设施的完善和房地产市场整体向好的话,房产价值还会不断攀升,为投资者带来双重的财富增值。

(2) 知识产权收入

这是知识经济时代极具代表性的一种被动收入形式。它是利用个人所拥有的知识、技能和创造力,创造出具有独特价值的知识产权,如专利、商标、著作权等,然后通过授权他人使用或者进行转让来获得收入。比如说,一位才华横溢的作家,经过长时间的创作和打磨,写出了一本深受读者喜爱的畅销书。这本书在出版后,会在市场上广泛传播,而作家则可以通过与出版社签订的版税协议,根据书籍的销售量获得相应的版税收入。每次有读者购买这本书,作家都能从中分得一份收益,而且只要这本书还有市场需求,这种收入就会持续产生。发明家通过申请专利保护自己的发明创造,然后将专利授权给有需要的企业使用,从而获得专利使用费;拥有知名商标的企业可以通过授权其他企业在特定范围内使用该商标,收取商标授权费用。

(3) 互联网收入

随着互联网的蓬勃发展,网络成了一个创造财富的新蓝海,互联网收入也逐渐成为一种备受关注的被动收入形式。它主要是通过创建网站、博客、视频频道等网络平台,吸引大量的流量后,再通过广告收入、会员付费等方式来获得收入。例如,一些专业领域的知识博主,他们在网上分享高质量的内容,吸引了大量对该领域感兴趣的用户关注。随着粉丝数量的增加和网站流量的提升，他们可以在自己的博客或视频中投放相关的广告，当用户点击这些广告时，博主就能获得广告收入。同时，一些优质的内容平台还会推出会员付费服务，为付费会员提供更优质、更独特的内容，博主则可以从会员付费中获得分成。这种网络收入模式不仅打破了传统收入的时间和空间限制，而且具有无限的发展潜力。随着网络用户数量的不断增长和互联网技术的持续创新，越来越多的人开始通过网络平台实现自己的财富梦想。

大家在日常生活中还可能经常听到"财务性收入（Financial Income）"的说法，它和我们说的被动收入还不是一回事儿。由于翻译上的原因，中文时而把 Financial 翻译为金融，时而把它翻译为财务。我认为，所谓的财务性收入，本质上指的是通过包括投资在内的金融手段获得的收入，比如投资收益、金融产品利息收入、企业分红以及权益转让所形成的收入等。从定义可以看出，财务性收入和被动收入的着重点不同，两个概念的范围有交叉。

资产的内涵

在探讨财富增长与商业逻辑的过程中，不得不提及畅销书《富爸爸，穷爸爸》里关于财商教育的一个至关重要的概念——资产（Asset）。作者罗伯特·清崎（Robert Kiyosaki）不厌其烦地向他的读者们强调，务必在脑海中深深树立资产的概念，因为这就像是一把打开财富之门的神秘钥匙，倘若缺失了它，通往富裕梦想的道路将会变得遥不可及。

从经济学的严谨意义上来说，资产是一个内涵丰富的范畴，它涵盖了所有能够带来经济收益的事物。比如那些在工业生产中轰鸣运转的设备,它们是企业创造价值的有力工具,通过加工原材料、提高生产效率,直接或间接地为企业带来利润;不动产,无论是繁华都市中心的写字楼、商铺,还是具有发展潜力地段的住宅,通过出租、增值等方式为所有者创造财富;权益类资产,如股权和股票,它们代表着对企业的所有权和收益权,随着企业的盈利而获得分红,或者在股票市场中因股价上涨而实现资产增值;债券则是一种稳定的收益来源,发行人按照约定的利率和期限向持有者支付利息和本金;债权也不容忽视,它意味着对他人的应收款项,是一种潜在的经济收益;还有专利、商标和著作权,这些知识产权是智慧的结晶,在现代发达的商业世界中,知识产权所发挥的作用和价值越来越大,通过授权使用、转让等方式,可以为权利人带来丰厚的回报。更为重要的是,这些资产不但具有创造经济收益的能力,而且能够在市场上自由地交易买卖,它们的价值在市场的供需关系和经济环境的波动中得以体现。

在这里,有一个常见的误解需要更正。在现实生活中,很多人认为只要通过贷款买了房子,就相当于成了自己的资产。然而,依据我们前面所阐述的资产定义,这种观点是失之偏颇的。如果购买的房子仅仅是用于自住,没有通过出租、房产增值等方式带来经济收益,那么它就不能称之为资产,顶多只能称之为财产(Property)。在财商教育领域,我和其他同仁一样,都不主张超前消费、透支消费和追求即时满足。因为这种消费方式就像是甜蜜的陷阱,看似满足了当下的欲望,实则埋下了财务危机的种子。相反,那些真正渴望拥有财富、能够理智地支配财富,并最终享受财富的人,他们所思考的是如何能够尽快拥有真正意义上的资产。他们不会在年轻的时候就被大宅豪车所带来的短暂快乐所迷惑,从而贷款购买,背上沉重的财务负担。这种所谓的财产带来的不是经济收益的流入,而是持续的现金流出,它就像是一个不断吞噬财富的黑洞。这样一来,即便将来遇到一些千载难逢的投资机会,由于被沉重的债务束缚,失去了自由现金流,人们也只能无奈地扼腕叹息,从而错失改变命运的机遇。

案例研究

打工妹的逆袭

蓝思科技(300433.SZ)创始人周群飞的创业经历宛如一部波澜壮阔的传奇史诗,其中充满了数不尽的艰辛与奋斗。她从一个贫困家庭的孩子逐步成长为全球知名的企业家,她的故事中的每一个章节都浸透着汗水与泪水,读来总是让人唏嘘不已,更令人由衷地产生深深的敬意。

周群飞于1970年出生在湖南省湘乡市一个偏远农村家庭,那里交通不便、资源匮乏,贫困如同浓重的阴霾笼罩着整个家庭。在她15岁那年,因家庭经济的极度拮据,她不得不辍学。辍学后的她,怀揣着对未来的迷茫与憧憬,不久便背井离乡,踏上了南下打工的艰辛旅程。最初,她在深圳的一家手表玻璃厂找到了工作,那是一个毫不起眼的小厂,工作环境逼仄且劳动强度较大。

1990年,工厂为了谋求发展,计划扩张业务版图,准备增加手表玻璃图案加工这一业务板块。在投资建设这个新业务的过程中,困难重重,前景扑朔迷离,这使得老板一直在犹豫徘徊,内心始终没有建立起足够的信心。每一次看到投入的资金如石沉大海,达不到预期的回报,老板的内心都在进行着激烈的思想斗争,中止投资的念头一次又一次地涌上心头。就在这个关键的时刻,周群飞展现出了非凡的勇气和自信,她自告奋勇地站了出来,接手了这一业务。在接手之后,她全身心地投入其中,凭借着自己在工作中积累的丰富经验和敏锐的市场洞察力,精心地经营着这个部门。在她的卓越领导下,这个部门的业务蒸蒸日上,业务量如同滚雪球一般持续增长,在短短一年内就实现了超过50%的增长,成为当年公司最赚钱的部门,为公司创造了可观的利润,而周群飞也因此赚得了人生的第一桶金,数额高达数十万元,这在当时无疑是一笔巨款。

1993年,年仅23岁的周群飞怀揣着梦想与激情,带着几个充满活力的年轻人,以及辛苦积攒下来的两万多元资金,在深圳租了一套三室一厅的民房,以此为起点,开启了自己充满挑战的创业之路。那个民房空间狭小、设施简陋,既是他们的生产车间,又是他们的生活住所。在这样艰苦的条件下,周群飞和她的团队凭借着坚韧不拔的毅力和对知识如饥似渴的学习态度,在实践中摸爬滚打。他们每天工作超过16个小时,不断尝试各种工艺和方法,在这个过程中,周群飞逐渐积累了丰富的社会经验,她如同海绵吸水一般吸收着商业世界的各种知识,同时也磨砺出了坚毅如钢的意志品质,这种品质成为她日后战胜无数困难的坚实盾牌。

时间来到2000年,这是一个科技飞速发展的时代,无线通信领域开始崭露头角。周群飞以其敏锐的商业嗅觉,察觉到了手机玻璃领域蕴含的巨大商机,于是毅然决然地涉足这一领域。这一决策并非一帆风顺,当时手机玻璃市场被国外企业垄断,技术门槛高,国内几乎没有成熟的生产经验可以借鉴。然而,周群飞并没有被这些困难吓倒,她凭借着自己多年来在玻璃加工领域的深厚积累,开始了艰难的技术攻关之旅。在2003年,经过无数次的试验和努力,周群飞通过技术设备入股的方式和其他志同道合的股东共同成立了蓝思科技有限公司(以下简称"公司"),公司专注于手机玻璃的研发、生产和销售。创业初期,公司面临着诸多难以想象的挑战和压力,资金短缺、技术短缺、人才匮乏等问题接踵而至。内部资料显示,在公司成立后的前两年里,就因为技术研发失败导致的损失累计超过500万元,公司一度濒临破产。在这最艰难的时刻,周群飞始终没有放弃,她就像一位坚毅的船长,带领着团队在狂风暴雨中破浪前行。她不断地鼓励员工,积极寻求外部合作,投入大量的时间和精力进行创新和改进生产工艺。经过无数个日夜的奋战,他们终于攻克了一道道技术难关,逐步将公司发展成为行业的领军者。

到2014年,公司已然在全球手机玻璃市场中占据了举足轻重的地位,成为业界当之无愧的翘楚。公司占领了全球触控功能玻璃一半以上的市场份额,当年的营业收入也达到了令人瞩目的150亿元之巨。蓝思科技有限公司是"果链"上的优质企业,仅对苹果一家公司的销售收入就已经接近70亿元,这一数据充分显示了公司在国际市场上的强大竞争力。2015年,对于周群飞和蓝思科技有限公司来说,是具有里程碑意义的一年。这一年,公司成功登陆创业板,市值一路飙升。一夜之间,周群飞的个人财富急剧增长,晋升至百亿富豪之列。她的企业不仅在国内成为行业的典范,取得了巨大的成功,还赢得了苹果、三星、华为等国际主流客户的高度认可和长期合作。苹果公司将蓝思科技有限公司列为其核心供应商之一,每年的订单量持续稳定增长;三星和华为也与蓝思科技有限公司签订了长期战略合作协议,共同研发新一代的手机玻璃产品。

综观周群飞的创富故事,我们可以清晰地发现她那过人的胆识。她能够捕捉到稍纵即逝的机遇,而且毫不犹豫地以最快的速度全身心地投入其中,并博得了人生的第一桶金。在取得了初步的成功之后,她并没有被眼前的胜利冲昏头脑,也没有故步自封,而是怀揣着更大的梦想和抱负,敢于挑战更高的目标,敢于干一番惊天动地的大事。她坚信创新是企业发展的灵魂,是在激烈的市场竞争中脱颖而出的关键所在。

在面对几乎破产的困境时,她凭借着顽强的毅力和对创新的执着追求,带领企业走出了困境,成为笑傲全球的行业领头羊,书写了一段令人赞叹不已的商业传奇。

从本章的主题来看,周群飞的创业过程就是实现了从受雇模式到资产模式的一次华丽跨越。在受雇模式下,她通过自己的辛勤努力和卓越才能为老板创造价值;而在资产模式下,她运用自己的智慧和勇气,打造了属于自己的商业帝国,让资产为自己创造源源不断的财富。这种跨越不仅是财富的增长,更是一种商业理念和人生境界的升华。

02 做好打工人

关于职场

对于绝大多数人而言,人生职业之旅往往起始于打工阶段。毕竟,含着金汤匙出生、能够继承丰厚财富从而跳过打工阶段的幸运儿只是极少数。

谈及职场,那一个个办公室里的格子间或许会率先映入人们的脑海。这些被精心划分出来的狭小空间,恰似充满挑战与未知的华容道,不仅映射着职场的生态,更像是社会与人生的一个缩影。无论写字楼的地理位置多么优越,外观何等宏伟壮丽,只要踏入其中,格子间仿佛一直在发出无声的暗示,提醒着每一位打工人:这里,便是你们挥洒汗水、追逐梦想的舞台,也是成长道路上必须历经的道场。

回顾那些成功创业者的早期经历,我们不难发现,即便他们后来在创业道路上大放异彩,但在打工时期,他们也都曾凭借自身的努力和才华取得过优于常人的成绩。这充分说明,打工阶段不仅是积累财富的过程,更是积累经验、提升能力、塑造自我的重要时期,它为日后的创业或职业发展奠定了坚实的基础。

在这个看似平凡却又充满无限可能的职场空间里，每一个格子间都承载着打工人的希望与汗水，见证着他们的成长与蜕变，也孕育着未来的无限潜力。它是梦想起航的地方，也是人生价值逐步彰显的舞台，每一位打工人都在这里书写着属于自己的故事，描绘着职业发展的蓝图。

给年轻人的就业建议

在谈到职场打拼的策略之前，我们先同尚未步入职场的年轻人聊一聊就业的话题。虽然如今在年轻人当中比较流行的话题是"躺平"，但是人终将是要步入社会的，人终将是会长大的，人也终将是会扛起肩上的担子的。

作为过来人，我一直认为，初入职场的时刻是进行人生规划非常重要的一个时间点，所以我想给年轻人一些建议，希望对你们的人生幸福有所帮助。

第一点，尽量不要放弃所学的专业。因为切换赛道不但要重新学习新的行业知识，而且行业人脉的建立更加需要时间。通常的经验是，要把一个行业做熟做透，怎么也得需要 5～10 年的时间。生活中我们的确遇到过很多"所学非所事"的成功人士，自然可能会忽视专业的重要性，但是我们并不知道他们在切换赛道的过程中到底付出过多少努力。而且由于幸存者偏差效应的存在，通常只有那些成功者才能浮出水面让人看到，而沉没下去的很多人则鲜为人知。

第二点，不要轻易走上创业的道路，这里的创业是指作为主要的发起合伙人。因为初创企业的成活率很低,能够走向成功的更是少之又少。在经过职场的历练以后,如果还有创业想法的话,不妨先去征求一下父母师长和同侪好友的意见,也可以去找专业的创业服务机构进行了解咨询。即便是创业也要等到有了一定的积累以后,这些积累包括但不限于专业知识、关键人脉资源甚至个人财富等。纵然有比尔·盖茨、史蒂夫·乔布斯、马克·扎克伯格等一众辍学创业的成功者,但是从世界范围内来看,初出校门的年轻人创业成功的概率是极低的,年轻人完全没有必要去博弈这种小概率事件。虽然我在本书中是鼓励爱财君们创业的,但并不是人人都具备创业成功、财富自由的前提条件,一是能力上的,二是机会上的。

第三点,要具备识人断人的能力,争取跟对一个好领导。要知道,一个优秀的领导往往自身拥有广阔的发展前景,跟随这样的领导,我们自然能够如水涨船高一般,顺势而上,收获更多的机遇与成就。再者,出色的领导还会全心全意地培养自己的部下,给予他们成长的空间和支持。当职业生涯刚刚开启之际,如果能够幸运地找到一位好领导,那么人生的第一段路就会走得较为顺遂。我们必须认识到,在这个世界上,有些人天生具备帅才之能,能够高瞻远瞩、统筹全局;而有些人则展现出将才之能,骁勇善战、执行有力。我们也要对自己进行一个清晰而准确的判断,明白自己的优势与不足,找准自己在团队中的定位。有时候,扬长避短也是一种强大的竞争力,它能让我们在学习与成长的道路上稳步前行,为未来的发展奠定坚实的基础。

第四点,在职场中不要过度投入个人感情,而应把持好人限距离。因为职场的本质是一个以实现工作目标、追求效益为核心的场所,并非情感的肆意宣泄之地。过度投入个人感情,容易使我们在面临工作决策时丧失应有的理性尺度。当与同事出现矛盾冲突时,若感情用事,不仅会极大地影响工作效率,还可能破坏团队的和谐氛围。再者,职场中的人际关系错综复杂,"害人之心不可有,防人之心不可无",做好心理防备就可以在将来万一有意想不到的事情发生时,不至于受伤过大。过度投入个人感情,会使自己产生不切实际的期望甚至依赖,从而导致业务动作变形。还有,即便是再满意不过的雇主也可能成为未来的竞争对手,若投入过多感情,在角色转换时可能会陷入纠结与困扰。所以,应学会拿捏感情的投入度,与人保持适当的距离感。这种距离感并非冷漠与疏离,而是在热情与理性之间找到平衡。既不过分亲近而失去自我,也不刻意疏远而难以合作。以专业的态度对待工作,以客观的视角处理职场中的各种关系和问题,把更多的精力聚焦于提升自身的专业能力,用实力在职场中闯出一片天地,而非过度依赖情感的维系。

第五点,要注意发展和巩固若干职业伙伴关系。在职场中,"枯荣线"的说法广为人知,一般将其定义在 35～40 岁。一旦迈过这条"枯荣线",通常就不再适宜通过投递简历的方式来找工作了,取而代之的是依靠自己在行业内的人脉关系。正因如此,我们在职业生涯中必须高度重视结交志同道合的好伙伴。这些伙伴可能是每日共事的同事,可能是同行业的精英,也可能是处于业务上下游产业链中的专业人士。当我们用心去发展和巩固与这些人的关系时,就等于为自己的职业未来买了保险,因为他们在关键时刻极有可能成为我们的贵人,为我们带来意想不到的机遇,帮我们突破职业发展的"瓶颈"、找到新的职业机会,甚至有些伙伴会成为我们事业的终身合伙人,携手开创财富自由的未来。发展和巩固职业伙伴关系的重要性怎么强调都不为过,在竞争激烈的职场环境中,一个人的力量终究有限,"多个朋友多条路、少个敌人少堵墙"。与同事建立良好的合作关系,不仅能提升工作效率,还能在共同解决问题的过程中增进彼此的信任和友谊;与同行交流互动,可以拓宽我们的视野,了解行业的最新动态和趋势,为自己的职业发展增加新的可能性;与上下游产业链中的专业人士保持紧密联系,则有助于我们更好地整合资源,从而实现互利共赢。所以,要积极主动地去结识、发展和巩固那些与我们志同道合的职业伙伴。比如,在日常工作中,多参与团队活动,展现自己的能力和价值,同时也要善于倾听他人的意见和建议;参加行业会议和社交活动,大胆地与陌生人交流,扩大自己的人脉圈。通过真诚的交流和付出,让这些伙伴感受到安全和信任,从而建立起长久而稳固的关系。有了职业伙伴的加持,即便是走过"枯荣线"后,我们也能在职业道路上持续创造辉煌。

黎巴嫩著名诗人纪伯伦(Kahlil Gibran,1883—1931年)曾留下这样一句发人深省的哲语,"一个人不能同时既拥有青春,又拥有关于青春的知识"。细细品味,这句话的确蕴含着深刻的人生哲理。当一个人处于青春年少之际,往往缺乏丰富的人生经验以及对青春的深刻认知。在这个阶段,他们如同在迷雾中前行的探索者,对未来充满迷茫,不知道该如何满意地度过这一生。虽然年轻人怀揣着梦想与激情,却可能因为缺乏人生经验而走错道路,给老年的自己留下重重遗憾。然而,当岁月流转,人至暮年,历经沧桑的他们积累了丰富的人生经验,也拥有了关于青春的知识。可此时,青春却已悄然远去,只留下无尽的遗憾与唏嘘。正因如此,有时候我们不妨尝试通过"反向操作"来对冲一下年龄所带来的风险。比如,对于年轻人而言,可以有意识地去结交一些年长的朋友。有些长者如同智慧的灯塔,能够用他们丰富的人生阅历为年轻人指引方向,分享他们一路走来的经验与教训,帮助年轻人少走弯路。而当人年纪大了,也可以主动去找一些充满活力的年轻人做朋友,从他们身上感受青春的朝气与活力,重新唤起内心深处对生活的热爱与激情。这或许便是人生的一种另类智慧,一种跨时空的对话。

需要强调的是,人生没有固定的模板,每个人的人生都是独一无二的,充满了无数的可能性。我们不能盲目地套用他人的人生模式,而应勇敢地探索属于自己的道路。那些人生走到后半程的人,偶尔会对逝去的青春感到懊悔。回忆往昔,那些错过的机会、那些未能勇敢迈出的步伐、那些错误的决策,都可能成为心中无尽的遗憾。但更多的时候,我们应该学习苏轼(1037—1101年)的洒脱,"回首向来萧瑟处,也无风雨也无晴"。既然人生是一场独一无二的单程旅途,那么就坦然地走下去吧。无论前方是风雨交加还是晴空万里,我们都要坚定地迈出每一步,书写属于自己的精彩人生篇章。

职场三段论

在职场的旅途中,我们常常会思考,究竟什么才是推动职业前景不断提升的关键因素呢?这便引出了对知识、能力和价值这三个重要概念的深入辨析。一方面,辨析这三个概念能够为打工人做好心理建设,让我们在面对职场的挑战与机遇时,更加清晰地认识自己的优势与不足,从而以更加从容的心态去迎接各种困难与考验。另一方面,知识、能力和价值也代表着打工人认知之塔的三重不同境界,它们相互关联、相互影响,共同构成了我们在职场中的认知竞争力。通过对这三个概念的深入辨析,我们能够更好地了解自己的现状,明确自己的发展目标,不断提升自己的职场地位和价值。

在当今的互联网时代,其第一表象便是所谓的"信息大爆炸"。无论心中想到什么,只需要轻轻打开搜索引擎,便能找到答案。而且,各种细分的问答社区和知识社区层出不穷,应有尽有。只要你怀有求知的意愿,获取知识并非一件难事,也无须付出高昂的成本。

对于刚刚踏入职场的新人而言,最为关键的要素无疑是掌握足够多的专业知识。在当下这个社会分工不断走向精细化的时代,知识的专业性与深度成了衡量一个人价值的重要标准。当知识越发专业、具备更高的深度时,所能收获的溢价也会随之水涨船高。当今社会呈现出分工越来越细和对跨界知识的要求越来越高两种看似矛盾的趋势,每一个领域都如同一个庞大而深邃的知识宝库。初入职场者,犹如在知识的海洋中奋力航行的小船,只有紧紧握住专业知识的船舵,才能在汹涌的职场浪潮中稳步前行。专业知识就像是一把锋利的宝剑,能为职场新人劈开前行道路上的荆棘。随着知识的专业性不断增强、深度不断拓展,其价值也如同逐步提纯的黄金一样,为你带来丰厚的回报。无论是在薪资待遇上的提升,还是在职业发展机会等诸多方面,专业知识都发挥着非常重要的作用。它不仅是打开成功之门的钥匙,更是在职场中立足的坚实根基。

在此,我们无意否定知识本身的价值,而仅仅是从商业的角度进行考察分析。事实上,人们阅读更多地是为了那个"自由而无用的灵魂",而非纯粹出于谋生之需。更进一步讲,包括谋生在内,其实最终都是为了取悦那个"无用的灵魂"。

需要提醒的是,在专业领域中,年轻人很容易忽视一个关键知识点,那便是"行业观"。随着从业时间的不断增加,大多数人能够对所在行业建立起一定的概念。倘若从初入职场的那一刻起,便能有意识地建立起行业视图,那么这个人的职业发展必定会与普通人截然不同。因为企业是一种非常具象的存在,看得见、摸得着,而行业则显得极为抽象,从不同的角度进行归纳会产生迥然不同的行业定义。

形成行业观是一个连点成线的奇妙过程。在这个过程中,我们如同一位细心的探险家,不断地收集着散落在各个角落的信息碎片。每一个行业动态、每一次市场变化、每一个企业的发展轨迹,都是我们需要捕捉的关键节点。当我们开始积累这些看似零散的"点"时,就如同拼起一幅巨大的拼图。随着时间的推移和经验的增加,我们逐渐将这些点连接起来,形成上帝视角下的行业观。从政府的产业主管部门发布的行业报告中,我们可以获取宏观的政策导向和发展趋势,这是一条重要的连线;从券商、投资机构的分析中,我们可以了解行业的投资价值和潜力,为连线增添新的维度;从银行的经济数据中,我们可以洞察行业的经济活力和风险,进一步丰富连线的内涵。这个连点成线的过程并非是一蹴而就的,而是需要我们持续地学习、观察和思考。我们要学会从不同的角度去看待行业,如同从多个视角去审视一幅立体的画卷。每一个新的观点、每一次深入的分析,都是在为这条连线增添新的色彩和纹理。当我们最终将这些点完美地连接在一起时,一幅清晰的行业视图便呈现在我们眼前了。它不仅能帮助我们把握行业的发展趋势,还能让我们在竞争激烈的职场中脱颖而出,为我们的职业发展开辟更加宽阔的道路。

然而,光有知识还是远远不够的,你还需要具备相应的能力。与知识相比,能力意味着能够切实解决问题,能够为你的客户或领导解决那些棘手的难题。解决问题是综合运用各种知识的能力的体现。能力的培养和提升相较于简单地积累知识要难得多,因此,将精力聚焦在自己的专业领域上,便能产生聚沙成塔、集腋成裘的显著效果。具备了行业公认的业务能力之后,一个人便可以在不同的公司之间做出最适合自己的选择。

谈及职场,学历这一话题必然无法回避。一方面,当下各行各业皆深陷内卷之境,读书竞争激烈,考学压力巨大,想要考入一所理想的大学,尤其是那些声名远扬的985、211高校,绝非易事。而另一方面,在职业市场的风云变幻中,学历却在悄然贬值。曾经备受瞩目的海外留学生,如今也不再如往昔般稀缺,研究生学历更是随处可见。在增量稀缺、资源驱动的内卷化大背景之下,真正能够解决客户问题、为企业带来客户资源的人才,才是众多企业竞相追逐的对象。我们切不可盲目地将名牌大学和高学历简单等同于事业成功。特别是那些拥有耀眼的学历光环的人,更需要警惕,切勿让学历成为自身的负累,成为阻碍自己躬身入局、勇敢前行的心理包袱。

随着年龄的不断增长以及职位的逐步提升,打工人有必要将自身的能力思维进一步升华至价值思维。对一家公司而言,价值最现实的意义就是客户、投资人、收入和利润等最本真、最难得、最稀缺的东西。用彼得·得鲁克(1909—2005年)的话来讲,创造价值就是创造客户,就是创造需求,就是交易落地。当年龄渐长,人们面临的选择很可能会越发稀少。因此,你必须直面价值拷问,深度探寻自身的价值所在,为领导和所在公司创造出真实的价值,以此不断提升自己的"黏性"。换句话说,无论你是否真正身为企业的股东,都应当以合伙人的心态与姿态,全身心地投入自己的事业之中。在此,我可以郑重地告诉你,你的付出定然会收获超值回报。因为在利益的舞台上,没有谁是愚笨之人。只不过,有些人着眼于短期利益,而另一些人则将目光投向中长期利益。

打一个简单的比喻。假如把知识比喻为各种建筑材料,比如钢材、板材、混凝土等,那么能力就是利用各种必需的建材把楼房建造起来,而价值就是实现了设计和建造房屋的目标,将房屋顺利出租或出售出去。

从这里起飞

毫无疑问,精心耕耘打工生涯并攀升至一定的职业高度,对于后续开创个人事业以及逐步迈向财富自由的征程,具备着不容小觑的实际意义和极为显著的积极影响。

于经验累积的维度而言,需要长期扎根于一个特定行业,逐步深入地洞察行业发展的动态趋势,把握企业运营管理的核心要点。并且,在不断应对各类复杂状况的过程中,个人的危机处理能力也会得以持续提升。这些点滴积累而成的经验宝藏,对于创业"大业"而言,无疑是宝贵的资源,犹如坚实的基石,为创业大厦的构筑提供稳固的支撑。

从人脉资源的视角审视,职业伙伴可以成为未来"猎头"的对象,在恰当的时机,他们完全有可能成为自己的事业合伙人。曾经有过业务交集的投资人,在新事业启航之际,也有可能助你一臂之力。而那些在工作中并肩作战的优秀同事,更是有可能形成一支富有战斗力的创业团队。

在个人品牌层面,良好的声誉能够赢得客户、伙伴和员工的信任,在行业内积累的影响力也可以增加新事业的曝光度。

简而言之,打工阶段绝非仅仅是为了获取一份收入,更是一个自我成长、资源积累和品牌塑造的重要过程,是为了实现更高层次的事业追求和财富梦想奠定坚实的基础,是人生职业发展不可或缺的关键环节。

案例研究

打工女皇董明珠

江湖号称"铁娘子"的珠海格力集团有限公司(以下简称"格力")董事长董明珠是中国企业界一位叱咤风云的商业领袖,因其杰出的领导力和卓越的贡献,她多次荣获"世界十大最具影响力的华人女企业家"的称号,并11次当选美国《财富》杂志"全球50名最具影响力的商界女强人"称号。

　　董明珠于1954年8月出生于南京市,是家中的第七个孩子。1975年,中专毕业的董明珠步入职场。然而不幸的是,1990年,她的丈夫因病不治离开人世,彼时他们的儿子才刚刚两岁。对于一个三十来岁的女子而言,这无异于晴天霹雳。然而悲痛欲绝之后,再看着身边的幼子,她选择了坚强,没有人可依靠之时,唯有自己承受风雨。

　　她认识到,仅靠手头微薄的薪资是无论如何也养活不了这个家的,于是她决定到传说中的特区找机会。因此,36岁的董明珠来到了珠海,加入了格力,从一名普通的业务员做起。不久,她的成绩就让人刮目相看,她在短短40天内凭着不屈不挠的韧劲儿竟然追回了42万元应收账款,这一下子就让她在公司出了名。

　　董明珠是出了名的女汉子,她白日里奔波于客户之间,夜晚则埋头研究产品知识。她运用深厚的专业知识,向客户说明格力空调的优点,并以真挚和热忱的态度感染他们。

　　1992年,董明珠在安徽市场的销售额突破了1 600万元,占据了公司当年总销售额的1/8;1993年,她在南京市场的销售额高达3 650万元,这一数字是1992年整个江苏地区销售额的10倍,格力电器的人们再次见证了她的销售奇迹;1994年10月,她结束了长达三年的业务员生涯,晋升为格力电器经营部副部长。同年,格力在江苏的销售额意外地增长至1.6亿元,进入行业前三之列。令人惊叹的是,董明珠个人的销售业绩占据了格力整个公司销售额的1/5。

　　在短短的15年间,董明珠完成了从一名普通业务员到格力总经理的蝶变。2007年,53岁的董明珠出任格力总裁;2012年,58岁的董明珠被正式任命为格力董事长。61岁时,她带领格力打入世界500强。在她的卓越领导下,格力在1995年至2005年期间,连续11年在空调产销量、销售收入以及市场占有率上居全国首位。自2003年起,格力的销售额以每年30％的速度持续增长,净利润也维持在15％以上的增长速度。

董明珠的职场旅程无疑是一部充满勇气、毅力和创新精神的奋斗史诗,她以自己的实际行动向世界证明,不管出身如何,只要怀揣梦想、执着追求、勇于创新,就能在职场上打造出属于自己的辉煌天地。可以说,她不仅仅是格力的骄傲,也是打工人学习的楷模。

乙方思维

引言

甲方、乙方本来是业务合同中的一种指代,有些类似英文的 Party A、Party B,后来约定俗成竟然成了买方、卖方的代名词。甲方往往指的是业主方或采购方,而乙方则是指提供产品或服务的一方。扩展到合约之外的商业场景,甲方类似英文的"Buy Side",乙方类似"Sell Side";对应地,也就有了甲方市场、乙方市场的小众说法。

我们这里的"乙方思维"不仅是业务合同中的一种指代,更是一种深刻的客户导向理念。换个说法,乙方思维本质上就是"客户思维",要求我们站在客户的角度去看待问题、思考问题,其中的关键便是同理心。

同理心是乙方思维的前提

　　同理心，其英文为"Empathy"，也有被译为"感情移入""神入""共感""共情"等不同表述。它所指的是心理换位这一行为模式，意味着能够尽量置身于他人的处境之中，以自己的感知力去把握和理解他人的情绪与心境。具体而言，同理心在情绪控制方面，能够让人更好地管理自身情绪反应，避免因不当情绪而对他人造成伤害；在换位思考方面，促使人们从他人的角度去看待问题，从而更加全面地认识事物；在倾听能力方面，助力人们用心去聆听他人的心声，给予他人充分表达的空间；在语言表达方面，引导人们运用恰当的言辞传递温暖与理解。同理心以及由此衍生出的共情力，无疑是一种极为重要的能力与品质，它不仅是一种单纯的感情共鸣，更是构建良好人际关系的关键基石。当我们拥有同理心时，我们便能够与他人建立起深厚的情感连接，跨越彼此之间的差异与隔阂。在人际交往中，同理心如同温暖的阳光，融化冷漠与疏离，让人们相互靠近、相互理解、相互支持。它使我们能够在他人喜悦时一同欢笑，在他人悲伤时给予慰藉，在他人困惑时提供指引。

　　在工作场合里，同理心同样起着不可小觑的作用。一位富有同理心的领导能够体会员工所遭遇的压力与挑战，进而注重沟通的方式方法，甚至制定出人性化的管理策略。他们常常会顾及员工的个人感受，了解他们的状况，在追逐工作目标之余，也会关注到员工的身心健康以及职业发展。倘若下属具备同理心，往往也能理解领导所承受的压力，或许会更加积极主动地分担工作、付出努力，从而增添一份主人翁精神。一个有同理心的团队,在沟通与协作方面会有更为出色的表现,工作氛围和谐融洽,工作绩效卓越非凡。即使在面对意见分歧的时候,团队成员通常也能够设法站在对方的角度去看待和思考问题,努力寻求共同的解决方案,而不会陷入无休止的争执之中。

同理心是人成长到一定阶段所具有和呈现的一种社会属性,这是一种高贵的品质,因为它的背后是对人的尊重甚至仁爱。日本经营之神稻盛和夫(Kazuo Inamori,1932—2022年)一直推崇"敬天爱人"的经营理念,强调企业在经营过程中要顺应自然规律、遵守社会法则,并尊重员工、关爱客户、回馈社会,以实现企业的可持续发展和社会的共同进步。同理心就是"爱人"的具体体现。"爱人"者,即爱他人也,以慈悲之心对待身边的每一个人。这不仅包括员工、客户、合作伙伴,还涵盖了社会大众。对于员工,要关心他们的成长与发展,为他们提供良好的工作环境和发展机会。例如,一家企业为员工提供培训机会和晋升通道,让他们感受到自身的价值和被尊重的感受。对于合作伙伴,要秉持诚信与公平的原则,追求双赢的局面。对待客户,要始终以满足他们的需求为出发点,提供优质的产品和服务。那些成功的企业无不是善于倾听客户的反馈,不断改进产品,从而赢得客户的信赖和支持。

乙方思维在商业场景下的体现

在市场竞争越发激烈的大背景下,市场的缝隙也日益狭窄。尤其是当一个行业长期缺乏成长,仅仅在存量市场中展开角逐时,客户资源便成为最为稀缺的资源,开拓客户自然而然也就成为最具竞争力的工作内容。在此种情况下,乙方思维显得格外重要。相较于同理心,乙方思维更加聚焦于客户本身,换言之,即一切皆以客户为中心。

乙方思维要求我们充分洞悉甲方(客户)的需求,将满足甲方(客户)的期望设定为目标,不遗余力地提供优质的解决方案。然而,这句话说起来容易做起来难,需要进一步详化细分。比如,哪些需求是明确呈现的?哪些需求是潜在的且尚未表达出来的?甲方(客户)的需求是什么?采购经理又有哪些需求?具体的采办人员有着怎样的要求?他们是更关注价格、品质,还是后续服务呢……诸如此类的问题,不胜枚举。这就要求提升我们的思考深度,不断地刨根问底,直到抓住最本质的东西。

我曾投资过一家软件公司,在数十年的发展历程中,该公司的创始人在打造企业文化时,始终将"乙方气质"置于极为重要的位置。乙方气质是乙方思维的外在展现,它要求员工在气质和精神面貌上充分体现出乙方思维。正是在乙方思维理念的有力驱动下,这家公司常年来保持健康高速的增长,并顺利地登陆科创板,且在上市后依然保持着高速的成长态势。

我们在商业活动中经常提及客户需求,然而,我深信大多数人对于需求的理解其实并不深刻。需求,并不是客户表面上的要求或者一时的期望那么简单。在经济学的范畴里,需求被定义为"愿意花钱来满足的需要"。那些仅仅停留在脑海中、不愿意为之付出任何代价的需要,不过是不切实际的空想罢了,充其量也只能算作是未来可能出现的需求。所以,我们万万不可关起门来,仅凭主观臆断就想当然地认定客户的需求是什么。一定要积极地通过切实可行的方法或手段去用心感知、深入探求客户真正的需求。要知道,客户的需求是复杂多样的,这种需求有可能是显而易见、摆在明面上的,也有可能是隐藏在深处、不易被察觉的隐性需求。苹果公司创始人、CEO 史蒂夫·乔布斯(Steve Jobs,1955—2011 年)是一位天才的产品设计师,他凭借着非凡的洞察力和前瞻性的思维,精准地预知客户内心深处连他们自己都尚未完全意识到的需求,并且通过其卓越的产品设计,以令人惊叹的方式满足了用户的深度需求,包括 iMac、iPod、iPhone、iPad 等。不得不承认,这远远不是一般人能够轻易做到的事情,所以进行客户研究和需求分析是非常必要的。

在理解客户需求的过程中,我们还必须高度重视年龄层的差异,或者更确切地称之为代际差。比如,在当前的市场环境下,"85 后"已然成为消费的主力军,他们有着独特的消费观念和需求偏好;而"Z 世代"则如同时尚的弄潮儿一般,引领着潮流的走向,他们对于产品和服务有着更为个性化、多元化的要求。如果我们将客户对象定位于这些人群,那么就迫切需要与之相对应的、能够真正"明其所欲、行其所善"的产品经理。只有这样的产品经理才能更容易与同代人共情,才能够深入了解这些特定人群的生活方式、价值观念和心理需求,从而设计出真正满足他们需求的产品。倘若我们忽视了代际差,那无疑是对乙方思维的一种严重的亵渎。

如何学会乙方思维

乙方思维首先要求有自觉性,也就是说乙方思维不是强制培训出来的,而是一种自觉性的体现,更多的是一种修养。对于那些把追求成功刻进自己基因里的爱财君们来讲,乙方思维是一种当然之举,浑然天成而没有丝毫做作。那么对他们而言,乙方思维根本就不是什么负担,更多的是方法论层面的关怀而已。没有客户就没有交易,没有交易就没有价值,没有价值就没有业绩,没有业绩就没有地位,这是一条简单而朴实的逻辑链条。

乙方思维必然要求我们具备专业性,这里所说的专业性,并不局限于行业领域的专业性,还充分展现在沟通与表达的专业性之上。在此,我选择用"社交成熟度"这一概念来表达这一含义。无论是简单的会晤(包括喝咖啡、喝茶等形式),还是正式的会议、庄重的宴请,抑或是日常的电话交流、严谨的邮件往来以及便捷的即时通信等,每一个场景无不淋漓尽致地体现着个人的社交成熟度,同时也反映出公司在这一方面对员工的明确要求以及培训深度。我曾听到过很多人感慨,在当今的互联网时代,通信技术已然如此发达,却丝毫没有感受到一丝轻松。的确,这其实也是内卷化的一种具体体现。在需求相对不足的时代,甲方(客户)对乙方的要求可谓是越来越高,尤其是那些隐性的要求。比如,有时候仅仅因为某一句话讲得不够得体,就可能得罪一个潜在客户。中国自古以来便是礼仪之邦,是充满人情味儿的社会,对于待人接物有着极高的要求,在这样的社会背景之下所产生的商业环境无疑更加复杂多变。在肉眼可见的将来,随着内卷化的不断加剧,体现在乙方思维方面的竞争也越发激烈。

具有乙方思维的人特别注重细节。在商业场景中,细节常常起着举足轻重的作用,诚如俗语所言,"魔鬼在细节"。老子曾言,"天下难事,必作于易;天下大事,必作于细"。一个精心策划的项目,哪怕在细微之处出现一丝纰漏,都可能致使整个计划全盘崩溃;一份精确到小数点后两位的财务预算表,倘若其中一个数字的差错被漠视,就可能引发资金链的断裂,让之前所有的辛勤努力化为泡影。而在人际交往中,一个稍纵即逝的眼神、一句未经深思熟虑的话语,都有可能在对方的内心深处留下挥之不去的痕迹。也许是一次聚会中未及时回应的热情招呼,也许是一句随口而出的无心之言,都可能成为破坏一段美好关系的致命导火索。所以,韩非子说,"千丈之堤,以蝼蚁之穴溃;百尺之室,以突隙之烟焚",细节之重要可见一斑。获取客户也要"致广大而尽精微",防止因为"细节中的魔鬼"损害大局,从大处着眼、从小处入手,既要周密谋划,善于"审大小而图之,酌缓急而布之",又要在求实、务实、落实上下功夫,做到踏石留印、抓铁有痕。

前段时间《细节是魔鬼》这本书卖得不错,作者是美国一位作家。我特别喜欢其英文书名——When the Little Things Count。这本书以大量的篇幅阐述了把控细节的重要性,涵盖了工作、人际交往和个人成长等多个方面。工作中,小错误可致严重后果,注重细节能提升效率、彰显敬业。在人际交往方面,表现为言语行为、倾听需求、尊重隐私等细节;在个人成长方面,表现为自我管理、学习习惯及情绪心态等细节。我们要培养细节意识,从小事做起,持续学习改进,让细节助力我们成功。

真诚是乙方思维的核心

我们前面谈了乙方思维的这么多要点,但其中最重要的是保持真诚。商业社会始终是以利益为主,在利益的考验面前,真诚显得尤为重要。作为乙方,秉持真诚的态度对待客户,是我们事业成功的基石,可以说真诚是一条持久连接企业与客户的坚固桥梁。

松下幸之助(Matsushita Konosuke,1894—1989年)曾说:"在这个世界上,我们靠什么去拨动他人的心弦?有人以思维敏捷、逻辑周密的雄辩使人折服,有人以声情并茂、慷慨激昂的陈词去动人心扉。但是,这些都是形式问题。我认为,在任何时间、任何地点,去说服一个人,归根结底,还是要靠真诚。"

当面对客户的需求时,我们应详尽地了解他们的期望和目标,不隐瞒任何可能影响项目进展的因素,行就是行、不行就是不行,不能为了要成单而刻意隐瞒事实,更不能吹嘘忽悠。真诚还体现在对每一个承诺的坚守上,我们向客户承诺的交付时间、质量标准,必须一诺千金、说到做到。即使遇到困难和挑战,也要提前沟通,共同寻找解决方案,而不是找借口、推脱责任。在服务过程中,真诚意味着关注每一个细节。从客户的每一次反馈,到产品或服务的每一个细微改进,都应以客户的利益和满意度为出发点。把客户的问题当作自己的问题,用心去解决,用行动去证明我们的价值。

真实是力量的一种象征,它的背后是一个人的自信、自重和自爱,说明他是一个内心有安全感的人,对外则体现了他的尊严。"精诚所至,金石为开",人们不会苛待一个真诚的人。以真心换真心,可以向客户传达一份自信和力量,逐步打牢信任和合作的基础。周幽王为博褒姒一笑,烽火戏诸侯,失信于诸侯,最终导致亡国,这便是失信的惨痛教训。作为乙方思维的实践者,我们要始终保持真诚,以待衣食父母之心善待客户,以客户为中心,用乙方思维去思考和行动,才能赢得客户的信任,建立长久而稳固的合作关系。

用乙方思维与客户打交道

许多人对销售工作存在偏见,觉得只有低学历的人才会从事销售工作。然而,实际情况却并非如此。销售工作由于直接面对客户,是一个极具锻炼性的岗位,同时也是培养乙方思维最为迅速的岗位。我常常提到,摆谱的往往是甲方,而真正赚钱的则是乙方。销售工作处于产品价值转化的最后一环,即便自家商品再好,若无法销售出去,便毫无价值可言。当销售人员成功地将产品推销给消费者时,不但满足了消费者的需求,为公司带来了效益,还有可能刺激生产规模的扩大以及就业机会的增加。销售人员与客户直接接触,能够在第一时间获取客户的反馈和需求信息。这些信息传递回企业后,有助于企业对产品和服务进行改进,推动创新。由此可见,销售工作对于企业的创新和进步起着至关重要的推动作用。此外,销售工作还能够有效地建立和维护良好的客户关系。优秀的销售人员不仅是在推销产品,更是在传递价值、建立信任。销售人员还可以通过与客户持续的沟通和服务,满足客户的需求,提升客户的满意度和忠诚度,为企业赢得长期稳定的客户群体。

除了直接做销售工作的人员外,像产品经理、项目经理、安装和售后服务人员都是有机会接触到客户的人,因此也是提升客户思维的关键岗位。

案例研究

拼多多传奇

相比周群飞、董明珠,拼多多创始人黄峥的起点要高出不少,而且他是新一代的创业者。1980年,黄峥出生在杭州的一个工人家庭,中学就读于杭州外国语学校,从小英文就不错。1998年,被保送至浙江大学竺可桢学院,主修计算机专业。2002年,前往美国威斯康星大学麦迪逊分校深造,继续攻读计算机专业。2004年,研究生毕业后加入谷歌,负责广告后台系统开发,随着谷歌的首次公开募股(IPO),年纪轻轻的黄峥实现了财务自由。到此时为止,黄峥的精英路线走得非常成功。

2006年,回国参与谷歌中国办公室的创立,后因发展受限从谷歌辞职。难能可贵的是,黄峥非常接地气,辞职后他做的第一件事就是到中关村站柜台卖手机,在一线直接接触客户。

此后,经历了在多家公司"偷师学艺"之后,他终于启动了自己的事业——成立欧酷网,一个主打手机和教育类电子产品的电商网站。经过短短三年的时间,欧酷网就位列行业前茅。然而,考虑到很难跟京东竞争,最后黄峥选择了将欧酷网出售。

2009年,黄峥孵化了从事电商代运营的新公司乐其,半年成为淘宝系统最大分销商,三年后成为淘宝"金牌淘拍档"。

2015年,黄峥带着技术班底创立拼好货,定位为生鲜水果类自营平台,抓住传统电商未能有效地服务农产品上线的机遇,以拼单玩法和社交参团模式将农产品销售给消费者。4个月后,拼好货活跃用户突破千万,每天订单量超100万。同年9月,拼多多正式上线,定位为B2B2C的全品类电商平台,延续拼单玩法。上线初期不打广告,依靠微信用户裂变,上线一年日订单超百万,月度商品交易总额(GMV)超过10亿元人民币。2016年2月,拼多多单月成交额破1 000万元,付费用户突破2 000万。9月,获得腾讯、高榕资本、新天域等投资机构的1.1亿美元B轮融资,随后宣布拼多多和拼好货合并成立新电商平台,黄峥出任新公司董事长。

2018年7月26日,拼多多在上海、纽约同时敲钟,正式登陆资本市场。2024年5月22日,因其业绩优异,拼多多市值冲到2 042亿美元,一举超过阿里巴巴(市值2 012亿美元),跃居中国第一大电商公司。2024年8月9日,黄峥以486亿美元的身家成为中国首富。

我们分析一下拼多多的成功要素(KSF)。

(1)错位竞争:当阿里巴巴和京东将发展重点放在消费升级时,黄峥却发现了下沉市场的空白,选择"农村包围城市"路线,依靠低价引流,利用淘宝培养的网民网购习惯,迅速占领三、四线城市,吸引了大量用户,形成电商三强格局。他采用分布式人工智能与社交拼团模式,为消费者提供高性价比的商品。通过研究个体消费需求,用社交裂变聚量,算法推荐信息流提升运营效率,实现商品高效转化。

(2)借助微信渠道与特色营销:通过"砍一刀"式社交化传播和低价策略,吸引大量用户。如平台推出的各种活动,新用户登录给红包但需要分享领取,商品显示剩一人即可成团但购买后需要再拉用户,每天推新品,首个发起拼团的人免单,对不买的商品推送提醒,滚动显示"×××又拼团成功一单"制造热闹氛围,限时秒杀、签到领奖、节庆活动等,增加用户参与度和黏性。

(3)"百亿补贴"计划:2019年"6·18"前夕上线"百亿补贴"计划,针对品牌商家进行大额补贴,后来演变为长期竞争策略。平台在商家让利基础上再补贴,合计100亿元。如2019年"双11"期间,大幅提升部分产品的补贴力度,从10%—20%提升至50%—60%。该计划大大增强了用户黏性,提高了客户留存度并激活其消费能力,持续提高"拉新"能力,使拼多多在创立5年后实现盈利,相比淘宝的6年、京东的12年、美国亚马逊的20年,拼多多备受瞩目。

从上述分析可以看出,黄峥及其团队在客户定位上无比清晰,能够绕开阿里巴巴和京东的地盘,在下沉市场开拓出一片新天地。另外,在营销上,他也是深谙客户的需求,主动引入社交化电商,形成了很好的客户黏性。另外,其巨额的补贴计划,主动让利,大大提高了竞争壁垒。他们之所以能够做到这一步,无非源于他们自身深刻的乙方思维、客户思维。他们能够很好地在心态上仿真客户,了解客户深层次的需求,并且能够有针对性地设计商业方案来满足客户的种种需求。举例来说,虽然随着全球化的深入,全球经济经过了一轮快速的发展,但是贫富分化的加剧是诸多发达国家、发展中国家共同面临的巨大挑战。拼多多的管理团队认识到,下沉用户的价格敏感性越来越高,但是与此同时,对于品质的需求并没有同比例的降低,于是他们利用强大的中国制造力来满足海内外目标用户的上述消费需求。

虽然拼多多经常被人诟病"低价劣质",但是无论如何价格的杀伤力是最大的,没有消费者能够抵制低价的诱惑,这是黄峥团队在对消费者心理有深入研究的基础上做出的正确的竞争策略。黄峥将"乙方思维"发挥到了极致,他非常明白消费者最需要的是什么,而且他能用最简单直观的方式呈现出来。拼多多的早期用户群体大多为中老年人,到如今,有不少"80后""90后"也开始习惯于在拼多多上购物,并通过分享、互动、拼团等方式来获得更低的价格。正是因为拼多多抓牢了用户群体所需要的"低价商品"的核心思维,才让用户产生购物需求时,第一时间打开的App就是"拼多多"。

经济学通识

学习经济学的意义

对志在实现财务自由的爱财君们而言,掌握经济学的基本常识、形成基本的思维框架不仅有助于掌握经济现象背后的本质规律,而且对于投资或经营决策也是大有裨益的。至于前沿的经济学研究,因为存在越来越专业化、数据化、模型化的趋势,对于没有受过专业训练的人而言,进入门槛还是相当高的。那么,作为个人,或者从爱财君的角度来看,掌握必要的经济学知识到底有多少意义呢?我们可以从以下几个层面来分析:

(1)理性决策

了解经济运行的基本规律,培养理性的经济思维。经济学知识可以帮助我们在日常生活中做出合理的经济决策,如消费、投资、理财等。同时,有助于我们理解社会经济现象,如通货膨胀、失业、经济增长等。例如,在购买商品时,我们可以通过分析成本和收益、比较不同品牌和产品的价格与质量,选择性价比最高的选项。在进行储蓄和投资时,了解利率、风险和回报等经济概念,有助于我们制订合理的理财计划。

(2)理解社会经济现象

经济学知识使我们能够更好地理解身边的经济现象,如物价波动、房价变化、就业形势等。这不仅能增加我们对社会的认知,还能帮助我们在复杂的经济环境中把握机遇、应对挑战。比如,当我们了解通货膨胀的原因和影响时,就可以采取相应的措施来保护自己的财富,如调整储蓄和投资组合、合理规划消费等。

(3)提升职业竞争力

无论从事何种职业,具备经济学知识都能为我们带来竞争优势,在金融、商业、政府部门等领域,经济学知识都有广泛应用。在商业领域,了解经济学原理有助于我们更好地理解市场动态、制定营销策略、进行成本控制和风险管理。假如在政府部门和非营利组织工作,经济学知识可以帮助我们制定公共政策、评估项目效益、优化资源分配。例如,一位市场营销人员如果掌握了需求弹性、消费者行为等经济学知识,就能更有效地制定产品定价和促销策略,提高市场份额和企业利润。

经济学诞生的背景、研究范畴和发展简史

人们通常认为,经济学是一门既复杂又神秘的学科,只有商业、金融业从业人员以及政府官员才有资格讨论经济学问题。然而近年来,人们越来越意识到经济学对我们的经济收入乃至日常生活的重要影响。另外,随着互联网的逐步渗透,人们越来越愿意就收入、开支、税

收、货币政策等方面发表自己的意见。现实中,人们对于生活中的经济现象的观点大多受到各种媒体报道的影响。从某种意义上说,对经济学缺乏兴趣的人的确占少数。

然而,当我们看到诸如失业率、通货膨胀、股票市场危机以及贸易赤字等字眼的时候,我们又真的懂得多少呢?当我们不得不削减开支,或者被要求缴纳更多税费的时候,我们知道背后的动因是什么吗?当那些热衷于挑战风险的银行和大公司影响到我们生活的时候,我们知道为什么他们的影响那么大,为什么他们能够出现并长期存在吗?经济学原理就能够解答这些问题。

经济学到底是什么呢?"经济学"(Economics)一词来源于希腊语"Oikonomia",意思是"家务管理"。后来,它的含义逐渐扩展到对资源的管理,即商品及服务的生产和交易。毋庸置疑的是,生产商品和提供服务的历史与人类文明史一样悠久,但是,人类对这一过程在现实世界中的运作机制的研究则相对较晚。

经济学研究在资源稀缺的约束条件下,如何最大化资源的配置、利用和分配,以满足利益相关者多种多样的需求。

1776年,伟大的苏格兰思想家和经济学家亚当·斯密(Adam Smith,1723—1790年)发表了《国富论》,这是一部划时代的巨著,因为它的出版代表了现代经济学作为独立学科的开始,该书第一次系统、完整地描述了市场经济的样貌。斯密通过深入的观察和分析,发现了人们的经济行为背后的作用机制,并研究分析了竞争性市场的特征,从而奠定了经济学大厦的基础。斯密认为,市场就好像一只"看不见的手(Invisible Hand)",无时无刻不在调控着人们的买卖行为。他还认为,当经济社会中的每个人都在努力最大化个人利益时,整个社会的利益也就实现了最大化。

随着工业革命而产生的巨大经济变化进一步激发了人们对这一学

科的兴趣,此前的思想家们是在社会范围内对商品和服务的管理进行评价,认为由此产生的问题属于道德和政治哲学的范畴。但是,随着工厂的出现和商品的批量生产,经济组织关注的范围越来越广。如是,所谓的"市场经济"概念也扬帆起航了。

斯密也是一个哲学家,他的书主要讨论的是"政治经济",他将经济学延展开来,把政治学、历史学、哲学以及人类学都纳入其中。在斯密之后,又出现了一批只关注研究经济问题的新的学者,他们每个人都聚焦于经济问题,即研究经济怎样运转以及我们该怎样管理经济。由于关注点和价值观的不同,出现了各式各样的经济流派。

所谓的"微观经济学",主要讨论在经济范畴内的个人与厂商之间的关系,比如需求与供给、买方和卖方、市场与竞争等。而"宏观经济学"则是将经济看作一个整体,从国家或者国际的角度来讨论经济运作。它的主题包括增长与发展、一国财政收支的衡量、国际贸易政策、税收以及对通货膨胀和失业的调控。

许多经济学家对现代工业经济带来的繁荣持肯定的观点,提倡不干预的、放任自由的政策,允许市场通过自由竞争创造财富、提高经济发展水平。而有些经济学家则看重市场造成的经济不平等、不均衡现象,认为市场机制存在缺陷,需要借助政府的干预来弥补。他们相信,政府在提供某些产品和服务以及在控制生产者权利等活动中可以发挥更大的作用。

随着时代的进步,斯密等古典经济学家的观点正面临着越来越严峻的挑战,因为数学工具和数据思维越来越多地被应用到经济学领域。到了19世纪末期,受过科学教育的经济学家们开始从数学、工程学甚至物理学理论的角度来研究经济现象。这些新古典主义经济学家们用图表和公式来描述经济,并且提出了操纵市场运作的规律及证明规律正确性的方法。

到了 20 世纪前中叶，由于苏联和中国的革命，世界 1/3 的地区处于"共产党"的统治之下，这些国家实行计划经济，而不是具有竞争性的市场经济，这就使市场经济和计划经济之间的分野变得愈加明显。而其他一些国家则一直在担心，市场能否独自担起创造社会财富这一使命，欧洲大陆和英国就国家干预程度这一话题一直争论不休。1929 年华尔街股灾后，美国经济出现大萧条，一场经济思想方面的战争也在美国随之兴起，随后凯恩斯主义大行其道。

20 世纪后半叶，伴随着全球经济中心的转移，经济思想的中心从欧洲转向美国，主张不干预、放任自由政策的美国成为世界经济的主导力量。1991 年苏联解体之后，正如哈耶克曾预言的那样，自由市场经济似乎成了通向经济繁荣的康庄大道。尽管大多数经济学家对市场的稳定、高效以及合理性持信任和支持的态度，但是并非所有人都赞成这一看法，仍然有一些经济学家揪住市场的缺陷不放，有些独到的研究方法也随之产生。20 世纪末期，新的经济学领域将心理学和社会学理论融入经济学理论中，除此之外，数学和物理学中最新的进展（如博弈论和混沌理论等）也应用到经济学研究中了。

经济学的核心命题与运作机制

经济学研究的核心的两个命题是"资源的稀缺性"和"经济活动与选择"。

（1）资源的稀缺性

经济学研究的出发点是资源的稀缺性。地球上的资源，无论是自然资源如土地、矿产、能源等,还是人力资源和资本资源,都是有限的,而人类的欲望和需求却是无限的,这就造成了资源的稀缺与人类需求的无限之间的矛盾。例如,石油是一种重要的自然资源,但它的储量是有限的。随着全球经济的快速发展,对石油的需求不断增加,这就导致了石油价格的波动和对替代能源的需求。

(2)经济活动与选择

由于资源稀缺,人们必须在各种经济活动中进行选择。经济学研究人们如何在生产、分配、交换和消费等活动中做出决策,以满足自己的需求。比如,一个家庭在有限的收入下,需要决定如何分配支出,用于购买食品、住房、教育、娱乐等不同的商品和服务。一个企业在有限的资源下,需要决定生产什么产品、采用什么生产技术、如何给产品定价等。

经济活动是在价格信号的作用下开展的,价格信号是在市场经济中传递资源稀缺性和市场供求关系等信息的重要机制。当某商品的价格上升时,意味着"供不应求"的信号,那么生产者就可能选择扩大生产,而消费者可能选择降低购买欲望。而当商品的价格下降时,则释放"供过于求"的信号,那么生产者可能会选择减产,而消费者则可能加大采购量。

这里小结一下,价格信号对于生产者而言,一是可以引导生产决策,价格上涨意味着有利可图,生产者会增加生产投入、扩大生产规模,大家耳熟能详的"猪周期"就是一个很好的案例;二是可以优化资源配置,生产者会根据价格信号将资源投入价格较高、利润较大的产品的生产中,从而实现资源的优化配置。

那么,对于消费者而言,价格信号一是可以影响消费选择,价格上升可能会使消费者减少对该商品的购买,转而寻找替代品,价格下降则可能刺激消费需求;二是可以反映商品价值,消费者可以通过价格大致判断商品的质量和价值。一般来说,价格较高的商品可能在品质、功能等方面具有一定优势。

当然,价格信号并非总是准确和及时的。市场中可能存在垄断、信息不对称等情况,影响价格信号的真实性和有效性。例如,垄断企业可能操纵价格,使其产品价格不能真实反映市场供求关系。此外,价格信号的调整往往具有滞后性,可能导致生产和消费的过度反应或反应不足。但是,从长期来看,价格信号的作用机制是有效的,称之为"市场的有效性"。

经济学的分类

经济学的研究范畴十分广泛,主要包括以下几个方面。

(1)微观经济学

消费者行为:研究消费者如何在预算约束下做出购买决策,以实现效用最大化,包括消费者的偏好、需求曲线的推导、价格弹性等内容。

生产者行为:探讨企业在生产过程中的决策,如生产要素的投入组合、成本函数、生产函数等,以实现利润最大化。例如,企业决定雇佣多少劳动力和投入多少资本来生产产品,以及如何降低生产成本、提高生产效率。

市场结构:分析不同市场结构类型下企业的行为和市场绩效,包括完全竞争、垄断、垄断竞争和寡头垄断等市场结构类型。例如,在充分竞争的市场中,企业是价格接受者;而在垄断市场中,企业可以通过定价权来获取超额利润。

要素市场：研究劳动力、资本、土地等生产要素的市场供求关系和价格决定机制。例如，分析劳动力市场中工资的决定因素，以及企业对劳动力的需求和劳动者的供给。

(2)宏观经济学

经济增长：考察一个国家或地区经济总量的长期增长趋势，研究经济增长的因素、模型和政策。例如，分析技术进步、资本积累、劳动力增长等因素对经济增长的贡献，以及政府如何通过促进创新、投资教育等政策来推动经济增长。

通货膨胀与失业：研究通货膨胀的原因、影响和治理措施，以及失业的类型、原因和应对政策。例如，分析通货膨胀对经济的影响，如降低货币购买力、影响企业投资和消费者信心等，以及政府如何通过货币政策和财政政策来控制通货膨胀。同时，研究失业的原因，如结构性失业、周期性失业等，并探讨政府如何通过促进就业的政策来降低失业率。

宏观经济政策：包括财政政策和货币政策，研究政府如何通过调整税收、政府支出、货币供应量和利率等手段来调节经济，实现经济稳定增长、充分就业、物价稳定等宏观经济目标。例如，在经济衰退时期，政府可以采取扩张性财政政策，增加政府支出和减少税收，以刺激经济增长；中央银行可以采取扩张性货币政策，降低利率和增加货币供应量，以刺激投资和消费。

国际经济：研究国际贸易、国际金融和国际经济合作等方面的问题，包括贸易理论、汇率决定理论、国际收支平衡等。例如，分析比较优势理论和绝对优势理论，解释发展国际贸易的原因和利益分配方式；研究汇率的波动对国际贸易和投资的影响，以及政府如何通过汇率政策来调节国际收支平衡。

(3) 其他范畴

包括发展经济学(研究发展中国家的经济发展问题,包括贫困、不平等、经济增长、产业结构调整、农村发展等方面)、制度经济学(分析经济制度对经济行为和经济绩效的影响,包括产权制度、企业制度、市场制度等)、环境经济学(研究经济活动与环境之间的关系,包括环境污染对经济的影响、环境保护的政策手段、可持续发展等问题)、行为经济学(将心理学的研究理论和方法引入经济学研究中,分析人们在经济决策中的非理性行为和认知偏差)、产业经济学(研究产业组织、产业结构、产业发展和产业政策的经济学分支学科)、区域经济学(研究经济活动在特定地理区域内的分布、组织和发展的经济学分支学科)等。

经济学的研究范式

作为经济学爱好者,我们还要搞明白经济学学者是如何分析问题、解决问题的。

经济学是一门社会科学,经济学家在解决经济问题时要秉承科学家的客观性。在范式方面,研究经济学的方法和自然科学家、物理学家等研究物质甚至生命的方法是一样的,都是提出理论,收集数据,然后分析这些数据以证明或否定他们提出的理论。然而,跟自然科学不同的是,由于不能在实验室里做实验,经济学家通常关注和利用历史提供的"自然实验"。例如,当中东战争切断了石油原油运输时,世界油价猛涨,对于石油和石油产品的消费者来说,这样的事件压低了他们的生活水平;对于经济政策制定者来说,这样的事件促使他们研究某种重要自然资源对世界经济的影响。

同科学工作者一样,经济学家也要进行假设,理由是一样的,假设可以简化复杂的研究对象,可以使问题更容易理解。比如"理性人假设"(Hypothesis of Rational Man),它是指作为经济决策的主体都是充满智的,既不会感情用事,也不会盲从,而是精于判断和计算,其行为是理性的。在经济活动中,主体所追求的唯一目标就是自身经济利益的最优化,如消费者追求满足程度的最大化一样,生产者追求的是利润最大化。"理性人假设"实际上是对亚当·斯密"经济人假设"的延续。面对不同的问题就要使用不同的假设,这是科学思想中的艺术,也是经济学家发挥其智慧的所在。

经济学家也使用模型来研究世界,但他们使用的不是塑料模型,而是使用由图形和公式组成的模型。经济模型省略了很多无关紧要的细节,目的是让我们看清什么才是真正重要的,抓住主要矛盾。

现实中,人们经常让经济学家解释经济现象背后的原因。例如,失业率为什么居高不下?外贸行业为什么连续下滑?而有时,人们又希望经济学家能够推荐改善经济发展的政策。例如,政府应该怎样做才能促进创新创业?当经济学家试图解释世界时,他们是科学家;而当他们试图帮助人们改善世界时,他们是政策顾问。

一般来说,关于世界的陈述无非有两类。一类是实证的,实证性陈述是描述性的(Descriptive),它们断言世界是什么样子的。第二类是规范性的,规范性陈述是规定性的(Prescriptive),它们宣称世界应该如何。实证性陈述和规范性陈述之间的一个关键区别是,我们该如何判断它们的有效性。原则上,对于实证性陈述,我们可以通过检验相关证据来肯定或否定它。相反,对规范性陈述的评估不仅涉及事实还涉及价值观,因为判断什么是好的政策、什么是坏的政策不仅仅是个科学问题,它还涉及伦理和政治哲学方面的观点。实证性陈述和规范性陈述的本质是不同的,但是它们纠缠在我们的世界观、价值观之中,特别是人们关于世界如何运行的实证性观点,将影响他们关于什么样的政策是合意的规范性观点。但是,规范性结论无法仅通过实证分析而得到,因为它还涉及价值判断。

经济学十大基本原理

说到经济学的教材,不得不推荐《曼昆经济学原理》,这部著作自1998年面世以来,已被翻译成20余种语言,曾两度创下吉尼斯世界纪录。作者 N. 格里高利·曼昆(N. Gregory Mankiw,1958—),美国知名经济学家,29岁就成为哈佛大学终身教授,曾担任小布什总统的经济顾问委员会主席。查理·芒格曾评价:"最好的经济学教材是曼昆写的。"在很多人看来,经济学的学习是枯燥乏味的,尽管经济学的很多结论不但有趣而且有用。曼昆就能通过浅显易懂的文字、富有说服力的图表和生动活泼的案例向读者阐述复杂难懂的经济学理论。很多年前,当我买到这部书的时候,几乎是废寝忘食地把它读完了。在以后的工作中,凡是遇到有关经济学的问题,我都是第一时间翻出这本书来查找,先听听曼昆先生的见解。让我印象最深的是,曼昆在该书的开头部分即总结出经济学十大基本原理,至今回顾起来仍然感觉受益匪浅。此处我也分享出来,以飨读者。

(1)人们时刻面临选择和取舍

人们到超市购物,有琳琅满目的商品可供选购。工程招标之际,一大堆供应商会过来投标。高中毕业生也面临多种选择,是到海外留学还是在国内就读,选哪个专业、读哪所大学,不一而足。一个家庭要在当期消费和未来储蓄中做出取舍,一个国家要在"大炮"和"黄油"之间做出取舍,一个社会要在环境保护和社会生产之间平衡抉择。社会也同时面临着效率与公平之间的抉择,效率意味着蛋糕的大小,公平则意味着每块蛋糕分配得是否均匀。在设计政府政策时,公平和效率的目标往往不太一致。对富人收更多的税,转移支付给贫困的人,将会促进社会公平,但同时也意味着富人的收入减少,从而减少了对富人努力工作的激励,降低了他们投资的欲望,从而最终造成社会总财富的减少。人们面对多种选择,不可能满足所有的需求,而只能选择相对最优解,因此要有做出取舍的决断。

(2)某种东西的成本是为了得到它而放弃的东西

这就是所谓的机会成本,这是经济学意义上的成本,而非财务意义上的成本。假如某人面临 N 种选择(即概率路径),但事实上他最终只能有一种选择 A,那么其他 N−1 种选择中期望收益最大的一个即为 A 的机会成本。通过对机会成本的分析,要求企业在经营中正确选择经营项目,其依据是实际收益必须大于机会成本,从而使有限的资源得到最佳配置。

(3)理性人考虑边际量

"理性人"是经济学中一个重要的基本假设,即假设一个人充分占有信息,且总能做出最优的决策。边际成本指的是在生产、销售或提供服务的过程中,每增加一单位产量或销量所增加的成本。而边际收入则是指每增加一单位销售量所带来的总收入的增加量。边际效应指的是在其他条件不变的情况下,随着消费者对某种物品消费量的增加,从该物品连续增加的每一消费单位中所得到的满足感(效用)增量是递减的。边际量思考是经济学中的重要概念和方法论,边际(Margin)类似于微积分中导数的概念,边际量就是因变量随着自变量的变化而发生的改变量,离散世界里则是指在现有基础上每增加一单位的变化所带来的影响。"边际"概念为经济决策提供了一种重要的分析范式,通过关注每单位变化所带来的影响,可以帮助企业和消费者做出更加理性的决策,实现资源的有效配置和经济效益的最大化。

(4)人们会对激励做出反应

激励是引起一个人做出某种行为的东西,比如奖励和惩罚。按照理性人假设,人们都是趋利避害的,所以对各种激励会做出不同的反应,如"重赏之下,必有勇夫",就是对这个原理的回应。在分析市场如何运行时,激励无疑是非常重要的。当猪肉的价格上涨时,消费者会少吃猪肉而选择其他替代品;接下来养殖户看到有钱可赚就会扩大生猪的生产规模。而当供给增大时,猪肉的价格就会下调,猪肉毛利下降,导致生产规模萎缩……这就是所谓的"猪周期"现象。我国为了推广新能源汽车,目前政府对新能源汽车采取免购置税和提供补贴款的政策,同时在限牌的一线城市还有免费送牌照的政策,这正是引导人们消费新能源汽车的激励。

以上4条原理都是关于人们如何做出经济决策的。

(5)贸易使每一方获益

由于学习曲线效应,分工使得专业生产者的成本最低,那么自然会产生"以我所余换你所余"的现象。所以,贸易不仅是人的天性,因为动物之间不存在交换现象;而且贸易还让买卖双方都受益、满足,否则就没必要做这笔交易了。至于那种所谓自给自足的田园诗歌式的乌托邦想象,仅仅是古代小农经济在现代社会中的投射,它不但是低效的,而且是根本无法实现的,除非大家都愿意退回到短缺经济的农耕时代。

国际自由贸易可以使各国能够专注于生产或提供自己具有比较优

势的产品和服务,提高全球资源的利用效率;促进国际分工和专业化生产,企业可以在全球范围内寻找成本最低的原材料、零部件供应商和生产地点,从而降低生产成本,使得跨国公司的出现成为可能;扩大市场规模,使企业能够实现规模经济。

但是,各国政府出于保护幼稚产业、实现充分就业、减少贸易逆差等方面的需要,有时候又不得不建立贸易壁垒,除了设置高额的关税外,还会使用配额、出口补贴、反倾销、技术壁垒、商业附加税等非关税手段。20世纪30、40年代,贸易保护主义盛行,国际贸易相互掣肘,这是造成世界经济萧条的重要原因之一。1946年2月,联合国经济和社会理事会呼吁起草《国际贸易组织宪章》,并进行世界性削减关税谈判。后来在各国的努力下,23个创始会员国家于1947年10月30日在日内瓦签订了《关税及贸易总协定(GATT)》,旨在通过削减关税和其他贸易壁垒,消除国际贸易中的差别待遇,促进国际贸易自由化,以充分利用世界资源,扩大商品的生产与流通。1995年1月1日,为了为适应经济全球化发展需要并克服GATT的不足,GATT被改组成立为"世界贸易组织(WTO)"。

自2018年以来,中美两个贸易大国之间爆发了旷日持久的贸易战,对全球经济和国际关系产生了多方面的影响。这场贸易战首先使得两国在经济利益上受损。由于关税抬高了进口商品的价格,引发物价上涨,加剧了美国的通货膨胀压力。虽然贸易战给中国的出口和部分产业带来了一定压力,但也促使中国加快经济结构调整和转型升级的步伐。中美作为全球最大的两个经济体,二者之间的贸易冲突严重冲击了以世界贸易组织为核心的多边贸易体制,导致全球贸易秩序紊乱。由于贸易保护主义抬头,其他国家也纷纷采取类似的贸易限制措施,引发贸易摩擦的连锁反应,阻碍了全球贸易的自由化和便利化进程,抑制了全球经济增长的动力。贸易紧张局势导致企业投资决策谨慎,全球产业链和供应链受阻,国际贸易和投资减少,给世界经济复苏带来了不确定性和下行压力。国际货币基金组织(IMF)等国际机构多次下调全球经济增长预期,全球经济面临的风险加剧。总之,中美贸易战没有赢家,是一场两败俱伤的冲突,不仅对中美两国自身造成了诸多负面影响,也给全球经济和贸易秩序带来了巨大冲击。

(6)市场通常是组织经济活动的一种好方法

对于中国人来说,计划经济和市场经济这两个词并不陌生。20世纪80年代末,东欧和苏联先后解体,证明了计划经济的失败,中国改革开放40年来的巨大经济成就则从反面证明了市场经济的伟大力量。

人类历史上首次发现市场运作机制的是亚当·斯密,他在《国富论》中写道,家庭和企业在市场上相互交易,它们仿佛被"一只看不见的手"所指引,并导致了合意的市场结果。这个所谓"看不见的手"就是市场,它通过价格信号来"指导"买方和卖方进行交易。

弗里德里希·奥古斯特·冯·哈耶克(Friedrich August von Hayek,1899—1992年)是20世纪极具影响力的经济学家,他一直主张自由市场经济。哈耶克认为市场是一种自发秩序,是通过个体自主决策形成的机制,并不是人为设计或刻意构建的。它能够在没有中央计划者指导的情况下,自然地协调人们的经济行为。在市场中,消费者根据自己的需求和偏好选择商品和服务,生产者为了追求利润而生产和供应商品,这种个体的自由选择和互动,最终形成了市场的有机秩序。哈耶克提出的知识分散性理论,强调市场在整合和利用分散知识方面的重要性。每个人都拥有独特的知识和信息,这些分散的知识在中央计划经济下难以得到充分利用和传播。而在市场机制中,价格信号和利益驱动促使个体去发掘、整合自己所掌握的分散知识,并通过交易等方式将其分享和应用,从而实现资源的高效配置。哈耶克将经济自由视为个人自由的基础和条件。在自由市场中,人们可以自由地选择职业,进行交易、投资和创业等,不受政府过多的干预和限制。他认为这种经济自由能够激发个体的创造力和积极性,促使人们充分发挥自己的才能,追求自己的利益和目标,进而推动经济的发展和社会的进步。同时,经济自由也限制了政府的权力,防止政府对个人自由的过度侵犯。哈耶克还认为,市场通过价格机制来反映商品和服务的稀缺性以及人们的需求程度。这样一来,市场就能够自动地将资源分配到最需要的地方,实现资源的优化配置,提高整个社会的生产效率。哈耶克坚信,市场竞争是推动技术创新的重要动力。在市场环境下,企业为了在竞争中获得优势,会不断地寻求降低成本、提高质量、开发新产品和新技术的方法。那些能够成功创新的企业将获得更高的利润和市场份额,而其他企业为了生存也会被迫跟进和模仿。这种竞争和创新的过程,促使技术不断进步,推动产业升级和经济的持续增长。

虽然我们说市场并不是完美的,否则就不会有宏观调控甚至计划经济等理论的出现,但是它在总体上是有效的,从长期来看也是有效的,因此在配置资源过程中发挥着主导作用,被历史证明是一种组织经济的好方法。

(7)政府有时候可以改善市场结果

经济活动需要政府参与的原因可能有如下几方面。

法律和政策是市场机制有效运行的前提和保障,特别是产权(Property Rights)保护制度的实施保证了拥有者对稀缺资源(比如发明创造、著作权等)的掌控。举例来说,一个农民如果知道在秋天时田地里的谷物会被偷盗,他就不会在春天时耕耘播种。如果不能保证饭店的消费者吃了饭必须付钱,那么谁还愿意当饭店老板呢?如果发明都会被剽窃和复制,那么就不会有新的发明。还有,反不正当竞争、反垄断等法律的实施对于公平的市场竞争也有着至关重要的意义。因此,市场经济与法治社会是一个良性运作的经济体的两个互相依存的方面,二者互为依托,缺一不可。

市场经济有时需要政府来调节效率和公平,也就是说大多数政策的目标是既要做大蛋糕,又要改变分蛋糕的方式。市场并不是完美的,外部性(Externality,一个经济主体的行为对另一个经济主体的福利产生了影响,但这种影响并没有通过市场价格机制反映出来)和市场势力(Market Power,比如用暴力等非法手段维护市场垄断)都有可能导致市场失灵(Market Failure),此时政府的介入是非常必要的。

原理(5)~(7)是关于人们如何互相交易的内容。

(8)一国的生活水平取决于它生产物品和劳务的能力

生产力或生产率(Productivity),即每一单位劳动投入所生产的物品和劳务数量,决定了某一个国家的生活水平。生产率是衡量经济增长和发展的关键指标,生产率的提高是经济增长的核心动力。若一个国家的制造业生产率处于高水平,那么就可以生产出更多高质量的产品,增强国际竞争力。对于企业而言,高生产率能够降低成本,提高产品质量和生产效率,增强企业在市场中的竞争力。企业通过技术创新、管理优化、员工培训、增加资本投入、产业升级和结构调整等方式提高生产率,可以在激烈的市场竞争中脱颖而出,获得更多的市场份额和利润。总之,生产率是衡量经济增长和发展的重要指标,也是企业竞争力的体现。理解生产率的概念、计算方法和影响因素,对于制定经济政策、提高企业管理水平和促进经济可持续发展具有重要意义。

(9)当政府发行了过多货币时,物价就会上升

根据货币数量论,在其他条件不变的情况下,货币供应量的增加会导致物价水平的上升,即通货膨胀。其基本公式为:$MV = PQ$,其中 M

表示货币供应量,V 表示货币流通速度,P 表示物价水平,Q 表示实际产出。例如,如果货币供应量 M 增加一倍,而货币流通速度 V 和实际产出 Q 保持不变,那么根据公式,物价水平 P 也会增加一倍,即发生通货膨胀。

当中央银行通过降低利率、购买国债等方式增加货币供应量时,市场上的货币就会增多。如果经济中的实际产出没有相应增加,那么这些多余的货币就会追逐有限的商品和服务,导致物价上涨。例如,在经济衰退时期,中央银行采取宽松的货币政策,增加货币供应量以刺激经济增长。如果货币供应量增加过快,超过了经济的实际需求,就可能引发通货膨胀。需要补充的是,货币流通速度的变化也会对物价产生影响。比如,经济不稳定时期,人们可能会更加谨慎地使用货币,导致货币流通速度下降;而在经济稳定增长时期,货币流通速度可能会加快。

(10)社会面临通货膨胀和失业率之间的短期权衡取舍

菲利普斯曲线是用来描述通货膨胀率与失业率之间关系的曲线。在短期内,通货膨胀率和失业率之间存在着一种此消彼长的关系。即当通货膨胀率上升时,失业率下降;当通货膨胀率下降时,失业率上升。例如,在经济衰退时期,失业率较高,为了刺激经济增长,政府可以采取扩张性的货币政策,增加货币供应量,降低利率,从而刺激投资和消费。这会导致总需求增加,物价水平上升,通货膨胀率提高。同时,企业扩大生产,增加就业机会,失业率下降。

通货膨胀率与失业率之间的权衡取舍主要是通过总需求的变化来实现的。当总需求增加时,企业为了满足市场需求,会扩大生产规模,增加雇佣工人,从而降低失业率,但同时,总需求的增加也会导致物价水平上升,通货膨胀率提高。相反,当总需求减少时,企业会减少生产,裁员,失业率上升,但同时,物价水平也会下降,通货膨胀率降低。

对于政府而言,这种权衡取舍的筹码就是政府支出量、税收量和货币增长量。通过上述筹码的不同组合而形成相应的财政政策和货币政策,从而影响短期内的经济运行。

原理(8)~(10)说明了宏观经济是如何运行的。

总之,在经济学发展的历史长河中,经济学家们恰似无畏的探索者,怀揣着好奇与热忱,不断追寻着那未知的奥秘。从亚当·斯密的不朽巨著《国富论》横空出世的那一刻起,经济学便如同一位忠实的伙伴,始终紧紧伴随着人类社会的成长和进步。创业也好,投资也好,本质上都是具体而微的经济活动,因而必然受到经济规律的约束。当我们深入了解宏观经济学时,便如同为创业者点亮了一座灯塔,指引着他们在波谲云诡的经济海洋中稳健前行。创业者能够凭借宏观经济学的智慧,精准把握经济发展的大势,敏锐地捕捉到最为合适的市场进入时机。他们可以依据宏观经济政策的细微变化,灵活调整企业的经营战略。例如,在经济扩张期,可以适度加大投资力度,积极拓展业务版图,充分开发企业的活力与潜能;而在经济陷入衰退的艰难阶段,则保持高度的谨慎,精心经营,严控成本,谋定而后动,无疑会有助于提高可持续发展的概率。对于投资人而言,宏观经济学更是犹如一把神奇的钥匙,帮助他们解开经济现象背后的奥秘。投资人可以根据经济周期的不同阶段,制定合理的投资策略,发现一些可投资标的,从而合理地配置资产组合,有效降低风险,最终实现稳健而丰厚的投资回报。而当我们掌握了微观经济学时,又仿佛为创业者与投资人送上了一把锐利的宝剑。对于创业者来说,微观经济学能够让他们透彻地理解市场供求关系的微妙变化、消费者行为的复杂多元以及企业成本结构的细节奥秘。创业者可以依据这些知识,开发出真正符合市场需求的产品或服务,制定出合理的价格策略,通过不断优化生产和运营流程,降低成本,从而提高企业的核心竞争力。对于投资人,微观经济学则有助于他们细致分析企业的内在价值,精准评估企业的盈利能力和成长潜力。投资人能够凭借这些深入的洞察,从众多企业中挑选出那些真正具有投资价值的优质企业,为自己的财富增长奠定坚实的基础。爱财君们一定会在经济学智慧的引领下,勇敢地踏上创业或投资的造富之路,驶向自己的辉煌未来。

案例研究

两位经济学大师的世纪论战

约翰·梅纳德·凯恩斯(John Maynard Keynes,1883—1946年)与弗里德里希·奥古斯特·冯·哈耶克(Friedrich August von Hayek,1899—1992年)是20世纪两位泰斗级的经济学家,两人虽然是好友,但是因为思想主张的不同,各携其弟子进行了一场持续数十年且严重影响了经济界、政界的论战。

凯恩斯出身贵族,自小智力超群,他创立的宏观经济学与弗洛伊德所创的精神分析法、爱因斯坦发现的相对论一起并称为"二十世纪人类知识界的三大革命"。1936年出版的《就业、利息和货币通论》(*The General Theory of Employment, Interest and Money*,以下简称《通论》)是其代表作,他旗帜鲜明地反对"自由放任"和"无为而治"的传统做法,主张国家通过积极的财政政策和货币政策对经济生活进行干预和调节,该书在当时一度成为各国政府的经济圣经。在凯恩斯之前,宏观经济学所研究的范畴通常被称之为政治经济学。凯恩斯通过引入数学工具和提出总需求管理理论,对宏观经济学的形成起到了关键作用,并且他的理论为后来的经济学家发展 *IS*—*LM* 模型奠定了基础,从而极大地推动了宏观经济学的建立和发展。

　　1944年初,哈耶克出版了《通往奴役之路》一书。在书中,他讥讽计划经济为"伟大的乌托邦",认为对生产的控制必将造成对消费的控制,从而使得自由的市场竞争变成不可能,这将是一条危险的"通往奴役的道路"。他的观点虽然在很长时间里被人认为是异端邪说,但是这一点儿也没有影响哈耶克捍卫自由市场经济的决心和斗志。直到20个世纪70年代末,号称是其信徒的美国总统罗纳德·威尔逊·里根(Ronald Wilson Reagan,1911—2004年)和英国首相撒切尔夫人(Margaret Hilda Thatcher,1925—2013年)联合中国改革开放的设计师和推动者邓小平(1904—1997年),将世界经济重新扳回自由市场的轨道上来,从而创造了持续三十余年的全球经济繁荣。哈耶克本人也于1974年获得诺贝尔经济学奖,曾经出任里根总统的经济顾问,并于1991年获颁美国总统自由勋章。

　　两位大师的论战堪称历史上最经典的经济学决斗,也是思想大家之间的荣誉之战。两人同时从第一次世界大战的废墟之上研究商业繁荣和经济萧条,而关于政府是否应当干预市场,却得出了截然不同的结论。哈耶克认为,改变经济的"自然平衡"会导致严重的通货膨胀。而凯恩斯则认为,标志着一个周期结束的大规模失业和困难,可以靠增加政府开支来缓和。直到各自生命的终点,两人始终没有认同对方的观点。

　　二十多年中,两人不仅通过信件辩论,也通过公开发表的文章辩论,也有当堂对质和"互怼",最终又通过他们热心的弟子约翰·肯尼思·加尔布雷思(John Kenneth Galbraith,1908—2006年)和米尔顿·弗里德曼(Milton Friedman,1912—2006年)代为辩论。同样是围绕政府是否应当干预市场,加尔布雷思和弗里德曼不但在各自的作品中阐述、捍卫各自的观点,而且还于1977—1980年间,分别参与了电视系列节目《不确定的时代》和《自由的选择》传播自己的学术观点。在节目中他们直接阐述了自己的经济哲学和政策主张,就政府与市场的关系等问题进行了公开辩论,将两人的论战推向了公众视野。值得一提的是,加尔布雷思的思想对美国等西方国家的经济政策产生了一定的影响,推动了政府在社会福利、公共服务等领域的干预,促进了福利国家的建设和发展;而弗里德曼的理论对自20世纪70年代以来的英美等国的经济政策产生了重大影响,推动了以市场化、自由化、私有化为主导的经济改革,如里根政府和撒切尔政府所推行的一系列经济政策,都受到了弗里德曼思想的启发。

凯恩斯的口才和魅力过人,对世界持有一种乐观的愿景,即政府计划和管控能撑起经济,这一观点很快为大西洋两岸整整一代政治家和经济学家所接受。1929—1933年发生了世界性经济危机,使得以"罗斯福新政"为代表的凯恩斯主义得以普遍实行,彼时似乎是凯恩斯赢了哈耶克。

与此相反,哈耶克是个严谨的逻辑学大师,他顽强地逆势而上,担当起捍卫自由市场经济的旗手,几十年如一日地为市场正名。20世纪70年代,石油危机让世界经济陷入滞胀的困境,使得以"华盛顿共识"(Washington Consensus)为标志的新自由主义思潮又成为制定经济社会政策的主流价值观念,让哈耶克有机会在作古之前打了个漂亮的翻身仗。

值得一提的是,尽管两人争论时唇枪舌剑,甚至不惜揶揄,但是凯恩斯与哈耶克之间不乏瑜亮情节,彼此在分歧中能够相互肯定,那种超越学术之争的私人友谊堪称人间佳话。比如,哈耶克评价凯恩斯的《货币论》"对不同形式的货币进行了出色的描述和分类";凯恩斯则为哈耶克的《通向奴役之路》这部伟大著作"感动不已"。

2013年4月,机械工业出版社出版了《伦敦时报》编辑尼古拉斯·

韦普肖特(Nicholas Wapshott)的著作《凯恩斯大战哈耶克》(*Keynes Hayek：The Clash that Defined Modern Economics*)。该书以丰富的历史资料,回顾了哈耶克与凯恩斯从相遇到开火、停滞、再开火的过程,最后发出了在后金融危机时代谁将是最后的赢家的发问。本书值得一读。

财务通识

前言

一般来说,追求财致富最为根本的路径主要是创业与投资,这两者皆为意义重大的经济活动。每当一项经济活动取得成功时,主要发起人都能收获一定程度的财务回报。同时,相应的经济主体通过雇佣、采购以及缴税等方式,间接为社会创造财富,有力推动了经济繁荣与社会发展。

会计学凭借其严谨且完备的数据手段、科学的方法以及系统的工具,从多个角度精确地表达出经济主体与经济主体之间经济活动的过程与成果。它通过对经济数据的收集、整理、分析和报告,为管理层和/或决策者提供坚实有力的信息支撑,助力他们把握企业的资产负债状况、盈利能力、运营效率等关键指标,便于判断企业的经营状况和发展前景。财务学则运用会计学工具,探究经济主体与经济主体之间的资金运动情况,涵盖资金的筹集、投放、运营和分配等各个环节,一方面为了防范经营过程中的各类风险,另一方面也为企业的盈利能力提升与可持续发展给予资金方面的支持。

掌握财务通识的意义

在当今复杂多变的经济环境中，财务通识不仅是企业管理者和金融专业人士的必备素养，更是每一个渴望实现财富增长、追求美好生活的人应当掌握的关键知识。无论是创业者在规划宏伟蓝图时对资金的精准把控，还是投资者在众多项目中做出的明智决策，抑或是普通大众在规划个人财务时的审慎思考，财务和会计知识都发挥着不可替代的作用，能让我们能够透过数字的表象，洞察经济活动的本质，把握机遇，规避风险。

会计是商业的语言，为人们提供了量化、分析和评估经济活动的标准和工具，在此基础上形成的财务数据和财务报表不仅为企业经营决策、投资评估和资源配置提供可靠依据，而且为政府宏观调控和社会资源优化配置提供数据支撑。

对于个体而言，掌握了财务通识，首先，有助于提高经济决策能力，有助于进行合理的投资规划。其次，可以让个人更好地管理自己的收入和支出。通过制定预算、控制消费和合理规划储蓄，个人能够建立起稳定的财务状况，用以应对突发的经济困难；也有助于个人合理规划债务，避免过度借贷和高利息债务。再次，财务通识促使个人养成良好的理财习惯，如定期储蓄、长期投资等。这些习惯的养成有助于个人逐步积累财富，实现财务目标；培养个人对财富积累的长期规划意识，不仅关注短期的消费满足，而且着眼于未来的财务安全和生活质量，这种意识的培养可以激励个人不断努力提升自己的财务状况，为家庭和未来创造更好的生活条件。最后，在职业发展中，具备财务通识的个人往往更具竞争力。无论是从事管理岗位还是专业技术岗位,对财务知识的了解都能帮助个人更好地理解企业的运营和决策过程,为自己的工作提供更有价值的贡献。例如,销售人员了解财务知识可以更好地分析客户的财务状况和需求,提供更有针对性的销售方案;管理人员了解财务知识可以更好地制定预算、控制成本和评估投资项目。对于创业者来说,财务通识更是至关重要,从创业初期的资金筹集、成本控制到企业的长期发展规划,都需要具备扎实的财务知识。具备财务通识的创业者能够更好地管理企业的财务风险,提高企业的生存和发展能力。

总之,对于渴望财富的爱财君们而言,会计学与财务学的重要性不言而喻。会计学堪称经济活动的语言,犹如不同的编程语言之于计算机的重要性。若不懂会计学就开始创业或投资,那么和一个外星人茫然来到地球没什么两样。而财务学作为操作资金的工具,如同生存必备之物,须臾不可离手。

了解复式记账法

我一直认为,复式记账法是人类商业史上具有里程碑意义的发明之一。

复式记账法起源于中世纪(1300年前后)的意大利,这跟地中海周边地区数千年来发达的商业贸易有着密切的关联。据文献记载,热那亚(1340年热那亚市政厅的总账是会计界公认的、世界上最早的明显具备复式记账所有特征的一册会计记录)和威尼斯[复式记账的完备阶段,记账对象除债权、债务、现金(人名账户与物名账户)外,还包括损益与资本(损益账户与资本账户),记录形式为账户式]等当时商业发达的城市都广泛采用复式记账法,因为这种方法大大方便了贸易合作合伙人之间的交接和查账。

所谓记账,就是在账簿(文档)中记录经济业务和经济活动,从历史沿革来看,记账方法分为单式记账法和复式记账法。相较于简单、朴素而不完整的单式记账法(也称为流水账),复式记账法则是一种全面、复合的记账方法,它要求对每一项经济业务都以相等的金额在两个或两个以上的账户(科目)中进行记录登记,并且可以对记录的结果进行试算平衡,因此全面地、系统地、相互关联地反映各项经济业务的全貌,且利用会计要素之间的内在联系和试算平衡公式来检查账户记录的正确性。

会计学之父、数学家卢卡·帕乔利(Luca Pacioli,1445—1517 年)于 1494 年出版了《算术、几何、比及比例概要》(也被称为《数学大全》),是最早出版的论述 15 世纪复式簿记发展的总结性文献,书中系统、详细地介绍了复式簿记,集中反映了到 15 世纪末期为止威尼斯的先进簿记方法,从而有力地推动了复式记账法的传播和发展。

美国会计学界是这样评价帕乔利的贡献的:"牢记 1494 年,会计人员从此应当不会感到困惑,因为这个年代紧靠 1492 年;而 1492 年是哥伦布发现新大陆的一年。在会计的发展史上,1494 年是一个具有重要意义的年代——不是因为它表示簿记的产生,而是因为在这一年,意大利出版了史上第一部有关簿记的论著。"

15 世纪末至 16 世纪,随着意大利商业活动的扩展和文化交流的增加,复式记账法逐渐传播到欧洲其他国家,比如德国、法国、荷兰等国家的商人和学者们开始学习和应用复式记账法。

17 世纪至 19 世纪,复式记账法在欧洲和其他国家范围内得到了更广泛的应用和发展。随着工业革命的兴起,经济业务日渐复杂,复式记账法也随之不断完善和细化。在这一时期,出现了许多关于会计理论和方法的著作,进一步丰富了复式记账法的理论体系。同时,会计职业也逐渐形成和发展,专业的会计师开始出现,他们对复式记账法的实践和推广起到了重要作用。特别是在英国,会计发展取得了显著成就,建立了较为完善的会计制度和会计准则。

进入20世纪以来,全球经济一体化的进程加快,复式记账法成为国际通用的会计记账方法。为了适应国际贸易和跨国公司的发展需要,各国在会计标准和准则方面进行了协调和统一,推动了复式记账法的国际化和标准化。例如,国际会计准则理事会(IASB)制定的国际会计准则(IFRS)在全球范围内得到了广泛应用,其中对复式记账法的原则和要求进行了明确规定,促进了各国会计实践的趋同。同时,随着信息技术的飞速发展,会计电算化和电子记账系统的出现,使得复式记账法的应用更加便捷、高效和准确。

复式记账法的核心原则是"有借必有贷,借贷必相等",这意味着每一笔经济业务都至少会引起两个账户的变化,并且在金额上相等。例如,企业购买原材料,一方面会使原材料增加(借:原材料),另一方面会使现金减少或者负债增加(贷:现金/应付账款)。会计分录则是簿记的最基本单元,是对经济业务的一种会计表述,也是对经济业务进行会计核算的第一步,它以特定的格式记录了经济业务所涉及的会计科目、借贷方向和金额,将复杂的经济业务以简洁、规范的会计语言进行表达,便于会计信息的汇总、整理和分析。

在复式记账法中,账户主要分为资产类、负债类、所有者权益类、收入类和费用类。资产类账户的增加记在借方,减少记在贷方;负债和所有者权益类账户则相反,增加记在贷方,减少记在借方;收入类账户的增加记在贷方,减少记在借方;费用类账户的增加记在借方,减少记在贷方。

复式记账法的显著特点在于它能够全面、系统地反映经济业务的来龙去脉。通过同时记录资金的来源和去向,避免了信息的遗漏和错误,为财务报表的编制和财务分析提供了坚实的基础。它还能够确保会计等式"资产＝负债＋所有者权益"始终保持平衡，便于及时发现和纠正错误。它还为企业的财务管理提供了详细而准确的信息，有助于管理者做出科学的决策，比如通过分析应收账款和应付账款的变动情况，可以了解企业的资金流动状况，合理安排资金。再者，复式记账法使得企业之间的财务信息具有可比性，便于投资者、债权人等利益相关者对企业的财务状况进行评估和比较。

了解权责发生制

因为权责发生制在非专业人士看来有些不太直观，所以在此我们做个简单的介绍。

权责发生制是以权利和责任的发生来决定收入和费用归属期的一项会计基本原则，具体指的是凡是在本期内由已履行责任所对应的收入和由已形成权利所应当负担的费用，不论其款项是否收到或支出，都作为本期的收入和费用处理；反之，凡是责任未履行或权利未形成，即使款项在本期收到或付出，也不应作为本期的收入和费用处理。

权责发生制的本质是将企业经营业绩持续化，并以权利和责任的发生来决定收入和费用归属期的一项原则。

例如，企业购买了一台设备，预计可以使用10年，在权责发生制下，不是将设备的全部成本在购买当期一次性计入费用，而是将其成本按照预计使用年限平均分摊到每一年，每年计提的折旧费用才计入当期成本，与当期收入进行匹配计算当期利润。这样使得收入与成本按照会计期间进行匹配，让会计利润具有持续性和可预测性。

与权责发生制相对的是收付实现制，后者是以现金的实际收付为标准来确认收入和费用,而权责发生制更注重经济业务的实质发生,不仅仅是看现金的收支情况(见表5.1)。

表 5.1 权责发生制和收付实现制的优缺点

会计核算基础	优 点	缺 点
权责发生制	精准呈现经营成果,匹配收入与费用,如实反映利润; 利于评估企业业绩,为各方评价提供合理依据; 保障财务信息连贯可比,有助于长期分析	会计流程复杂,需要精准确认分摊收入费用; 易因主观判断被管理层操纵利润; 对现金流量反映不足,可能掩盖资金周转问题
收付实现制	处理简便直观,易于理解操作; 清晰呈现现金流量,明确资金实际收支	无法精准反映经营全貌与财务实况; 收入费用配比失衡,数据易失真; 不利于长期财务规划与决策分析

权责发生制在现代会计系统中具有重要地位,它能更准确地反映特定会计期间企业实际的财务状况和经营业绩,为投资者、债权人等提供更有用的决策信息。但是它也有一定的局限性,如在反映企业的财务状况时可能存在不足,需要结合其他会计方法和信息来综合判断。

会计、财务、审计和行业监管

会计指的是以货币为主要计量单位,通过专业的方法和程序对企事业单位或其他组织的经济活动进行连续、系统、全面的记录和监督的一项管理活动。中文里也把从事这项工作的专业人士称之为会计。会计的主要职能包括核算和监督。核算就是"把账算清",它是指通过一系列的会计程序,对经济活动进行确认、计量、记录和报告,提供有关企业财务状况、经营成果和现金流量等方面的信息。监督职能则是对经济活动的合法性、合理性和有效性进行审查和控制，以确保经济活动符合相关法律法规和企业内部的规章制度，保障企业资产的安全和完整。

而公司财务（也被称为公司金融）则是指公司如何寻求融资资源、完善资本结构、优化簿记与核算以及进行投资决策等一系列经营行为的金融分支学科，旨在通过长期与短期的财务规划和多种策略的实施来最大化股东价值，它的范围包括资本投资与税务考量。公司财务不是独立的，而是与主营业务经营相辅相成的。公司财务部门负责管理公司的财务活动和资本投资的决策，包括是否继续被建议的投资以及是否用权益（股权）、贷款或其他金融工具支持该投资，还包括决定股东是否应该收到分红和分红的数量等。也负责管理流动资产、流动负债和库存等。现金流量表里的第二项（筹资活动产生的现金流量）和第三项（筹资活动产生的现金流量）清晰地表明了公司财务的业务范畴。

会计准则是会计人员从事会计工作必须遵循的基本原则，是会计核算工作的规范。它是针对经济业务的具体会计处理做出的规定，以指导和规范企业的会计核算，确保会计信息的质量。会计准则是会计人员从事会计工作的规则和指南。

正因为簿记和会计报告具有如此重大的作用和价值，所以审计这个行业就应运而生了。审计工作的主要内容是对组织的财务报表、财务状况、经营活动以及内部控制等方面进行独立、客观、公正的审查和评价。对于财务审计而言，审计人员会审查企业的会计记录、凭证、账目等，以确定财务报表是否真实、准确地反映了企业的财务状况和经营成果。同时，还会检查企业的财务制度、内部控制流程是否健全有效，以防范欺诈和错误。审计工作的类型多样，常见的有内部审计、外部审计和政府审计。外部审计是由独立的注册会计师事务所执行，对企业的财务报表发表审计意见，为投资者、债权人等利益相关者提供保障。

从事审计工作的专业人员称之为会计师,注册会计师则需要通过注册会计师全国统一考试,包括专业阶段和综合阶段的考试,然后方可取得注册会计师资质。注册会计师拥有审计报告的签字权,能够在审计报告上签字,表明对审计结果负责。审计对经济活动进行全面、系统的监督,审计监督各类经济主体的财务收支、经营管理等活动是否合法、合规。审计人员监督财政资金的使用情况,确保政府部门是否合理、高效地运用公共资源,防止滥用、挪用公款等违法违纪行为。因此,审计被称为市场经济的"经济警察",在社会经济生活中发挥着重大作用。

为了确保会计工作的合规性、准确性以及会计信息的真实性和可靠性,政府部门和行业协会从不同的层次和角度对会计行业实施监管。中国财政部作为全国会计工作的行政主管部门,负责制定会计制度、准则等,对全国会计行业进行统一管理和监督,比如组织全国性的会计执法检查,对违规的企业和会计师事务所进行行政处罚。地方各级财政部门在财政部的指导下,负责本地区会计行业的具体监管工作,如开展本地区会计人员继续教育、会计从业资格考试等工作,监督本地区企业的会计核算和财务报告编制工作。中国注册会计师协会是我国注册会计师的行业自律组织,负责对注册会计师的执业质量进行监督检查,制定行业自律规范和标准,组织注册会计师的考试和后续教育等工作;此外,还有各地的会计学会等行业组织,通过开展学术交流、培训等活动,推动会计行业的发展和进步。行业监管的内容主要有三项:①会计信息质量,检查企业财务报表、会计账簿等会计资料是否真实、完整、准确地反映了企业的财务状况和经营成果;②会计师事务所执业质量,对会计师事务所的审计业务进行监督,确保其遵循审计准则和职业道德规范,保证审计报告的真实性和可靠性;③会计人员从业资格和职业道德,监督会计人员的从业资格管理,确保会计人员具备相应的专业知识和技能。同时,加强对会计人员职业道德的教育和监督,促使会计人员遵守职业操守、诚实守信、廉洁自律。

看懂财务报表

财务报表是企业按照一定的会计准则和法规,以标准化的形式对其财务状况、经营绩效和现金流量等方面的信息进行汇总、记录和报告所形成的一系列文件。这些报表为内外部利益相关方(如管理层、投资者、债权人、监管机构等)提供了解企业财务状况和业务活动的途径,从而支持决策、评估风险和进行监管。

财务报表包括资产负债表、利润表、现金流量表和所有者权益变动表四个。如果把组织比拟为一个人,那么财务报表就是他的健康体检单和考试成绩单。财务报表的作用主要体现在以下几个方面:①帮助投资者了解企业的财务状况和盈利能力,从而做出投资决策。②为债权人评估企业的偿债能力和信用风险提供依据。③帮助企业管理层进行内部管理和决策,如分析成本结构、评估经营业绩等。④为政府部门进行宏观调控和行业监管提供数据支持。

(1)资产负债表

资产负债表是反映企业在某一特定日期(如月末、季末、年末)全部资产、负债和所有者权益情况的会计报表,是企业经营活动的静态体现,相当于一张快照。资产负债表的编制依据是会计恒等式[资产=负债+所有者权益(或净资产)]和有关会计准则、会计制度等法律文件,通常资产位于表格的左边,负债位于表格的右上方,所有者权益位于表格的右下方。资产负债表表明企业在某一特定日期所拥有或控制的经济资源、所承担的现有义务和所有者对净资产的要求权。就程序而言，资产负债表是簿记记账程序的末端，集合了登录分录、过账及试算调整后的最后结果与报表。

所谓资产（Asset），就是一家公司在某个时点上所拥有和控制的财产，这些资产被分门别类列出，这些类别就叫作账户、科目。资产在产权上是被公司所支配和使用，也是通过花费股东资本金和负债等资金所形成的，这些资产存在的目的是为公司获取更多的经济利益。常用的资产类一级科目如下。

现金和现金等价物：包括现金和短期（通常为 90 天）高流动性资产，此项目始终被归类为流动资产。

短期投资：有价证券可以很快变现，有盈余现金的企业可以购买这些短期金融资产。

库存：该系列项目为转售而持有的商品的购买价格。在基于生产的业务中，库存由原材料、在制品和成品组成。库存计入 COGS（销货成本），并使用先进先出（FIFO）或后进后出的方法进行估值。

应收账款：赊销客户的预期收益金额。

固定资产：不动产、厂房和设备等，预计将被企业使用一年以上的有形（实物）长期资产。该资产通常为企业的高价值成本，但会在几年内产生收益。随后，其成本会随着时间的推移被分配到损益表中，该过程被称为折旧。

资产负债表的右侧代表形成资产的资金来源，要么是借来的（负债）；要么是股东投入或者经营所产生并留存下来的权益（所有者权益）。

负债（Labilities）就是公司借来的资金来源。企业为什么要负债？那是为了杠杆化企业的经营绩效，即通过利用外部资金来放大经营成果，目的是获取更多的利润。可是，现实中有很多企业因为资不抵债而发生倒闭,可见负债也并不是越多越好。那么,人们不禁要问,可否举债的标准是什么呢?那就是,只有在 ROE(净资产收益率)大于借款利率的前提下才能举债,否则负债是没有意义的,因为它不但不能放大经营成果,反而是将其减少。当然,为了短期腾挪的负债也是情有可原的。负债代表性科目如下。

应付账款:指应支付而未支付给供应商的货款(含服务费)。

应付所得税:应缴而未缴的上期税款。

有息债务:该系列项目表示大多数企业的主要资金来源,为契约性负债,涉及偿还借款金额(本金)以及所有应付利息。

所有者权益(Owner's Equity)也经常被称为净资产(Net Asset),代表企业的所有者(股东)的利益,如同负债账户一样,也需要分门别类地列明资金来源。与负债不同的是,它不存在还款的义务。所有者权益的主要科目有实收资本、未分配利润、资本公积、盈余公积等。

(2)利润表

利润表或损益表是反映企业一定会计期间(如月度、季度、半年度或年度)生产经营成果的会计报表,它全面揭示了企业在某一特定时期实现的各种收入,发生的各种费用、成本或支出,以及企业实现的利润或发生的亏损情况。从反映企业经营资金运动情况的角度看,它是一种反映企业经营资金动态表现的报表,主要提供有关企业经营成果方面的信息,属于动态会计报表。利润表通常有如下几个主要科目。

营业收入:营业收入是利润表的起点,代表了企业在正常经营活动中产生的总收入。这通常包括从销售商品、提供服务等主营业务中获得的收入。营业收入是衡量企业规模和市场影响力的关键指标,同时也是计算其他财务比率的基础。

营业成本:紧随营业收入之后的是营业成本,它包括直接与生产或服务提供相关的所有成本,如原材料成本、直接劳动成本和制造费用等。营业成本的计算对于确定企业的毛利润至关重要,毛利润即营业收入减去营业成本得到的结果,它反映了企业核心业务的盈利能力,也是其竞争力的体现。

营业费用:营业费用也被称为销售费用,包括企业在日常运营过程中产生的销售和管理费用,如员工薪酬、租赁费用、市场推广费用等。这一部分的费用不直接与生产活动相关(非对象化),但对于维持企业的正常运营是必不可少的。

管理费用:是企业为组织和管理生产经营活动所发生的费用,属于期间费用,可直接计入当期投资,包括职工福利费、办公费、董事会费等。凡是与具体生产或销售活动无直接关系的开支均计入管理费用。

财务费用:主要指企业为融资活动所支付的利息费用,以及汇率变动等非经营性财务活动产生的损益。这部分费用的多少直接关系企业财务杠杆的使用效率和风险控制能力。

营业利润:也称作经营利润,是从企业营业收入中扣除营业成本和三项费用(营业费用、管理费用、财务费用)后得到的数额。它反映了企业主营业务的盈利能力,是评估企业经营效率的重要指标。

税前利润:税前利润是在营业利润的基础上,加上或减去营业外收入和支出(如投资收益、非经常性损益等)后得到的结果。它提供了企业整体盈利能力的更全面视角,包括经营性和非经营性两方面的贡献。

净利润:净利润是扣除所得税费用后的利润,是利润表中最终的利润指标。它直接影响企业的股东价值,是衡量企业盈利能力的最终指标。净利润的多少反映了企业在特定时期内的财务健康状况和盈利水平。

(3)现金流量表

现金流量表是财务报表的三个基本报告之一,所表达的是在一个固定期间(通常是每月或每季)内,一家机构的现金(包含银行存款)的增减变动情形,它详细描述了由公司的经营、投资与筹资活动所产生的现金流状况。现金流量表的意义是反映资产负债表中各个项目对现金流量的影响,并根据其用途划分为经营、投资及筹资三个活动分类,可用于分析一家机构在短期内有没有足够现金去应付开销。现金流量表的基本结构通常包括以下几个部分。

经营活动产生的现金流量:主要反映企业在日常经营活动中产生的现金流入和流出,如销售商品、提供劳务收到的现金,购买商品、接受劳务支付的现金,以及支付的各项税费等。

投资活动(形成资产)产生的现金流量:记录企业在投资活动中产生的现金流入和流出,如购买固定资产、无形资产和其他长期资产所支付的现金,以及处置这些资产所收到的现金等。

筹资活动产生的现金流量:反映企业在筹资活动中产生的现金流入和流出,如发行股票、债券所收到的现金,以及偿还债务、支付股利等所支付的现金。

大家都对"现金为王"的说法耳熟能详,正如血液对组织和机体的重要性一样,现金流就是企业的循环系统,其价值不言而喻。为了改善经营活动的现金流,企业可以采取如下措施。

提升结算效率:通过改进采购、仓储、运输、结算等流程,降低结算时间,提高现金流速度。

动态定价策略:根据市场行情动态调整产品价格,提高产品竞争力,这样更有利于现金流的改善。

改进供应商与客户关系:与供应商谈判延长采购付款时间,减轻短期财务压力;与客户谈判缩短售货付款时间,增加现金流充足度。

降低应收账款占总资产比例:通过加强应收账款管理,提高应收账款周转率,降低应收账款占总资产的比例。

增加流动资产：如增加存货周转率、优化存货管理等，以提高流动资产的使用效率，从而改善现金流。

综上所述，现金流量表是企业财务报表中不可或缺的一部分，通过对其基本结构、重要概念、关键指标的理解以及采取相应的措施改善经营活动现金流，可以为企业的财务管理和决策提供有力的支持。

(4)度量准则与勾稽关系

资产负债表、利润表、现金流量表是描述企业经营重要的三大报表，它们各有侧重，从不同的侧面反映企业的业务能力和经营成果。但是，因为它们描述的主体是同一个组织，因此客观上，若干科目之间存在关联关系，称之为勾稽关系（Articulation）。举例如下。

未分配利润：资产负债表中"未分配利润"项目期末数减去期初数，应该等于利润表中的净利润。这是因为净利润经过分配和留存后，形成了资产负债表中的未分配利润。

现金及现金等价物净增加额：现金流量表中的"现金及现金等价物净增加额"等于资产负债表中"货币资金"期末余额减去期初余额。

净利润与经营活动现金流量净额：净利润是按照权责发生制计算得出的，经营活动现金流量净额是按照收付实现制计算的。虽然两者的计算基础不同，但从长期来看，经营活动产生的净利润应该与经营活动现金流量净额大致趋同。不过由于存在非付现成本（如折旧、摊销等）以及营运资金的变动等因素，两者在短期内可能存在差异。

这些勾稽关系有助于验证财务报表的准确性和合理性，发现可能存在的错误或舞弊迹象。

前文介绍了权责发生制和收付实现制是会计学中两种重要的度量原则，这种着眼点的不同体现在利润表和现金流量表中，如表 5.2 所示：

表 5.2　　　　　　　　利润表与现金流量表的差异

	利润表	现金流量表
确认时点	收入和费用在交易发生时（以交易协议为准）确认，不考虑现金是否实际收付	现金流入和流出在实际收到或支付时确认
反映内容	提供企业在特定期间内的经营成果，反映企业的盈利能力	记录企业在特定期间内的现金流动情况，反映现金流运动状况
侧重点	通过收入成本匹配和相关费用的分类，提供更准确的经营业绩和财务状况	直接展示现金流动状况，提供对企业短期偿债能力和现金流稳定性的清晰图景

财务分析的基本要领

财务分析的各项指标就像驾驶舱里的各种指示灯，为企业的经营决策、投资者的投资决策提供坚实的依据，甚至对上下游的合作也有非常重要的借鉴价值。

财务分析是对企业财务状况和经营成果的全面评估，通过对一系列财务数据的收集、对比、计算和解读，可以揭示企业的盈利能力、偿债能力、营运能力以及发展潜力。

盈利能力是企业生存和发展的核心指标。通过分析营业收入、成本费用和利润等项目以及占比情况，我们可以了解企业在市场中的竞争地位和获利能力。例如，毛利率的高低反映了企业产品或服务的附加值，净利润率则展示了企业在扣除所有成本后的最终盈利水平。一个具有持续稳定盈利能力的企业，往往能够吸引更多的投资和其他社会资源，为进一步的成长奠定基础。

偿债能力关乎企业的财务安全和社会信用。资产负债率、流动比率等指标能够反映企业在面对债务时的偿还能力。过高的负债率可能意味着企业面临较大的财务风险，而良好的偿债能力则能增强债权人的信心，可以使企业获得更有利的融资条件。

营运能力体现了企业对资产的管理效率。应收账款周转天数、存货周转率等指标反映了企业在资金运用和资产管理方面的水平。就像发动机的运转存在一个经济转速的最佳状态一样，企业的运转效率也存在阈值。高效的营运能力意味着企业能够快速回笼资金，减少资产闲置，提高资金的使用效率，从而增强企业的活力和竞争力。

我们试分析一下现金流量表中的几个关键指标。

营运流动性比率：短期负债与流动资产之间的比率，用于衡量企业短期偿债能力。

经营营运现金流量比率：也称营运现金回报率，反映企业经营活动的现金流量与营业收入之间的比例，用于评估企业的经营营运能力。

现金股利支付比率：反映企业当期现金支出与现金股利支付之间的比例，用于评估企业的现金股利支付能力。

净现金流量比率：也称现金收益比率，反映企业当期净现金流量与营业收入之间的比例，用于评估企业的经营状况及现金积累能力。

现金分配比率：反映企业当期经营活动现金流量与现金分配之间的比例，用于评估企业的现金分配能力。

杜邦分析法是一种用于综合评估企业财务绩效的方法，最初是由美国杜邦公司于20世纪初开发和使用的，因而得名。它的核心思想是将反映企业盈利能力的净资产收益率（ROE）逐步分解为多项财务比率乘积，从而深入分析企业的经营状况。杜邦分析法的核心公式为：ROE＝销售净利率×资产周转率×权益乘数。销售净利率反映了企业销售收入的盈利能力；资产周转率衡量了企业资产运营的效率；权益乘数则体现了企业的财务杠杆水平。通过这种分解,可以更清晰地了解企业盈利能力的来源和影响因素。例如,如果 ROE 较低,可以通过杜邦分析法找出是销售净利率不佳、资产周转过慢还是财务杠杆运用不当等原因导致的。

财务分析不仅能够评估企业过去的经营表现,还能为未来的发展提供预测。通过对历史数据趋势的分析和对市场环境的研究,企业可以制定合理的预算、规划投资项目,并及时调整经营策略,以适应不断变化的市场需求。

总之,财务分析是企业管理中不可或缺的重要环节。它以数据为语言,讲述企业的经济故事,帮助管理者、投资者发现企业的内在价值和潜在风险,为企业的可持续发展探明方向。

案例研究

安达信的失职与倒闭

大家知道,全球有四大会计师事务所(Big 4)的说法,即普华永道(PwC)、毕马威(KPMG)、德勤(Deloitte)、安永(Ernst & Young)。事实上,在 2002 年之前,人们曾经津津乐道的是"五大(Big 5)",那么曾经享誉全球的安达信(Arthur Andersen)为什么不见了呢?

20 世纪初期,美国仅有两千多名注册会计师。1908 年,年仅 23 岁的亚瑟·安达信(Arthur Andersen)成为美国伊利诺斯州最年轻的注册会计师;1913 年,他联合克拉伦斯·德莱尼(Clarence Delaney)在芝加哥创立了安达信公司。

在会计师行业发展的初期,会计师的工作仅限于核对公司的资产负债表和收益表。然而,安达信却富有远见。他认为,随着时代的发展和进步,优秀的会计师应该为公司客户提出具有针对性的建议报告,帮助客户解决问题、提升业绩。

不久,美国国会通过了所得税法,安达信利用这个契机,将审计纳入了公司的业务范畴,坚持"诚信高于利润"的服务信念,迅速将公司发展壮大。

1915年,安达信要求一家轮船公司在公布其资产负债表时,对一艘货轮的沉没而造成的成本进行披露。这是历史上首次有一家会计师事务所对客户要求用如此严格的标准进行财务披露,这样做虽然可能得罪客户,但是可以保证财务报表的准确性,保证对公众的公正性,由此安达信公司进一步赢得了社会公众的信赖。

1947年,亚瑟·安达信去世后,经历了家族对公司所有权的纷争后,为避免破产,安达信的学生伦纳德·斯帕切克(Leonard Spacek)继续将公司团结在一起,将主营业务聚焦于审计和咨询。在他的任期内,安达信公司收入从1950年的800万美元快速增至1963年的1.3亿美元,一度稳居全球"五大"会计师事务所之首。

1952年,安达信咨询业务开始出现。但是,由于受到外界对两块业务之间利益冲突和公允性的质疑,不得不将咨询业务分拆出去,后者就是大名鼎鼎的埃森哲(Accenture)咨询的前身。

到了20世纪90年代,看到咨询收入的蓬勃发展,难抵诱惑的安达信公司又着手承接咨询业务。到1997年,安达信咨询(即埃森哲)已经成为世界上最大的咨询公司,而安达信的企业咨询业务也已经跻身全球第14名。

但是从1997年开始,一直到2000年,两家姊妹公司陷入了漫长的诉讼深渊,巨额的诉讼费也使安达信公司业务损失惨重,在"五大"中只能敬陪末座。

再介绍一下史上臭名昭著的财务作假案"安然事件"。总部位于休斯敦的安然(Enron)公司是北美市场上第二大天然气生产商,也从事天然气期货交易,安然还进行多元化经营,在全球范围内拥有天然气管道、电厂、纸浆和造纸厂等优质资产。

16年间,安然公司从1985年成立之初就聘请安达信为其提供内部审计和咨询服务。2001年,安然公司支付给安达信的5 200万美元的报酬中,一半以上的收入是用来支付咨询服务费的。

2001年10月,安然公司重新公布了1997—2000年的财务报表,结果累积利润比原先减少5.91亿美元,而债务却增加6.38亿美元。安达信为之辩解说,这是因为安然公司在股权交易过程中将公司发行股权换成了应收票据。这些应收票据在公司的账本上记录为资产,发行的股票则被记录为股东权益。按照会计原理,在没有收到现金前不能记作权益的增加。

在美国国会听证会上,安达信首席执行官贝拉迪诺承认,安达信确实判断失误,以致纵容了安然公司在会计方面进行一些违规操作,正是利益的驱动使得安达信公然纵容甚至帮助安然公司造假。

正是在安达信"失职"的情况下,安然公司将数亿美元的债务转至不见于公司资产负债表的附属公司或合资企业的账上,从而使债务隐藏在财务报表以外,同时又将不应记作收入的款项记作收入,以这种偷梁换柱的造假方式虚报公司盈利。

2002年6月15日,安达信被法院认定犯有阻碍政府调查安然公司破产案的罪行。从2002年8月31日起,安达信即停止从事上市公司的审计业务。此后,2000多家上市公司客户陆续离开安达信,安达信在全球的分支机构相继被撤销或被收购。

2005年5月31日,美国最高法院推翻了安达信公司妨碍司法的判决,认定先前判决缺乏充分证据。对安达信而言,3年后虽然终于等到"平反昭雪",然而公司已然不在,安续昔日辉煌?

法律与合规

投资活动与法律的关系

投资和法律密切相关。法律为投资活动提供了保障,也对投资行为进行了约束,同时也影响着投资者的决策。在投资过程中,投资者应当充分了解和遵守相关的法律法规,依法进行投资活动,以实现投资的安全和效益。

我们的投资活动需要受到法律的保护体现在如下几个方面:

(1)明确产权关系

法律明确规定了各种财产的所有权、使用权、收益权等产权关系,为投资提供了稳定的产权基础。例如,投资者在购买房产、股票等资产时,法律确保其对所投资的资产拥有合法的产权,能够依法行使占有、使用、收益和处分的权利。如果没有明确的产权法律保护,投资者可能面临资产被非法侵占、产权纠纷等风险,从而降低投资者的投资积极性。

(2)保护投资者权益

法律通过规定投资者的权利和救济途径,保护投资者免受欺诈、不当竞争行为和不公平待遇。例如,证券法对上市公司的信息披露、内幕交易、操纵市场等行为进行严格监管,保护投资者在证券市场中的合法权益。在投资过程中,如果投资者发现自己的权益受到侵害,可以通过法律途径寻求救济,如提起诉讼、申请仲裁等。

(3)规范市场秩序

法律对投资市场的交易规则、竞争秩序等进行规范,确保投资活动在公平、公正、透明的环境中进行。例如,反垄断法禁止企业通过垄断行为限制竞争对手,维护市场的公平竞争环境,为投资者提供更多的投资机会和选择。同时,法律还对虚假广告、商业欺诈等不正当竞争行为进行打击,保护投资者免受误导和欺骗。

另外,法律也对投资行为进行了一定程度的约束,表现在如下几个方面:

①合规要求

投资者在进行投资活动时,必须遵守相关的法律法规。例如,在金融投资领域,投资者需要遵守证券法、银行法、保险法等法律法规,按照规定的程序和要求进行投资。在房地产投资领域,投资者需要遵守土地管理法、城市房地产管理法等法律法规,依法取得土地使用权和房产所有权。如果投资者违反法律法规进行投资,可能会面临法律制裁,如罚款、没收违法所得、吊销营业执照等。

②风险防范

法律通过规定投资的风险提示、信息披露等要求,帮助投资者识别和防范投资风险。例如,在证券市场中,上市公司必须按照法律规定进行信息披露,向投资者如实披露公司的财务状况、经营情况、重大事项等信息,以便投资者做出合理的投资决策。同时,金融机构在向投资者销售金融产品时,也必须按照法律规定进行风险提示,告知投资者产品的风险特征、收益情况等信息,避免投资者因信息不对称而遭受损失。

③社会责任

法律要求投资者在追求经济效益的同时,也要承担一定的社会责任。例如,投资者在进行投资活动时,应当遵守环境保护法、劳动法、消费者权益保护法等法律法规,履行企业的社会责任,保护环境、保障员工权益、维护消费者合法权益。如果投资者违反社会责任进行投资,可能会面临社会舆论的谴责和法律的制裁。

我们前面说到,投资不但是实现财务自由的重要手段和道路,而且是实现财务自由后必不可少的业务活动。从上述对投资活动与法律关系的分析中可以看出掌握法律知识对于爱财君们的重要意义,另外,不管是个人还是企业,遵纪守法、合规经营都是公民或企业的基本义务。

法律通识

(1)法治环境与市场经济的关系

我们在介绍经济学的部分提到了政府提供的法治环境对市场经济发育的重要意义,这里,我们进一步详细地阐明。

第一,必须通过法律来确立市场主体的合法地位和与之对应的权利,政府通过诸如公司法等一系列法律,明确规定了企业等经济实体的法人资格,使其成为独立的市场行为主体,能够独立地从事经济活动、承担经济责任。同时,《民法典》中也清晰界定了个人和企业的财产所有权、用益物权、担保物权等产权,保障市场主体对其财产的拥有、使用、收益和处分的权利,这样市场主体才能利用这些财产创造价值。这为市场主体积极参与市场经济活动提供了根本前提,激发了他们的投资、生产和创新的积极性。契约(协议、合同等)是市场经济中交易的基本形式,法治保障了契约自由原则,即市场主体可以自主地、不受强迫地订立合同,只要不违反法律法规的强制性规定即可。同时,法律也规定了契约的履行机制,当一方不履行契约义务时,另一方可以通过法律途径获得救济,确保交易的确定性和稳定性。比如,买卖合同签订后,双方都必须按照合同约定履行各自的义务,否则将承担违约责任,这使得市场主体在交易时能够有稳定的预期,放心地进行交易活动。

第二,法律有效地维护了市场竞争秩序。反垄断法等相关法律对企业的垄断行为进行了严格的限制和制裁,禁止企业通过合并、协议等方式形成垄断地位,从而限制了自由竞争。以美国为例,美国的反垄断法主要有《谢尔曼反托拉斯法》《克莱顿反托拉斯法》和《联邦贸易委员会法》等,标准石油公司的拆分、AT&T公司的拆分均是动用反垄断法所致。同时,反不正当竞争法对各种不正当竞争行为,如商业欺诈、虚假宣传、诋毁竞争对手等进行打击,维护市场的公平竞争环境。这样确保了市场上有充分的竞争,促使企业不断提高产品/服务质量、降低价格、潜心创新,从而提高整个市场的效率和消费者的福利。知识产权的保护是维护市场竞争秩序的重要方面,法治国家通过完善的知识产权法律体系,如专利法、商标法和著作权法等,保护创新者和创作者的权益。对于侵犯知识产权的行为,如假冒商标、盗版软件、抄袭专利技术等,法律会给予严厉的处罚。法治在保护知识产权、鼓励创新和维护市场竞争秩序方面发挥了不可或缺的作用。

第三,法律对市场交易中的各种行为进行规范,包括商品和服务的质量标准、价格形成机制、广告宣传等方面。例如,规定商品必须符合一定的质量标准,禁止价格欺诈行为,防止虚假广告误导消费者等。这保障了消费者的权益,也使得市场交易更加有序和透明,减少了信息不对称带来的交易风险,促进了市场的健康发展。

第四,政府提供稳定的制度环境。法治所具有的确定性意味着市场主体能够明确知晓自己的行为在法律上的后果,从而可以合理地规划自己的经济活动。稳定性则保证了法律不会频繁变动,避免市场主体因法律的不确定性而产生顾虑和不安,影响其长期投资和经营决策。例如,税收法律的稳定使企业能够较为准确地预测未来的税收负担,从而合理安排资金和生产经营计划。法治建立了完善的司法体系和纠纷解决机制,当市场主体之间发生争议或纠纷时,可以通过诉讼、仲裁等法律途径解决。公正、高效的司法程序能够及时、公正地处理纠纷,保护当事人的合法权益,维护市场秩序。这避免了纠纷的无序解决和私力救济可能带来的混乱和不稳定,增强了市场主体对市场环境的信任和信心。

那么究竟什么是法治呢?正如其字面意识,法治,即法律之治(Rule of Law),它是一种以法律为最高权威、依靠良法善治来治理国家和社会的理念与方式。在法治社会中,法律具有至高无上的地位。无论是国家机关、社会组织还是个人,都必须在法律的框架内活动。法律是行为的准则和判断是非的准绳,没有任何主体可以超越法律。国家的权力来源于法律,并受到法律的严格约束;政府必须依法行政,严格按照法定的权限和程序行使权力,不得滥用权力侵犯公民的合法权益。另外,法治所依之法应当是良法,即体现公平、正义、民主、自由、人权等价值理念,反映社会发展的客观规律和国民的根本利益。

(2)法治发展简史

李世民曾说,"以铜为鉴,可以正衣冠;以史为鉴,可以知兴替"。碍于篇幅,我们简单回顾一下人类法治文明史上的一些重大历史事件。

①《汉谟拉比法典》的颁布:约公元前1776年,古巴比伦国王汉谟拉比颁布了《汉谟拉比法典》,这是世界上现存最早的较为完整的成文法典。

②梭伦改革:公元前6世纪初,古希腊雅典的执政官梭伦进行了一系列政治、经济和法律改革,强调法律面前人人平等,公民有权参与国家事务的管理,促进了雅典民主政治的发展,为古希腊的法治观念奠定了基础,对后世西方民主法治思想的发展起到了重要的启蒙作用。

③《十二铜表法》的制定:公元前5世纪中叶,古罗马制定了《十二铜表法》。它是古罗马第一部成文法,将法律条文刻在十二块铜牌上公之于众。这部法律在一定程度上限制了贵族的特权,保护了平民的利益,使审判和量刑有了明确的法律依据,标志着罗马法从习惯法向成文法的转变,是罗马法治建设的重要里程碑,对后世欧洲法律体系的发展产生了深远的影响。

④英国《大宪章》的签署:1215年,英国金雀花王朝约翰王在贵族、教士、骑士和城市市民的联合压力下被迫签署了《大宪章》,主要内容是限制王权,保障封建贵族和教会的权利及骑士、市民的某些利益。比如规定非经贵族会议的决定,不得征收额外税金;保障贵族和骑士的采邑继承权等。《大宪章》的历史意义在于限制了王权,规定了"王在法下",被视为法治社会和现代文明的起点。

⑤英国资产阶级革命与《权利法案》的颁布:17世纪的英国资产阶级革命推翻了封建专制统治,于1689年颁布的《权利法案》以法律的形式对王权进行明确制约,确立了议会君主立宪制,标志着英国在政治体制上实现了从封建专制向民主法治的转变。加上1701年通过的《王位继承法》,英国从法律上进一步确认了"议会主权"原则,国王"统而不治",成为历史上第一个君主立宪制国家。

⑥法国大革命与《人权宣言》的颁布:18世纪末的法国大革命是一

场具有深远影响的社会变革运动。1789年颁布的《人权宣言》宣告了人权、法治、自由、平等和保护私有财产等基本原则,这些原则构成了"普世价值"。

⑦美国独立战争与宪法的制定:美国独立战争后,1787年制定了《美利坚合众国宪法》。这部宪法确立了三权分立的政治体制,即立法权、行政权和司法权分别由国会、总统和最高法院行使,相互制衡。它是世界上第一部完整的成文宪法,为美国的政治稳定和经济发展提供了法律保障,也对世界各国的宪法制定产生了重要影响。

(3)两大法系简介

在当今的全球法律体系中,法系的划分对于理解不同国家和地区的法律制度有着至关重要的作用。法系是具有共同法律传统的若干国家和地区的法律的总称,它反映了不同的历史、文化、社会背景以及法律思维方式。目前,世界上主要有大陆法系和海洋法系两大法系,它们在法律的渊源、结构、司法程序等方面存在着显著的差异。

大陆法系,又称民法法系、罗马法系,它的形成可以追溯到古代罗马法。古罗马时期,罗马法发展得极为繁荣,涵盖了民法、刑法、诉讼法等各个领域,其法律体系具有高度的系统性、逻辑性和科学性。罗马法不仅在当时对罗马帝国的统治起到了重要的支撑作用,而且对后世的法律发展产生了深远的影响。中世纪后期,罗马法在欧洲迎来了复兴。随着商业的发展和城市的兴起,人们对法律的需求日益增加。罗马法的重新发现为当时的法律实践提供了重要的参考和依据。在这一时期,许多法学家开始研究和注释罗马法,将其与当时的社会实际相结合,推动了罗马法在欧洲的传播和应用。1804年,《法国民法典》的颁布标志着大陆法系在近代的成熟。《法国民法典》以罗马法为基础,结合法国的社会实际,对民事法律关系进行了全面而系统的规范。它确立了所有权绝对、契约自由、过错责任等基本原则，成为大陆法系国家民法典的典范。此后，许多国家纷纷以《法国民法典》为蓝本，制定本国的法律。在这个过程中，大陆法系逐渐形成了以成文法为主要特征的法律体系。大陆法系强调法律的系统性和逻辑性，法律条文通常以法典的形式呈现，具有明确的法律概念、规则和原则。立法机关在法律的制定过程中起着主导作用，通过制定详细的法律条文来规范社会生活的各个方面。在司法实践中，法官的主要任务是根据法律条文进行裁判，他们的自由裁量权相对较小。大陆法系的法律体系注重法律的稳定性和可预测性，旨在为社会提供明确的行为准则。

海洋法系，又称普通法系、英美法系，它的形成起源于英国的普通法。在英国历史上，普通法是通过法官的判例逐渐发展起来的。早期的英国没有统一的法律体系，各地的法律差异较大。随着王室法院的建立，法官在审理案件时开始遵循先例，即根据以往类似案件的判决结果来对当前案件做出判决。这种通过判例积累法律规则的方式逐渐形成了英国的普通法体系。后来，随着英国的殖民扩张，普通法传播到了美国、加拿大、澳大利亚等国家。这些国家在继承英国普通法的基础上，又根据本国的实际情况进行了发展和创新。例如，美国在普通法的基础上发展出了联邦法和州法两套法律体系，同时在宪法、行政法等领域进行了重大的改革和创新。英美法系以判例法为主要特征。法官在司法实践中起着重要的作用，他们不仅可以根据先例做出判决，还可以通过判决创造新的法律规则。在英美法系中，判例具有法律约束力，下级法院必须遵循上级法院的判例。这种法律体系注重法律的灵活性和适应性，能够根据社会的发展变化及时调整法律规则。此外，英美法系还强调陪审团制度。陪审团由普通公民组成，他们负责对案件的事实问题进行裁决。法官则负责法律问题的解释和适用。这种制度旨在保障公民的参与权和司法公正，使法律更加贴近社会实际和人民的意愿。

两种法系各有千秋,难以评判孰优孰劣。大陆法系以成文法为主,法律体系的系统性和逻辑性强,稳定性高且易于移植。但灵活性相对不足,对社会变化的适应性稍弱。海洋法系以判例法为主,灵活性强,注重实际效果,对新兴领域适应性较好。然而其法律确定性相对较低,学习和适用成本较高。两种法系在不同背景下发挥着重要作用,且在全球化进程中不断相互借鉴融合,共同推动世界法律体系发展完善。

(4)法律的简要分类

按照法律的约束对象的不同,法律大致上分为如下几类:

①宪法。宪法是国家的根本大法,规定国家的根本制度和根本任务,具有最高的法律效力。宪法规定了一个国家的政治制度、经济制度、社会制度的框架以及公民的基本权利和义务等根本性问题。

②行政法。行政法是调整国家行政管理活动中各种社会关系的法律规范的总称,行政法系规定了国家行政机关在行使行政职权过程中与公民、法人和其他组织之间发生的关系。例如我国的《行政处罚法》《行政许可法》等规范了行政机关的行政行为。

③民法。民法是调整平等主体的自然人、法人和非法人组织之间人身关系和财产关系的法律规范的总称。民法系规定了公民之间、法人之间、公民和法人之间的财产关系和人身关系,如合同关系、侵权关系、婚姻家庭关系等。比如,我国最新颁布的《民法典》对民事主体的权利义务进行了全面规定,为市场经济和社会生活提供了基本的法律规则。

④商法。商法是调整商事主体在商事活动中所形成的法律关系的法律规范的总称,涉及商事主体的设立、变更、终止,以及商事交易活动中的各种关系,如公司法律关系、票据法律关系、保险法律关系等,如我国的《公司法》《证券法》《保险法》等。

⑤经济法。经济法是调整国家在经济管理和协调发展经济活动过程中所发生的经济关系的法律规范的总称,涉及国家对经济的管理、市场主体之间的经济关系以及市场主体与社会之间的经济关系等。如我国的《反垄断法》《反不正当竞争法》《消费者权益保护法》旨在维护市场经济秩序,保护消费者的合法权益。

⑥社会法。社会法是调整劳动关系、社会保障、社会福利和特殊群体权益保障等方面的法律规范的总称,涉及劳动者与用人单位之间的劳动关系、社会保障关系、社会福利关系等。如我国的《劳动合同法》《社会保险法》《残疾人保障法》等。

⑦刑法。刑法是规定犯罪、刑事责任和刑罚的法律规范的总称,比如犯罪行为与刑事责任,通过对犯罪行为的制裁来维护社会秩序和公共安全。比如,我国的《刑法》对各种犯罪行为的构成要件、刑罚种类和量刑标准进行了明确规定。

⑧诉讼与非诉讼程序法。诉讼与非诉讼程序法是调整因诉讼活动和非诉讼活动而产生的社会关系的法律规范的总称,涉及诉讼程序中的诉讼主体之间的关系,以及非诉讼程序中的特定法律事务处理过程中的关系。例如,我国的《民事诉讼法》《刑事诉讼法》《行政诉讼法》规范了诉讼程序,保障了当事人的合法权益;《仲裁法》《公证法》等则规范了非诉讼程序。

商法、经济法简介

(1)商法:市场经济的基本法

商法的历史可追溯至古罗马时期,那时关于商事活动的法律规范便已悄然萌芽。随着岁月的流转和商品经济的蓬勃发展,商法不断演变与完善,逐步构建起较为完备的体系。

中国的商法主要包括:《公司法》《合伙企业法》《个人独资企业法》《企业破产法》《证券法》《保险法》《票据法》等。

《公司法》作为商法体系中的重要组成部分,对公司从设立到解散的各个阶段进行了全面规范。注册资本的确定更是至关重要,它不仅反映了公司的规模和实力,还关系到股东的权益和责任。制定公司章程如同为公司绘制蓝图,明确股东的权利义务、公司的治理结构和决策机制,能够为公司的有序运行奠定基础。完成工商登记则是公司获得合法身份的重要步骤,标志着公司正式进入市场舞台。在公司运营过程中,公司治理结构起着核心作用。股东会作为最高权力机构,犹如公司的大脑,决定着公司的重大战略方向。从制定发展规划到选举和罢免董事、监事,股东会的决策影响着公司的未来走向。董事会则是公司的执行中枢,负责日常经营管理,制定经营计划和决策,聘任和解聘高级管理人员。监事会如同公司的监督卫士,对公司的经营活动进行严格监督,确保公司合法合规运营,保障股东和其他利益相关者的权益。此外,《公司法》还对公司的财务会计制度、利润分配、股权转让等方面进行了细致规范,为公司的稳定发展和股东的合法权益提供了有力保障。

《民法典(合同编)》既在商法中具有重要地位,又在整个民事法律体系中发挥着关键作用。合同是商事活动中常见的法律行为之一,它体现了当事人之间自愿、平等、公平和诚实信用的原则。同时,商法还规定了合同的形式要件,包括书面形式、口头形式和电子形式等,以适应不同商事交易的需求。在合同履行阶段,双方必须严格按照合同约定履行自己的义务。如果一方未履行或未完全履行合同义务,另一方有权要求其承担违约责任。违约责任的形式多样,包括继续履行、采取补救措施、赔偿损失等,以确保受损方的合法权益得到有效补偿。此外,商法还规定了合同的变更和解除制度。当出现不可抗力、情势变更等法定情形时,双方可以协商变更或解除合同,以适应变化的情况,维护双方的合法权益。

《票据法》专门调整票据的签发、流通等行为所产生的关系。票据作为一种重要的支付和结算工具,在商事活动中发挥着不可或缺的作用。它规定了票据的种类、形式、记载事项和法律效力。票据的种类主要包括汇票、本票和支票,每种票据都有其特定的用途和使用范围。

总之,商法通过《公司法》《民法典(合同编)》《票据法》等法律规范,重点关注商事主体的经营行为和交易活动,为商业活动的顺利开展提供了坚实的法律保障。

(2)经济法:国家干预经济的有力手段

经济法是在市场经济发展到一定阶段后应运而生的,旨在解决市场失灵、经济危机等问题。它主要调整国家在对国民经济和市场规制过程中形成的经济关系,是国家干预经济的重要法律手段。

《反垄断法》的出台是为了防止市场垄断行为,维护市场竞争秩序。在市场经济中,垄断行为会严重阻碍市场的自由竞争,降低经济效率,损害消费者的利益。垄断协议是垄断行为的常见表现形式之一,两个或两个以上的经营者达成排除、限制竞争的协议、决定或者其他协同行为,如价格垄断协议、数量垄断协议等,会导致市场价格被人为操纵,消费者无法获得合理的价格。滥用市场支配地位也是垄断行为的重要表现,具有市场支配地位的经营者滥用其优势地位,采取高价销售、低价购买、拒绝交易、限定交易等行为,损害其他经营者和消费者的利益。经营者集中在一定情况下也可能具有排除、限制竞争的效果,反垄断执法机构会对其进行审查和干预,确保市场竞争的公平性。

《反不正当竞争法》主要规范市场竞争行为,打击虚假宣传、商业诋毁、侵犯商业秘密、不正当有奖销售等不正当竞争行为。虚假宣传是指经营者对其商品或服务的性能、功能、质量、销售状况、用户评价等做虚假或者引人误解的商业宣传,欺骗、误导消费者。例如,一些商家夸大产品的功效,误导消费者购买,这种行为不仅损害了消费者的利益,也破坏了市场的公平竞争秩序。商业诋毁是指经营者编造、传播虚假信息或者误导性信息,损害竞争对手的商业信誉、商品声誉。侵犯商业秘密是指经营者以不正当手段获取权利人的商业秘密,并进行披露、使用或允许他人使用。不正当有奖销售是指经营者进行抽奖式的有奖销售,最高奖的金额超过法定标准。这些不正当竞争行为严重影响了市场的正常秩序,《反不正当竞争法》通过对这些行为的规制,为市场主体创造了公平竞争的环境。

《消费者权益保护法》侧重于保护消费者在市场交易中的合法权益。消费者作为市场经济中的弱势群体,需要法律的特别保护。该法规定了消费者的权利和经营者的义务。消费者的权利包括安全权、知情权、自主选择权、公平交易权、求偿权、结社权、获得有关知识权、人格尊严和民族风俗习惯受尊重权、监督权等。例如,消费者有权要求所购买的商品和服务符合安全标准,有权了解商品的真实情况,有权自主选择购买或不购买某一商品或服务,有权获得公平的交易条件。经营者的义务主要包括依法经营、诚实守信、保障消费者安全、提供真实信息、明码标价、履行三包义务、不得侵犯消费者人格尊严和个人信息等。如果经营者侵犯了消费者的合法权益,消费者有权要求经营者承担赔偿责任,包括赔偿损失、恢复原状、赔礼道歉等。同时,消费者还可以向消费者协会、有关行政部门投诉或者向人民法院提起诉讼,以维护自己的合法权益。

(3)商法与经济法的紧密关系

商法与经济法在经济活动中相互关联、相互补充,共同为经济的健康发展提供有力的法律保障。

商法聚焦于微观经济关系,主要调整商事主体的经营行为和交易活动。在创业过程中,商法为创业者提供了公司设立、合同签订等方面的法律规范,确保创业活动的合法性和有序性。创业者在设立公司时,需要依据《公司法》的规定,明确公司的组织形式、治理结构和股东权益,为公司的发展奠定基础。在签订合同时,《民法典(合同编)》为双方提供了明确的规则和保障,确保交易的顺利进行。在经营管理方面,商法规范了企业的内部治理结构和经营行为,企业应按照《公司法》《民法典(合同编)》等法律的要求,建立健全的治理机制,规范经营行为,提高经营效率。在投资和金融领域,商法保障了投资者的合法权益和金融交易的安全。例如,《票据法》确保了票据的流通安全,为金融交易提供了可靠的支付和结算工具。

经济法则关注宏观经济问题,调整国家在对国民经济和市场规制过程中形成的经济关系。在创业中,经济法则通过《反垄断法》《反不正当竞争法》等法律手段,为创业者创造公平竞争的市场环境。防止大型企业的垄断行为,打击不正当竞争,为中小企业的发展提供机会。在经营管理方面,经济法则通过宏观调控等手段影响企业的外部经营环境。国家通过财政政策、货币政策等手段,调节经济的总体运行,影响企业的经营决策和发展方向。在投资和金融领域,经济法则通过金融监管等手段维护金融市场的稳定。

总之,商法与经济法在经济活动中各司其职,又紧密配合。商法为经济活动提供了具体的规则和保障,经济法则为经济的整体发展提供了宏观的调控和监管。两者共同为经济活动的健康发展保驾护航,推动经济的持续繁荣。

关于合规

合规(Compliance)指的是遵循法律和规章制度,包括遵守国家法律法规、行业规范甚至企业内部管理制度等。合规要求企业在经营活动中做到合法、诚信、透明,确保企业行为不会对社会、环境和利益相关者造成不良影响,从长期来看降低了企业的经营风险。

合规经营可以避免企业因违法违规行为而面临法律制裁,减少法律纠纷和诉讼成本。合规的企业更容易获得客户、投资者和社会的信任,有助于树立良好的企业形象和品牌声誉。另外,合规有助于企业实现长期稳定发展,避免因短期利益而牺牲长远利益。同时,合规也符合社会对企业的期望和要求,有利于企业履行社会责任。

举例来说,苹果公司(以下简称"苹果")是一个高度重视合规的大型跨国公司。苹果公司一直将用户数据隐私保护视为重中之重。在设计产品和服务时,采用了一系列先进的技术和严格的政策来确保用户数据的安全。例如,iOS系统中的隐私设置非常详细,用户可以自主决定哪些应用可以访问其位置、照片、通信录等敏感信息。同时,苹果对应用开发者也有严格的要求,开发者必须明确说明其应用的数据收集和使用方式,并获得用户的明确同意。此外,苹果还采用了端到端加密技术,保护用户的通信内容不被第三方窃取。苹果对其供应链中的供应商有着严格的合规要求,制定了《供应商行为准则》,涵盖了劳工权益、环境责任、道德规范等多个方面。苹果会定期对供应商进行审核和评估,确保他们遵守这些准则。如果发现供应商存在违规行为,苹果会要求其进行整改,甚至终止合作。通过这些措施,苹果确保了其供应链的可持续性,积极履行社会责任。在全球范围内,苹果积极应对反垄断监管,不断调整其商业策略,以确保其在市场竞争中的行为符合法律法规。苹果致力于减少其产品和运营对环境的影响,积极遵守环保法规。苹果在产品设计中采用环保材料,提高产品的能源效率,并推动可再生能源的使用。例如,苹果的新总部 Apple Park 就是一个环保建筑的典范,它采用了大量的可再生能源和节能技术。此外,苹果还通过回收计划,鼓励用户回收旧设备,减少电子垃圾对环境的影响。

此外,我们还要看到,为了合规,企业要付出一定的成本,包括以下几个方面。

①人力成本:包括招聘和培训合规专业人员的费用,以及为确保员工遵守合规要求而投入的管理成本。

②技术成本:为满足合规要求,企业可能需要投入资金购买或升级信息系统、安全设备等技术设施。

③咨询成本:企业可能需要聘请外部专业机构提供合规咨询服务,以确保企业的合规管理符合最新的法律法规和行业标准。

④整改成本:如果企业在合规检查中发现问题,就需要投入资金进行整改,包括纠正违规行为、完善管理制度等。

合规与合规成本对产业的发展会造成方方面面的影响,固然正面的影响会多一些,但是负面的影响也不容忽视。

从正面的影响来看,首先,合规要求促使产业内的企业遵守相关法律法规、行业标准和道德规范,减少违规行为,如在金融产业,严格的合规制度促使企业在交易、投资等环节严格遵守规则,减少内幕交易、操纵市场等违法违规行为,提升了整个金融行业的规范程度。其次,合规经营的企业更易获得消费者、投资者和合作伙伴的信任。以食品产业为例,合规的食品企业严格遵循生产标准和质量控制要求,生产出安全可靠的食品,能赢得消费者信任,提升品牌形象和市场竞争力,促进产业健康发展。最后,合规要求淘汰不合规企业,减少不正当竞争。在建筑产业,严格的资质要求和施工标准,使那些不符合要求、靠偷工减料等不正当手段竞争的企业被淘汰,为合规企业创造更公平的竞争环境,推动产业良性发展。

从负面的影响来看,首先,合规要求增加了企业运营成本,包括但不限于建立合规管理体系、培训员工、进行合规审计等方面的费用。例如在医药产业,企业为满足药品生产质量管理规范(GMP)要求,需要投入大量资金用于设备升级、人员培训等,增加了企业生产成本,降低了短期利润空间。其次,合规可能会限制中小企业发展,因为较高的合规成本对规模较小、资金和技术实力较弱的中小企业可能是沉重的负担。这些企业可能因难以承担合规成本而在市场竞争中处于劣势,甚至面临生存困境,一定程度上可能影响产业的多样性和创新力。最后,合规可能会降低产业效率与灵活性,严格的合规要求可能使企业在决策和运营过程中面临更多的限制,降低运营效率和灵活性。比如在一些新兴产业,过于严格和烦琐的合规规定可能会束缚企业创新的手脚,影响产业发展速度。

案例研究

大众汽车"排放门"事件剖析

大众汽车集团(以下简称"大众")所爆发的"排放门"丑闻指的是,该公司涉嫌伪造尾气排放数据以通过环保检测的事件。具体而言,大众在美国市场销售的部分柴油车型在实际行驶过程中尾气排放远超法定标准，但通过安装特定软件来规避官方检测，从而伪装成符合"高环保标准"的车辆。

事件的起源可追溯至2014年5月，当时德国科学家Peter Mock在对帕萨特、捷达及宝马X5进行的道路排放测试中，发现大众燃油车存在有害废气过量排放的问题。在美国的实际道路测试中，2012款捷达和2013款帕萨特的氮氧化物排放量分别超标15～35倍和5～20倍。然而，在加州空气资源委员会的实验室测试中，这些车型却显示符合排放标准。这一显著差异引发了美国环境保护署（EPA）的关注，并要求大众做出解释。

初期，大众将此问题归咎于技术故障，并采取了召回近50万辆汽车的应对措施。然而，2015年5月，EPA再次发现大众汽车氮氧化物排放严重超标，而大众依旧坚称这是技术问题。直至同年夏天，在EPA的最后通牒下，大众才不得不承认在这些车辆上安装了减效装置。

作弊手段揭秘

经调查，大众为通过排放检测，在2.0TDI柴油机上安装了一种名为"失效保护器"的装置，并配备了一套复杂的软件算法。该系统能够智能识别车辆所处的环境：在实验室检测环境下，激活尾气净化装置；而在正常行驶环境下，则关闭该装置，从而实现作弊目的。

此次违规排放事件波及多个车款，包括2008年之后生产的捷达、甲壳虫、高尔夫、奥迪A3等。受影响的大众柴油汽车总数预计高达1 100万辆，主要集中在搭载EA189型柴油发动机的车型上，涉及大众、奥迪、斯柯达和西亚特四个品牌。受影响的市场遍布全球，包括德国、美国、瑞士、韩国、意大利、印度、法国、英国、加拿大和澳大利亚等国。

法律后果与巨额赔偿

根据美国《清洁空气法》，每辆违规排放的车辆最高可被罚款3.75

万美元。因此,大众理论上可能面临高达 180.75 亿美元的罚款。最终,大众与美国联邦政府、加利福尼亚州监管部门及部分柴油车车主达成和解协议,同意支付总计 147 亿美元用于相关集体诉讼,并额外支付 43 亿美元罚款。此外,德国布伦瑞克检方于 2018 年 6 月 13 日对大众公司处以 10 亿欧元的罚款,大众汽车集团表示接受并承担相应责任。印度国家绿色法庭也于 2019 年 3 月 7 日对大众汽车公司处以 50 亿卢比(约合 7 130 万美元)的罚款。

管理层动荡与法律责任

在此次丑闻中,多名大众及奥迪汽车公司高管因涉嫌过失欺诈罪被起诉并被定罪。奥迪前 CEO 施泰德被判处 1 年零 9 个月缓刑,并处以 110 万欧元罚款,成为大众集团首位被判有期徒刑的前董事会成员。此外,德国检方还起诉了大众现任首席执行官赫伯特·迪斯和董事会主席汉斯·迪特尔·珀奇等人,指控他们存在操纵市场等违法行为。尽管大众于 2023 年 5 月支付了 900 万欧元和解金与检方达成和解,但部分前任高管仍面临官司困扰。

整改措施与声誉损失

面对如此巨大的丑闻,大众汽车集团采取了一系列整改措施,包括计划改装多达 1 100 万辆受影响的车辆,安装新的排放控制系统以满足法规要求。然而,"排放门"事件对大众汽车的声誉造成了难以估量的损害,全球消费者对其诚信度产生了严重质疑,这无疑是一次前所未有的信任危机。截至目前,大众已为罚款、召回与和解支付了超过 330 亿美元的费用,并在全球范围内面临大量诉讼和罚戒。

点评:合规是企业生存与发展的基石

大众"排放门"事件深刻揭示了合规对于企业的重要性。无论企业规模多大、市场份额多高,一旦忽视合规要求,就将面临巨大的法律风险和声誉损失。这不仅会导致巨额罚款和赔偿,还会严重损害企业与消费者之间的信任关系,甚至影响整个行业的公信力。

在当前全球化和信息化的时代,企业的任何违规行为都可能迅速被曝光并引发广泛关注。因此,企业必须建立健全的合规管理体系,确保在各个方面均符合法律法规和行业标准。只有这样,企业才能实现可持续发展,赢得社会的尊重和信任。

契约精神与信用管理

契约精神的概念和意义

契约精神（Spirit of Contract）是指商品经济社会中因交换或交易而形成的承诺事项的内在原则，包含自由、平等、守信和救济四个层面的内涵。契约精神要求各签约主体都要受自己承诺的约束，若有违背即接受惩罚。契约精神既是一种古老的道德原则，又是现代法治精神的要求。

契约自由是契约精神的核心要素之一，它指的是在合法的前提下，当事人有自主决定是否订立契约、与谁订立契约以及是否同意契约的内容等方面的权利。而契约平等指的是契约关系应建立在双方地位平等的基础之上，即无论当事人的身份、地位、财富等方面有何差异，在法律面前都具有平等的地位，而且双方在契约中所享有的权利和承担的义务是对等的。守信是契约精神的重要体现，一旦签订契约，当事人就应当严格按照契约的约定履行自己的义务，比如按时交付货物、支付款项、提供服务等。如果一方不履行契约义务，就会构成违约，需要承担相应的法律责任。当一方违反契约时，另一方有权寻求救济。

契约精神的起源与发展

欧洲的契约精神由来已久,《圣经》里的《旧约》《新约》其实就是上帝与人类之间的约定。根据《圣经》的记载,上帝与人类共有八个重要的圣约。其中前四个是在创世记之内,即伊甸园之约、亚当之约、诺亚之约、亚伯拉罕之约,后四个则是摩西之约、帕勒斯坦之约、大卫之约、新约。

除了来自宗教的影响外,历史上一批卓越的思想家也对契约精神的内涵宝库做出了重要的贡献。

亚里士多德(Aristotle,384BC—322BC)最早在其伦理学著作中提出了交换正义(Commutative Justice)的概念,他认为交换正义主要涉及经济交易中的公平和平等,要求在自愿交换的前提下,交换的双方所给出的物品在价值上是相等的。

托马斯·阿奎纳(Thomas Aquinas,1225—1274 年)是中世纪著名的经院哲学家,他在自己的"德性论"中多次论述了契约精神与神的关系。在阿奎纳的神学体系中,认为契约精神反映了神的正义和秩序,因为神创造世界并赋予其一定的秩序和规则,这种秩序和规则在人类社会中体现为道德和法律规范,而契约精神正是这些规范的重要体现之一。遵守契约、履行契约被视为符合神的正义要求,是维护社会秩序稳定的重要因素。当人们签订契约时,不仅仅是对彼此做出承诺,在更高的纬度上,也是对神的承诺。这种意识使得缔约方更加谨慎和严肃地对待契约,将契约的履行视为一种神圣的责任和义务。

其后,托马斯·霍布斯(Thomas Hobbes,1558—1679年)、约翰·洛克(John Locke,1632—1704年)、让-雅克·卢梭(Jean-Jacques Rousseau,1712—1778年)等思想家从契约的角度解释了国家政府的形成,从而形成了社会契约论。洛克在其著作《政府论》中主张,国家政府的权力来源于公民天然权利的让渡。他认为,在自然状态下,人们享有天然权利,但这种状态存在一些不便和危险,为了更好地保护生命、自由和财产等权利,人们通过订立社会契约,将一部分权利让渡给政府,以换取政府的保护和其他公共服务。卢梭在写《社会契约论》的过程中反复追问的一个问题就是,人们如何才能生活在一个有秩序的群体中且仍然能"自由如初"? 最终,他对这个问题的回答就是"社会契约"。契约精神本身意味着契约主体之间认同某种规则并接受其约束,而一切社会生活都有其自身的规则,并按其规则来运行。从这个意义上说,社会生活过程本身也是生活于其中的人们基于自由平等、自愿合意的基础上,不断签订契约和履行契约的过程。契约交往方式能逐渐消除生活中的强权暴力,在平等主体间建构起履约、守约的良好传统,从而建立起良好的社会秩序。在社会生活领域建构契约交往方式有利于权利与义务的平衡、有利于效率与公平的统一、有利于自由与秩序的结合。

　　英国著名法学家亨利·梅因(Henry Maine,1822—1888年)在其著作《古代法》中,以历史方法论探究古今法律观念之演变,提出了"从身份社会到契约社会"这一社会进化规律。他指出,到目前为止所有社会进步的运动方向都是从"从身份到契约"的演进。在古代社会,法律大体上分为身份型法律和契约型法律,前者以"身份"关系作为显著特征,后者以"契约"关系作为本质属性,且这两种类型的法律表现为继承和发展的关系。最初,人类社会的基本单位是家庭,人们处于"身份"关系的束缚中,如父母与子女的身份关系,家庭在社会中居于基础和核心地位。而随着资本主义社会的确立和发展,人们日益摆脱"身份"关系,契约关系开始凸显并日益占据主导地位。"从身份到契约"的过程本质上就是确立"个人自决的原则"的过程,也就是"从集体走向个人的运动",当这个转型完成后,社会关系转变为契约关系,个体的自由合意成为主流。

著名学者袁祖社(1963—)在其文章《社会生活契约化与中国特色公民社会整合机制创新》中写道,契约在西方曾经是启蒙和革命的圣经。从人类文明史上看,近代文明的形成主要是借助了两种力量,一个是技术,一个是契约。技术是调整人与自然关系的手段,生产过程的技术解除了人对自然的依附,使作为群族而存在的人有能力在自然界面前确证自己的主体性;契约是调整社会关系的手段,社会关系的契约化则解除了人对人的依附,造就了在社会面前具有独立地位的个人。可以说,正是凭借技术与契约,人类才最终走出了中世纪,创造出一种新的生活方式。契约是一种根本的交往规范,一种基于合意产生的关系,它能够确保社会在所有方面(个人之间、个人与组织之间、组织与组织之间等)按一定的规范行事,是降低社会中的交易成本的重要途径。

契约观念是现代市场经济的必然要求,现代公民社会的秩序是以契约性关系为基础的大网络。权力是前现代国家的运作逻辑,而契约则是公民社会的运作通则。契约作为市场经济与公民社会中理性的交换主体,是双方权利平等和意志自由的产物,反映了公民社会的根本精神。在某种意义上可以说,市场经济就是契约经济、法治经济,公民社会就是契约社会、法治社会。市民社会正是以各种契约的形式规约经济活动和社会生活中各成员的行为,确保社会成员对其所承担义务的履行和承诺的实现,从而保证经济活动和社会活动的有序开展。

信用和信用社会

与契约精神密不可分的就是信用（Credit），包括个人的信用和组织的信用。信用是指，在市场经济的环境中，发生在个体、民事主体、商事主体之间的交易关系中所形成的相互信任的生产关系和社会关系。在经济领域，狭义的信用是指以偿还和付息为条件的借贷行为。比如，银行向企业发放贷款，企业在约定的时间内归还本金并支付利息，这个过程就体现了信用。另外，信用也表现为一种经济资源，拥有良好信用的个人或企业在市场中更容易获得资金支持和商业合作机会等。比如，信用良好的企业在申请银行贷款时，可能会获得更优惠的利率和更高的额度；信用评分高的个人在申请信用卡或消费贷款时，审批速度更快，条件更宽松。从社会层面来看，信用是人们在社会交往和合作中遵守承诺、履行义务的一种品质。一个守信用的人会按时履行自己的承诺，如按时归还借款、遵守合同约定、兑现对他人的承诺等。这种品质容易让对手方产生安全感，有助于建立良好的人际关系和社会秩序。此外，信用还是社会运行的重要基础，在一个信用良好的社会中，人们之间的交易成本降低，经济活动更加高效。

对于企业而言，信用良好的企业更容易获得金融机构的资金支持。银行等金融机构在发放贷款时，会优先考虑信用评级高的企业。例如，一家有着良好信用记录、按时还款、经营稳定的企业，在申请贷款时，不仅审批流程更快捷，而且能获得更优惠的利率和更高的贷款额度。这使得资金更倾向于流向这些信用良好的企业，为其扩大生产、进行技术创新等提供了必要的资金保障。在资本市场上,信用也起着关键作用。信用良好的企业发行的债券更受投资者欢迎,能够以较低的成本筹集资金。同时,投资者在选择股票等投资标的时,也会关注企业的信用状况。那些信用良好、财务稳健的企业股票往往更受青睐,股价也相对较高。这进一步引导资金流向这些优质企业,促进了资源向更高效的领域集中。

对于投资者来说,信用信息是进行投资决策的重要依据之一。投资者不仅关注企业的财务状况和盈利能力,还会考察企业的信用记录。如果一个项目或企业信用不佳,存在违约风险,投资者就会谨慎投资甚至放弃投资。相反,信用良好的项目或企业更容易吸引投资者的资金。信用评级机构的评级结果也会对投资决策产生重大影响。这些机构通过对企业、债券等进行评级,为投资者提供客观的信用评估。投资者可以根据这些评级结果来判断投资风险和收益,从而决定资金的投向。例如,高信用评级的债券通常被认为风险较低,吸引了风险偏好较低的投资者;而低信用评级的债券则可能只有风险偏好较高的投资者才会考虑,比如对垃圾债(Junk Bond)的投资。

在市场经济中,信用是使企业具有竞争力的重要因素之一。信用良好的企业能够在市场竞争中脱颖而出,获得更多的市场份额和资源。因此,为了维护良好的信用形象,企业会更加注重产品质量、服务水平和经营管理,不断提高自身的竞争力。同时,信用也促使市场实现优胜劣汰。那些信用不良的企业在融资、市场开拓等方面会面临诸多困难,生存空间逐渐缩小,最终可能被市场淘汰。而那些信用良好、经营高效的企业则能够不断发展壮大,推动整个市场的资源向更优质的企业集中,提高资源配置效率。

信用社会是一种以信用为核心价值和运行基础的社会形态,它是所有追求经济发展和改善民生状况的政府所致力打造的理想社会形态。

在信用社会的经济领域,信用体系高度发达。企业之间的商业往来非常注重信用记录,信用良好的企业在采购、销售、合作等方面具有明显优势。同时,信用良好的企业也更容易获得融资支持,无论是银行贷款、发行债券还是吸引风险投资,都能凭借良好的信用降低融资成本,加快资金周转,为企业的发展壮大提供有力保障。而对于消费者来说,信用也至关重要。信用良好的消费者可以享受更便捷的金融服务,如信用卡额度更高、消费贷款审批更快、利率更优惠等。此外,在共享经济领域,信用评分高的用户可以更轻松地租用共享单车、汽车、房屋等资源,无须支付高额押金或享受优先服务。

即便是在社会层面,人际交往中也非常注重诚信。在信用社会中,人们更加珍惜自己的信用声誉,遵守承诺、言行一致成为普遍的行为准则。孔子说的"人而无信,不知其可也",即强调了个人信用的重要性。

信用社会需要健全的法律法规和监管体系来保障信用秩序,法律要明确规定信用行为的规范和奖惩机制,对违约、欺诈等不良信用行为进行严厉打击。例如,制定专门的信用法律法规,明确信用信息的采集、使用、保护等方面的规则,为信用社会的建设提供法律依据。监管部门加强对信用市场的监管,确保信用服务机构依法合规经营。对信用评级机构、征信机构等进行严格监管,提高信用信息的准确性和可靠性。同时,建立健全信用投诉和纠纷处理机制,及时解决信用争议,维护市场主体的合法权益。

信用管理

既然信用如此重要,那么无论是对于企业而言还是对于个人而言,都必须要做好信用管理,通过管理信用交易中的风险来实现信用风险最小化和信用资源最优化配置。

企业信用管理往往包括如下三个方面:

①客户信用评估

企业在与客户进行交易前,需要对客户的信用状况进行评估,包括收集客户的基本信息、财务状况、经营情况、信用历史等,通过分析这些信息来判断客户的信用风险。例如,一家销售企业在与新客户合作前,会调查客户的注册资本、过往付款记录、行业口碑等,以确定是否给予信用销售额度。

②信用政策制定

企业根据自身的经营目标和风险承受能力,制定合理的信用政策,包括信用销售额度、信用期限、现金折扣政策等。例如,企业可以根据客户的信用等级,给予不同的信用销售额度和信用期限,对于信用良好的客户可以适当延长信用期限,以促进销售;对于信用风险较高的客户,则严格控制信用销售额度和缩短信用期限。

③应收账款管理

企业在销售行为后,需要对应收账款进行有效的管理,包括监控应收账款的账龄、跟踪客户的付款情况、及时催收逾期账款等。例如,企业可以通过建立应收账款账龄分析表,定期对逾期账款进行催收,采取电话、邮件、上门拜访等方式提醒客户付款,以降低坏账风险。

个人信用管理包括以下三个方面:

①信用记录维护

个人应关注自己的信用记录,确保信用报告中的信息准确无误。及时还清信用卡欠款、贷款等债务,避免逾期还款。例如,个人可以定期查询自己的信用报告,发现错误信息及时向征信机构提出异议申请,以维护自己的良好信用记录。

②合理使用信用工具

个人在使用信用卡、消费贷款等信用工具时,要合理控制信用额度的使用,避免过度负债。例如,个人应根据自己的收入和还款能力,合理安排信用卡消费,避免超出自己的还款能力范围,导致信用记录受损。

③建立良好的信用形象

个人在日常生活中要遵守法律法规,履行合同义务,树立良好的信用形象。例如,按时缴纳水电费、电话费等公共事业费用,遵守交通规则等,这些行为都可能对个人的信用记录产生积极影响。

我们知道,金融就是对风险和信用的管理,可以说,信用管理是金融业务的核心要素之一,通常也包括如下三个方面的内容:

①信贷风险管理

金融机构在发放贷款或投资时,需要对借款人/被投资方企业的实际控制人的信用风险进行评估和管理。通过分析信用记录、财务状况、还款能力等,确定贷款额度、利率和期限。例如,银行在审批个人住房贷款时,会综合考虑借款人的收入、资产、信用记录等因素,以确定是否发放贷款以及贷款的额度和利率。

②信用评级与风险评估

金融机构对企业和个人进行信用评级,以评估其信用风险。信用评级通常基于一系列的指标和模型,包括财务状况、经营业绩、信用历史等。例如,评级机构会根据企业的资产负债表、利润表、现金流量表等财务数据,以及行业发展趋势、市场竞争力等因素,对企业进行信用评级,为投资者和金融机构提供决策参考。

③风险分散与资产组合管理

金融机构通过分散风险和优化资产组合来管理信用风险,包括将资金投向不同的行业、地区、客户群体等,以降低单一客户或行业的风险。例如,银行在发放贷款时,会控制对某一行业或某一客户的贷款集中度,通过多元化的资产组合来降低信用风险。

总之,信用管理对企业、个人和金融机构都极为重要。对于企业,能降低信用风险,使企业在评估客户信用状况、制定信用政策及管理应收账款时更加精准高效,进而提升信用资源利用效率,推动企业持续发展,助力经济健康前行。对于个人,可以维护良好信用记录,合理使用信用工具,树立信用形象,在社会交往中获得信任。对于金融机构,信用管理是核心业务之一,能评估信用风险、进行评级与风险评估、分散风险与优化资产组合,实现信用资源优化配置,促进金融市场稳定与经济健康发展。

案例研究

格兰特总统墓地背后的故事

在纽约市曼哈顿区西北部高地上,濒临哈得逊河的河滨公园北端,有一幢巨大的钢骨水泥建筑,列柱穹顶,巍峨壮观。这就是美国第十八任总统格兰特(Ulysses Simpson Grant,1822—1885年)的墓地。

格兰特是美国南北战争中北军的统帅,他率领北军在艰苦卓绝的战争中转败为胜,迫使南方联盟军投降,结束了美国内战,于1866年被任命为美国陆军上将军。战功赫赫的格兰特后来从政,于1868年当选为美国总统,于1872年成功连任。

格兰特总统墓地的背后有一个感人肺腑的真实故事。原来,这块地也是一个夭折的小男孩的葬身之所。

1797年7月,年仅5岁的小男孩圣克莱尔跟随父亲上山,不慎从河滨的悬崖上坠落身亡。悲痛欲绝的父亲在悬崖落水处为孩子修建了一座小小的坟墓。后来,这位父亲家道衰落,不得不将建有孩子坟墓的土地转让。在转让土地的契约里,圣克莱尔的父亲对土地的新主人提出特殊要求:土地以后归新主人所有,但是孩子的墓地必须完整保留下来,不能私自拆迁或铲平,希望永远完好地保留墓地。

此后的一百年里,这块土地被辗转买卖了多次,但每一位新主人都坚守了这一义务,于是圣克莱尔的墓地被完整无损地保存了下来。

到了1897年,美国政府购买了安葬圣克莱尔的土地下葬已故美国总统格兰特。令人意想不到的是,政府同样遵守了地契里的特殊条款,没有把圣克莱尔的坟墓迁走,反而是把他的墓地重新修建,让他和格兰特总统毗邻。

一个一百多年前普通人家的殇子竟然能与美国总统、指挥南北战争的统帅比邻而葬,这在任何国家都是无法想象的事情。这个故事一方面体现了美国人的平等意识,另一方面也反映了他们的契约精神。

金融与金融思维

金融的定义

我们经常讲到金融、财经,那么金融究竟是什么呢?与金融对应的英文是"Finance",金融和财务在英文语境中,意义上是一致的;在中文语境中,财务多指企业内部的业务行为,而金融则是指企业间的业务行为。我们进一步考察,"金融"这个术语其实借鉴自日语"きんゆう",意思是资金的融通流动。

陈志武在其著作《金融的逻辑》中把金融定位为跨时间、跨空间的价值交换,这种说法虽然较为抽象,但还是有一定高度的。具体来说就是,所有涉及以货币计量的资金在不同时间、不同空间之间配置的交易都是金融交易,这意味着金融不仅是关于货币或资金的简单流转,更是一种能够将价值在时间和空间上进行重新配置和转移的机制。

(1)价值的跨时间交换

把钱存银行,是将现在的货币交换成未来某个时间的货币,人们让渡了价值的使用权,银行付给利息作为补偿。购买债券等也是类似,把现在的货币交换成未来某个时间的货币,只不过对象变成了企业等。

(2)价值的跨空间交换

因为货币作为一种价值载体,具有高度的流动性,所以能够在不同的物理空间和经济环境中进行交换,实现价值的转移。比如一个农民将生产的稻米换成钱,钱可以在不同地方被认可和使用,具有跨空间的价值交换属性。

(3)金融交易的广泛性

不仅包括常见的银行存款、贷款、债券、股票,还涵盖了各种涉及价值在不同时间和空间维度上配置的活动,如保险(将未来可能面临的风险在不同时间点进行价值的转移和分配)、期货、期权等衍生产品交易等,这些都是金融交易的不同形式,它们的本质都是在一定的规则和机制下,实现价值的跨时间、跨空间交换。

我个人更倾向于狭义的定义,即金融专指信用货币的融通,即银行、证券、保险等专业机构从市场主体募集资金,并将其投放(包括借贷或投资)给其他市场主体的经济活动。这种活动涉及资金的筹集、分配、使用、回收,以及与之相关的支付、结算等交易行为,各个环节都可以被称为金融业务。

如此说来,金融也并非总是和高大上联系在一起的,因为卖保险的、卖基金的不见得就比房地产中介高档,而前者可以自称金融从业者,后者却不是。

金融的三大要素

(1)金融表象三要素

在表象上,金融具有三大要素,即流动性、收益性、安全性,它们相互关联、相互影响。在金融活动中,投资者和金融机构需要综合考虑这三个要素,根据自己的需求和风险偏好进行决策,以实现资产的优化配置和经济效益的最大化。

①流动性

流动性是指资产能够以合理价格迅速转化为现金的能力,或者是获得现金的容易程度。在金融领域,流动性至关重要,它确保了金融市场的正常运转和经济活动的顺利进行。例如,货币是流动性最高的资产,因为它可以直接用于交易。银行存款也具有较高的流动性,能够在需要时随时提取。而房地产等固定资产的流动性相对较低,变现需要一定的时间和成本。

②收益性

收益性是指资产能够带来经济利益的能力。在金融投资中,收益性通常表现为投资回报率,即投资所获得的收益与投资成本的比率。例如,股票投资的收益性来自股票价格的上涨和股息分红,债券投资的收益性则主要来自债券利息。不同的金融资产具有不同的收益性特点,投资者通常会根据自己的风险偏好和投资目标选择具有合适收益性的资产。

③安全性

安全性是指资产在持有和交易过程中的风险程度和保障程度。金融资产的安全性主要包括信用风险、市场风险、操作风险等。为了提高资产的安全性,金融市场通常会采取一系列保障措施,如监管制度、风险评估、担保机制等。例如,银行存款受到存款保险制度的保障,在一定程度上降低了存款人的风险。债券发行通常需要经过信用评级,以评估发行人的信用风险。投资者也可以通过分散投资、资产配置等方式降低投资单一资产的风险,提高整体投资组合的安全性。

需要注意的是,安全性和风险性其实一个事物的正反面。从一个有效市场的中长期来看,收益性与风险呈正相关关系,高收益的金融资产往往伴随着较高的风险,而低风险的资产通常收益也相对较低。安全性是投资者在进行金融决策时的重要考虑因素。投资者通常希望在保证资产安全的前提下,获得尽可能高的收益。对于风险厌恶型投资者来说,安全性可能是首要考虑因素,他们更倾向于选择低风险、安全性高的金融资产。而对于风险承受能力较强的投资者来说,他们也会在追求高收益的同时,关注资产的安全性,以避免重大损失。

(2)金融内涵三要素

从金融的内涵来看,也具有三要素,即资金、信用和风险。

①资金

作为货币形式存在的资金是金融活动的基础。在金融领域,资金的形态不断演变,从现金到银行存款再演变为资产。资金的运动过程伴随着不同的形态,也伴随着价值的演变。

②信用

信用是金融的核心。它是指接纳资金和返还资金的关联度,信用的存在使得资金可以在不同主体之间进行转移和配置。例如,银行向企业发放贷款、个人之间的借贷、企业发行债券等都是基于信用的金融活动。信用的好坏直接影响金融交易的成本和风险。

③风险

风险是指在特定情况下和特定时间段内,某一事件产生的实际结果与预期结果之间的差异程度,以及这种差异带来损失的可能性。

风险既是金融表象的要素,也是金融内涵的要素。可以说,金融之所以能获得收益,就是因为当事人战胜了风险。但是,作为金融表象的安全性更多的是站在客户的角度而言的,而作为内涵的风险性则是站在金融业者自己的角度而言的。

当我们深入剖析金融的特性时就会发现,所谓金融表象层面的安全性,其侧重点主要聚焦于客户的立场与视角。对于客户来说,他们在参与金融活动时,最为关心的便是对自身投入的资金的安全保障程度,并期望在整个金融交易与资产持有过程中,尽可能地降低各种潜在风险对资金造成损失的可能性,例如银行存款是否能确保本金不受损、所投资的金融产品是否有足够的保障机制来抵御市场波动等,这一系列关乎客户资金稳定与安全的考量因素共同构成了金融表象的安全性内涵。

与之相对应的是,作为金融内涵的风险性则更多的是从金融业者自身的角度出发去审视与衡量的。金融业者在开展各类金融业务时,他们深知每一项金融操作背后都可能伴随着风险,无论是信用风险、市场风险还是操作风险等。他们需要精准地评估这些风险可能带来的后果与影响,因为这些风险直接关系到金融业务的成败与收益状况。例如银行在发放贷款时,必须对借款人的信用风险进行全面评估,企业在发行债券时也要充分考量市场风险对债券发行与兑付的影响,金融业者通过对风险的深入分析与把控,来决定金融业务的策略与走向,以便在风险与收益之间寻求最佳的平衡,从而保障自身金融业务的持续稳健运营与盈利目标的达成。

传统金融

传统金融机构也被称为持牌金融机构,是指经过国家金融监管部门批准,获得相应金融业务牌照,依法从事金融业务的机构,根据我国对金融业严格监管政策的要求,分为如下几个大类。

(1)银行类金融机构

拥有银行牌照的机构可以从事吸收公众存款、发放贷款、办理结算等业务,例如商业银行、政策性银行等。这些机构在经济中发挥着重要的资金融通和支付结算功能。

(2)证券类金融机构

证券公司持有证券业务牌照,可开展证券经纪、投资银行、资产管理等业务,它们为企业和投资者提供股票、债券等证券的发行、交易和投资服务。

(3)基金管理公司

在美国称为共同基金,拥有基金管理牌照,负责发行和管理各类基金产品,为投资者提供多元化的投资选择。

(4)保险类金融机构

保险公司通过保险牌照开展各类保险业务,包括人寿保险、财产保险、健康保险等。为被保险人提供风险保障,在发生保险事故时给予经济赔偿。

(5)其他持牌金融机构

信托公司持有信托牌照,以受托人的身份为客户管理资产、进行财富规划等;金融租赁公司拥有金融租赁牌照,通过租赁方式为企业提供设备融资租赁服务。

一般来讲,持牌金融机构受到严格的监管,比如资本充足率、高标准风险管理系统、合规经营要求和对投资者、金融消费者的保护等方面的要求。

另类金融

另类金融是一种相对传统金融而言的金融业务形态,主要涵盖创新性的金融服务和投资领域,举例如下。

(1)私募股权投资(风险投资)

私募股权投资主要是对非上市企业进行股权投资,通过参与企业的经营管理和战略决策,推动企业成长,最终通过企业上市、并购等方式实现资本增值后退出。

(2)对冲基金

采用多种复杂的投资策略,包括但不限于股票多空、事件驱动、宏观策略等,旨在通过对不同市场和资产的投资,实现无论市场涨跌都能获得正收益。

(3)艺术品金融

涉及艺术品的投资、融资和保险等业务。例如,艺术品投资基金通过募集资金购买艺术品,待艺术品价值上升后出售获利;艺术品质押融资则为艺术品所有者提供资金融通渠道。

(4)虚拟货币与区块链金融

虚拟货币如比特币等,虽然具有较高的风险和不确定性,但也吸引了一些投资者的关注。区块链技术在金融领域的应用,如跨境支付、供应链金融等,也属于另类金融的范畴。不过,目前虚拟货币在许多国家的监管仍处于探索阶段。

另类金融具有创新性,愿意尝试新的金融产品和服务模式,突破传统金融的限制。以私募股权投资为例,20世纪60年代至80年代,私募股权投资行业在美国迅速发展。随着半导体、计算机和生物技术等新兴产业的崛起,越来越多的私募股权投资机构成立,为这些高风险、高回报的创新企业提供资金支持。私募股权投资不仅为创新企业提供资金,还开始在企业管理、战略规划和市场推广等方面提供帮助,逐渐形成了一套较为成熟的投资模式。私募股权投资是科技创新的重要推动力。许多创新型企业在发展初期面临资金短缺、市场不确定性高等问题,难以从传统金融渠道获得融资。私募股权投资机构就可以通过提供资金支持,帮助这些企业将创新理念转化为实际产品和服务,推动科技进步。像苹果、谷歌、亚马逊等全球知名的科技企业在发展初期都曾获得过私募股权投资的支持。

但是,另类金融投资的资产往往流动性较差。例如,私募股权投资通常需要锁定较长时间,投资者在投资期间难以随时退出。艺术品等实物资产的交易也相对不活跃,可能需要较长时间才能找到合适的买家。另外,参与另类金融需要投资者具备较高的专业知识和经验。例如,对艺术品的投资需要了解艺术市场的趋势、艺术家的价值等。

从结果上来看,另类金融的回报可能处于相对较高的水平,当然对应的风险也可能会比较高。私募股权投资成功的项目可能获得数十倍甚至数百倍的回报,这种回报水平传统金融是根本无法做到的。

金融系统的作用与金融深化

在现代市场经济中,对一个经济体而言,金融系统的作用就是最大化资源配置的效率,金融市场通过价格机制和竞争机制,将资金配置到最有效率的部门和企业,提高资源配置效率。金融机构通过对不同项目和企业的评估和筛选,将资金投向具有较高回报率和较低风险的领域。例如,在股票市场上,投资者根据企业的业绩和前景等因素,决定是否购买该企业的股票,于是,资金流向了业绩好、前景广阔的企业,从而促进这些企业的发展。同时,那些业绩不佳、前景黯淡的企业则难以获得资金支持,可能会被市场淘汰。金融市场的发展也为资金提供方贡献了更多的融资渠道和投资机会,一个国家的金融体系发达程度与其现代化程度和综合国力是密切相关的,在之后的篇幅里我们会谈一下金融化的话题。此外,有了丰富的金融工具后,政府就可以通过货币政策和财政政策等手段,调节金融市场和经济运行。货币政策主要通过调节货币供应量和利率等手段,影响经济活动和通货膨胀。财政政策主要通过政府支出和税收等手段,调节经济增长和就业。例如,当经济出现衰退时,政府可以通过降低利率、增加货币供应量等货币政策手段,刺激投资和消费,促进经济复苏。政府也可以通过增加财政支出、减税等财政政策,扩大内需,促进经济增长。

在谈到金融化之前,要先说一下货币化(Monetization),它是指将非货币的经济事物转化为用货币形式来表现和计量的过程。在经济领域,有资源货币化(将土地、矿产等自然资源通过评估和交易以货币形式体现其价值)、劳动力货币化(劳动者通过提供劳动服务,获得以货币形式支付的工资报酬,从而使劳动力价值得以货币化)、企业资产货币化[企业的固定资产(如厂房、设备)、无形资产(如专利、商标)等通过评估、交易或上市融资等方式,转化为货币价值]。说一个大家耳熟能详的案例,在企业首次公开募股(IPO)之前,企业并不存在所谓的精确估值,通过证券化程序之后,股权以股票的形式在资本市场上交易,实现了企业资产的货币化。在社会领域,有福利货币化(一些原本以实物形式提供的福利,如住房补贴、交通补贴等,转变为以货币形式发放,这样可以提高福利的使用灵活性,让受益者根据自己的需求进行消费选择)、服务货币化(传统上由家庭或社区提供的一些服务,如养老护理、家政服务等,逐渐走向市场,以货币交易的形式由专业机构或个人提供。这不仅提高了服务的质量和效率,也促进了服务业的发展和经济增长)。货币化是商品经济发展到一定阶段的必然结果,它在提高资源配置效率、促进经济增长、增强经济透明度等方面存在积极影响,当然也可以导致过度商业化、加剧贫富分化甚至引发经济泡沫等。

金融化(Financialization)是另外一个比较复杂的经济学概念,简单来说就是,金融在经济生活中的作用和影响有越来越大的趋势,这个趋势表现如下。

①金融活动比重增加:金融业在国民经济中的占比越来越高,金融资产在社会总资产中的比重也越来越大。

②金融创新层出不穷:金融产品和工具不断创新,金融市场日益复杂。

③金融对实体经济的影响增强:金融活动对企业的投资、生产和经营决策产生越来越大的影响。

金融化对企业、家庭和政府均有重大的影响。企业越来越注重金融活动,如投资、并购、金融衍生品交易等,而不仅仅专注于主营业务。特别是对于上市公司而言,投资并购已经成为其成长的重要方式。而在家庭的资产配置中,金融资产的比例不断上升,如股票、基金、保险等。政府则通过发行债券、股票等方式融资,并利用金融工具进行宏观调控。金融化的程度之所以逐步深化,一方面是因为金融科技的发展推动了金融创新、降低了金融服务的成本;另一方面则是由于全球化的深入,资本的自由流动加剧了金融市场的竞争。还有,作为全球化的重要驱动力,新自由主义政策在全球盛行了三四十年,政府对金融市场的监管放松,大大促进了金融的发展。但是,当下世界时局充满变数,未来会怎样完全无法预测。

金融思维

接下来,我们谈谈金融思维。金融思维是一种从金融角度出发看待事物和解决问题的思维方式,以下是金融思维的几个主要方面:

(1)时间价值观念

时间价值是金融思维的核心概念之一,它意味着货币在不同时间点具有不同的价值。首先是复利效应,复利是指在计算利息时,某一计息周期的利息是由本金加上先前周期所积累的利息总额来计算的;简单来说,就是利息生利息。例如,你将一笔资金以固定利率进行投资,随着时间的推移,收益会不断增加。沃伦·E.巴菲特(Warren E. Buffett,1930—)就是复利效应的成功践行者,通过长期的价值投资,他的财富实现了惊人的增长。2024年8月28日,巴菲特旗下的伯克希尔·哈撒韦公司(Berkshire Hathaway)市值首次突破1万亿美元,成为首家达到这一里程碑的非科技行业的公司。自2024年以来,该公司股价累计上涨了28%以上,远高于标普500指数同期18%的涨幅。由此可以看出,在个人理财中,尽早开始储蓄和投资,利用复利效应,可以让财富在未来实现大幅增长。

其次是要考虑机会成本,机会成本的概念我们在前文中已经有所介绍,它指的是由于选择了某一方案而放弃的其他可能方案中所能获得的最大收益。当你做出投资决策时,需要考虑将资金投入不同项目中的机会成本。比如,你有一笔钱可以选择购买股票、存入银行或者投资房地产,那么你就需要评估每个选项的预期收益和风险,选择机会成本最小的方案。在日常生活中,时间的机会成本也很重要。比如,你花大量时间在低价值的活动上,就可能失去用这段时间去学习新技能、提升自己从而获得更高收入的机会。

(2)杠杆原理

在金融中,杠杆是指通过借入资金来扩大投资规模,从而提高收益的一种方式,但是杠杆同时也会放大风险。所以,我们要合理使用杠杆。在房地产投资、企业经营等领域,杠杆被广泛应用。例如,购房者通过抵押贷款购买房产,相当于使用了杠杆。如果房价上涨,投资者的收益将被放大;但如果房价下跌,投资者也将面临更大的损失。企业通过借款扩大生产规模或进行并购,可以提高资产回报率。但如果经营不善,无法偿还债务,就可能面临破产的风险。在使用金融杠杆时,首先,我们需要谨慎评估风险和收益,确保有足够的还款能力和应对风险的能力。其次,我们务必要认识到过度使用杠杆的危害。过度杠杆会使风险急剧增加,一旦市场出现不利变化,就可能导致巨大的损失。比如,2008年全球金融危机就是由过度杠杆引发的。金融机构大量发放次级贷款,并通过证券化等方式将风险扩散到全球金融市场。当房地产市场泡沫破裂时,许多金融机构因无法偿还债务而破产,引发了全球经济衰退。个人投资者也应避免过度使用杠杆,尤其是在不熟悉的投资领域或市场不稳定时期。

(3)现金流管理

良好的现金流管理是金融思维的重要组成部分,它涉及收入、支出和储蓄的合理规划。首先要设法增加收入来源,除了工资收入外,还可以考虑通过投资、创业、兼职等方式增加收入来源。投资可以带来资产增值和股息、利息等收益;创业如果成功,可以获得丰厚的回报;兼职工作可以在不影响主要工作的情况下增加收入。另外,不断提升自己的技能和知识,提高在职场上的竞争力,也有助于获得更高的收入。其次就是务必控制支出,比如制定预算,合理规划支出,避免不必要的消费;区分必要支出和非必要支出,对于非必要支出可以适当削减,减少奢侈品消费、娱乐支出等;比较不同商品和服务的价格和质量,选择性价比高的选项。最后就是,要养成定期储蓄的习惯,将一部分收入存入储蓄账户或进行投资。储蓄可以提供应急资金,应对突发情况。投资则可以实现财富的增值,为未来的生活和目标提供资金支持。根据个人的财务状况和目标,制定合理的储蓄和投资计划。例如,每月设定一个固定的储蓄金额,并将一部分资金投入股票、基金、债券等投资品种中。

(4)价值投资

价值投资是一种基于资产内在价值进行投资的理念,它强调以合理的价格买入具有长期投资价值的资产。有非常重要的几点需要强调一下。

分析资产内在价值:价值投资者通过对公司的财务状况、行业前景、竞争优势等进行深入分析,评估资产的内在价值。对于股票投资来说,价值投资者会关注公司的盈利能力、资产质量、现金流等指标,以及公司的行业地位和竞争优势。通过分析这些因素,可以判断公司的内在价值是否被低估。对于房地产投资,价值投资者会考虑房产的地理位置、租金收益、市场需求等因素,评估房产的内在价值。

寻找被低估的资产:当资产的市场价格低于其内在价值时,价值投资者认为这是一个投资机会。例如,在股票市场中,如果一家公司的盈利能力良好,但由于市场情绪等原因导致股价被低估,价值投资者可能会买入该股票,等待市场对其价值的重新认识,从而获得投资收益。在房地产市场中,如果某个地区的房产具有良好的发展前景,但目前价格相对较低,价值投资者可能会考虑买入该地区的房产,等待房产价值的提升。

长期投资视角:价值投资通常是一种长期投资策略,投资者需要有耐心和定力。股票市场短期波动较大,但长期来看,优质公司的股票价格往往会随着公司业绩的增长而上涨。房地产市场也需要长期持有才能充分体现其价值。价值投资者不会被短期市场波动所左右,而是坚持基于资产内在价值进行投资决策。

(5)风险与收益权衡

在金融领域,风险与收益通常是正相关的。高收益往往伴随着高风险,低风险则通常对应着低收益。鉴于风险管理的重要性,我们安排了专门的章节来论述,这里只是把三个要点简述如下。

评估风险:风险评估包括对投资项目的市场风险、信用风险、流动性风险等进行分析。市场风险是指由于市场波动导致资产价格变化的风险。例如,股票市场的价格波动较大,投资股票就面临着较高的市场风险。信用风险是指交易对手方无法履行合同义务而导致的风险。比如,债券发行人可能出现违约,导致投资者遭受损失。流动性风险是指资产在需要变现时无法以合理价格迅速出售的风险。一些小众的投资品种可能流动性较差,在急需资金时难以快速卖出。

确定风险承受能力:每个人的风险承受能力不同,这取决于个人的财务状况、投资目标、投资期限和心理承受能力等因素。年轻人通常风险承受能力较高,因为他们有较长的投资期限,可以承受短期的市场波动,以追求更高的长期收益。而临近退休的人可能风险承受能力较低,更倾向于选择较为稳健的投资方式。财务状况较好、有稳定收入来源的人可能风险承受能力相对较高,而负债较高或收入不稳定的人则风险承受能力较低。

进行资产配置：根据风险与收益的权衡,进行合理的资产配置可以降低风险并提高收益。资产配置通常包括股票、债券、房地产、现金等不同资产类别的组合。股票具有较高的收益潜力,但风险也较大;债券收益相对稳定,风险较低;房地产可以提供长期的保值增值;现金则具有高流动性和低风险。通过在不同资产类别之间合理分配资金,可以在一定程度上平衡风险和收益。例如,一个较为稳健的资产配置方案可能是60%的股票、30%的债券和10%的现金。

(6)去情绪化,克服人性中根深蒂固的缺点

在金融操作中,最可怕的情绪就是恐惧和贪婪。被誉为"价值投资之父"的本杰明·格雷厄姆(Benjamin Graham,1894—1976年)认为,投资者的主要问题和最大的敌人就是自己内心的恐惧和贪婪。他强调投资者应该保持理性和冷静,通过深入的研究和分析来评估投资标的的内在价值。格雷厄姆还告诫投资者在投资时要留有足够的安全边际,即买入价格要低于资产的内在价值。这样可以在一定程度上抵御市场波动的风险,避免因市场的短期波动而受到恐惧和贪婪情绪的影响。只有当投资标的的价格严重偏离其内在价值时,投资者才应该进行买卖操作。"在别人贪婪时恐惧,在别人恐惧时贪婪",这是巴菲特著名的关于恐惧和贪婪的论断。他认为投资者往往容易受到市场情绪的左右,在市场一片繁荣、众人都极度贪婪地追逐高风险资产时,往往是风险积聚的时刻,此时应该保持恐惧和谨慎,避免盲目跟风投资;而当市场陷入恐慌、投资者纷纷抛售资产时,可能会出现被低估的优质资产,这时候就应该克服恐惧,大胆地寻找投资机会。在20世纪60年代美国运通公司因色拉油丑闻股价被腰斩,大家都在恐惧中抛售股票,但巴菲特经过暗中观察发现美国运通的核心业务"信用"并未受太大影

响,于是他趁机大量买入美国运通的股票,后来这笔投资获得了丰厚的回报。

案例研究

德隆系的崛起和衰落

在中国资本市场上,唐万新及其德隆集团是一个时不时在茶余饭后被人提及的传奇。唐万新敏锐地看到了中国资本市场早期发展中的机会,通过收购法人股等方式入主多家上市公司,在产业整合和资本运作方面展现出一定的前瞻性眼光。他还创造了独特的产融结合的发展模式,通过金融手段为实体产业提供资金支持,同时利用产业的发展来支撑金融业务,这种模式在一定程度上为企业的快速扩张提供了思路。

唐万新于1964年出生于重庆市万州区,父母都是知识分子,20世纪50年代,他们响应国家号召来到新疆。唐万新的父母对孩子的教育非常重视,唐万新曾经先后在家乡和新疆就读。13岁时,唐万新和哥哥姐姐去北疆旅游的时候,不幸遭遇车祸,其他孩子均受伤,而他则安然无恙,被其父感慨为"大难不死,必有后福"。

1981年,唐万新参加高考,因成绩不够理想,被录取到华东石油学院。因对自己的境遇不满,他大二时就选择了退学,索性到北京旅游散心去了。第二次参加高考,以高分考取了复旦大学物理系,但因教育部的招生政策而阴差阳错地被新疆石油学院录取,后来因各种原因,他还是选择了退学。由此可见,唐万新是一个非常有想法、有个性的人。

1985年,唐万新开始尝试各种创业,经过失败以后,他发现乌鲁木齐市几乎没有像样的彩色照片扩印店,于是便拉上朋友同学一起,用仅有的400元开了一家彩色照片扩印店。由于没钱购买冲洗设备,他们只好拿着客户的底片到外地加工……就这样,他们陆续在乌鲁木齐开了20多家彩印店,占据乌鲁木齐全市彩印市场80%的份额,在20世纪80年代中期挖到了人生的第一桶金,大约为60万元。

此后,唐万新放弃彩印改做自行车防盗锁,然后投资接手电视卫星接收器的研发、生产,还在广州卖过饲料添加剂、在新疆开过宾馆、在北京卖过人造毛,甚至开过一家航空俱乐部。然而不幸的是,这些项目无一例外全部失败了。

后来,唐万新成立了一家科技公司代理销售各大品牌电脑,借助于良好的人脉关系,光新疆土哈油田和新疆烟草公司两家客户就购买了1万多台电脑,净赚150万元。他终于还清了前面各种创业所欠下的债款,并在1992年创办了德隆国际投资控股有限责任公司,标志着此后名震江湖的"德隆"字号呱呱坠地。

1992年,邓小平发表南方谈话,由此,市场经济的大潮席卷全国,资本市场快速发展。一些国有企业纷纷改制上市,一些员工拿到了很多原始股,但大家对这些股票能否变现忧心忡忡,都想急着脱手,于是唐万新看到了其中的机会,意识到可以通过购买员工认购凭证的方式,以较低的价格获得公司股票,然后待发行流通后再卖出获利。于是,唐万新在西安市场上低价收购法人股,再卖给新疆和深圳等地的下家,从中赚取每股0.5元到1.5元的差价。到1993年3月,唐万新已从中赚取了5 000万元至7 000万元,完成了原始资本积累。1994年,唐万新在武汉国债交易中心向海南华银信托投资公司、中国农村信托投资公司融资3亿元,这不仅为德隆带来了大量的资金,也让唐万新进一步熟悉了通过金融市场融资的操作流程,为后续的资本运作打下了基础。之后,他还承包了新疆金融租赁在武汉证券交易中心的席位,将其作为融资平台,不断扩大业务规模。

从1996年开始,唐万新调用大约2.5亿元先后控股了新疆屯河、沈阳合金及湘火炬三只股票,这三只股票被称为"老三股"。手握上市公司,又获得了资本市场的运作平台,唐万新的事业从此上了一个大台阶,为后续的资本运作和产业整合提供了基础。在控股上市公司后,唐万新组织人员在二级市场集中买卖"老三股"的流通股票。通过大量买入股票、抬高股价,制造交易活跃的假象,吸引其他投资者跟风买入。同时,通过与上市公司的配合,发布利好消息,进一步推动股价上涨。在德隆向"老三股"派驻高管后,三年多的时间里,这三家公司的股价分别上涨了1 100%、1 500%和1 100%,在证券市场上被称为"德隆系"神话。

1997年,德隆在北京召开"达园会议",确定了"产业整合"的战略定位。唐万新的计划是控制一家上市公司,将实业并进去充实主业,盈利之后利用杠杆进行融资,再并购、再融资,如此循环反复。例如,在控股新疆屯河集团有限公司后,德隆将其从一家水泥生产企业,逐步转型为涉足农业、食品加工等领域的综合性企业;在控股株洲火炬火花塞股份有限公司(湘火炬)后,将其从一家火花塞生产企业,发展成为涉足汽车零部件、重型卡车等领域的企业。德隆系在产业整合的过程中,进行了大量的多元化投资与并购。除了在原有上市公司的基础上进行产业延伸外,还涉足了金融、房地产、矿业等多个领域。通过不断的投资与并购,德隆系的资产规模迅速扩大,影响力也不断提升。据不完全统计,德隆系鼎盛时期参股和控股的企业达到200余家。

德隆系通过参股、控股等方式,控制了多家金融机构,如金新信托、德恒证券、恒信证券、新疆金融租赁、新世纪金融租赁等。这些金融机构成为德隆系的融资渠道和资本运作平台,为德隆系的发展提供了资金支持和金融服务。德隆系旗下的金融机构通过开展委托理财业务,吸引了大量的社会资金。这些资金被用于德隆系的股票炒作、产业投资等业务,进一步扩大了德隆系的资金规模和影响力。

德隆系的扩张就像贪吃蛇一样,只顾着吃吃吃,用于消化吸收的时间很短,因此很多问题逐步显现出来。这种扩张模式需要大量的资金支持,为了维持旗下公司的股价和继续进行产业整合,德隆系不断通过各种方式融资,包括银行贷款、信托融资、委托理财等。但随着扩张速度的加快,资金需求越来越大,资金压力也日益凸显。尽管德隆系在产业整合方面做了大量努力,但部分产业整合效果并不理想。一些被收购的企业在整合后未能实现预期的协同效应,盈利能力没有得到明显提升,反而增加了企业的负担。

2004年,由于宏观经济政策的调整和市场环境的变化,德隆系的融资渠道受到限制,资金链开始出现断裂。为了维持股价的"虚假繁荣",德隆系通过"委托理财"等方式非法融资,但最终无法填补资金缺口。资金链断裂的消息传出后,投资者对德隆系的信心受到严重打击,德隆系旗下的"老三股"股价集体崩盘,不到半个月时间,200亿元市值几乎蒸发殆尽。股价崩盘后,德隆系的债务危机全面爆发,多家金融机构对德隆系提起诉讼,要求追偿债务。最终,德隆系无法偿还巨额债务,被迫进行破产清算,唐万新也因犯有非法吸收公众存款罪、操纵证券交易价格罪,被判处有期徒刑8年。

虽然唐万新及其德隆系在商业理念创新和产业整合方面的尝试值得称道,而且他对于金融思维的理解和运用都是高人一筹的,可以说是把杠杆效用发挥到了极致,但是说到底,更多的是属于违法违规的资本运作方式,最后现原形也是注定的结果。况且,其急功近利的操作方式和虚假的市场宣传均对市场和广大投资者造成了严重的伤害,德隆系的兴衰成败为中国资本市场的发展提供了重要的教训和警示,也促使监管部门加强了对资本市场的监管和规范。

应对不确定性

不确定性给人带来不安

人类在漫长的进化过程中,出于生存和安全的必要,形成了对确定性的偏好。在原始社会,人们需要确定的食物来源、安全的住所和如何躲避危险的方法。如果面临不确定的情况,比如不知道哪里有食物、是否会遭遇猛兽攻击,就可能面临生存危机。这种对生存的本能需求使得我们在面对不确定性时会感到恐惧和担忧。

不确定性意味着我们无法预测和控制未来的事件,而人类往往渴望对自己的生活和周围环境有一定的掌控力,当我们无法确定事情的发展方向时,会以为自己失去了对局面的控制,从而产生不安。面对不确定性,我们往往会在心中设想各种可能的结果。如果结果与我们的期望相差甚远,就会带来心理上的冲击。而且,不确定性越大,预期结果的范围就越广,心理落差可能就越大。

还原不确定性

不确定性(Uncertainty)就是指事先不能准确知道某个事件或某种决策的结果;或者说,只要事件或决策的可能结果不止一种,就会产生不确定性。在经济学中,不确定性是指对于未来的收益和损失等经济状况的分布范围和状态不能确知。大家知道,投资人乐于追求投资的确定性,这不仅是为了降低风险,更重要的是为了实现预期的收益。比起震荡的投资回报,投资人对投资的可预期性更加看重,因为这样便于业务的规划和决策。最重要的是,可靠性来自确定性,而信任则是源于可靠性,信任又是金融的灵魂!

不确定性也会带来机遇

前面我们谈了人们对不确定性的恐惧、不安、无奈、感伤等情愫,可是我们不应该只看到不确定性中的负面因素,还要看到不确定性中所蕴含的机遇。

在确定的环境中,人们往往遵循既定的模式和路径行动;而不确定性打破了这些常规,迫使人们去探索新的方法和途径。在这种探索过程中,人们就有可能发现未曾预料到的机遇。例如,当年互联网的兴起也带来了巨大的不确定性,传统商业模式受到冲击,可是随之催生了电子商务、在线教育、数字娱乐等全新的商业机遇。

另外,不确定性促使人们跳出舒适区,激发创新思维。当面临未知的情况时,人们不得不去思考新的解决方案,尝试新的技术和方法,这种"创新"往往能够带来新的机遇。在功能机时代,手机拍照曾被广为讥笑,然而后来证明,它只不过是智能机的一个小小的标配功能而已。智能手机的普及导致了移动互联网的革命,众多企业在这个不确定的领域中不断创新,开发出各种移动应用,满足了用户的多样化需求,也为企业创造了巨大的商业机遇。

不确定性还会改变市场的竞争格局,为新的参与者提供机会。在稳定的环境中,市场份额往往被少数大型企业占据,新进入者面临着巨大的竞争压力。而不确定性可能会颠覆现有的竞争格局,使一些传统的优势企业失去竞争力,为新兴企业提供崛起的机会。例如,新能源汽车的发展改变了汽车行业的竞争格局,一些新兴的电动汽车企业凭借技术创新和灵活的市场策略,在市场中迅速崛起,反倒是把那些传统的燃油车龙头企业搞得茫然失措。

当然,不确定性也意味着风险,但往往也伴随着高回报的可能。敢于在不确定性中冒险的人,往往有机会获得巨大的收益。例如,创业就是在充满不确定性的环境中进行的,创业者面临着市场风险、技术风险、资金风险等各种不确定性因素。但如果成功,他们将获得丰厚的回报。同样,在投资领域,不确定性较高的新兴市场和创新项目也往往具有更高的潜在回报。

从上述论述来看,我们不但不应该畏惧不确定性,反倒是应该去拥抱它,学会"与狼共舞"。从社会层面来看,拥抱不确定性是推动社会进步的动力之一。创新和变革往往源于对不确定性的探索和尝试。只有当人们敢于挑战现状,勇于尝试新的事物时,社会才能不断向前发展。科技的进步就是人类不断拥抱不确定性的结果,科学家们在未知的领域进行探索,推动了技术的不断创新,改善了人们的生活。

风险 VS. 不确定性

我们还常常谈到风险,那么风险和不确定性之间又有什么关系呢?

风险是指在特定的环境和时间段内,某种不利事件发生的可能性及其可能产生的后果。从这个定义可以看出,风险一般都是负面的。而不确定性则是指缺少预见性,缺乏对意外的预期以及对事情的理解和认知。不确定性表明事物的发展结果有多种可能性,如果出现的结果有不稳定的概率,此时的不确定性就是风险。换句话说,风险一般是可计量的。

风险和不确定性之间的区别可以从以下三个方面来表达:①风险可以量化评估,不确定性较难量化。对于风险,我们可以通过历史数据、统计分析、模型预测等方法来评估不利事件发生的可能性和可能产生的后果,从而对风险进行量化。比如,保险公司可以根据历史事故数据和精算模型来确定不同类型保险的费率,以反映风险的大小。而不确定性由于缺乏足够的信息和明确的规律,很难进行准确的量化评估。举例来说,一项新技术对现有的产业究竟会带来哪些好的影响和不好的影响,是非常难以量化的,也就是不确定性较大。②风险通常与损失相关,不确定性不一定涉及损失。例如,投资失败会导致资金损失,这是风险的一种表现。而不确定性并不一定涉及损失,它只是表示对未来情况的不明确。相对地,未来的科技发展方向具有不确定性,但这并不意味着一定会带来损失。③风险可以通过管理和控制来降低,不确定性则难以完全消除。人们可以采取一系列的风险管理措施来规避、降低或转移风险,减少不利事件发生的可能性和损失的程度。企业可以通过多元化经营来加强内部控制,通过购买保险等方式来降低经营风险。而不确定性由于其本质上的不可预测性,则很难完全消除。尽管我们可以通过收集更多信息、进行分析和预测等方法来减少不确定性,但仍然无法完全消除未知的因素。

大家经常提到的一个词"乌卡(VUCA)",它是由活性(Volatility)、不确定性(Uncertainty)、复杂性(Complexity)和模糊性(Ambiguity)四个英文单词的首字母组合而成的。这个概念最早是20世纪90年代由美国陆军战争学院提出来的,用于描述"冷战"结束后不稳定、不确定、复杂和模糊的国际局势,后来这个概念被广泛应用于商业和管理等领域,以描述当今快速变化和充满挑战的环境。

在当今的商业世界中,VUCA已成为企业领导者和管理者必须面对的现实。为了在VUCA环境中取得成功,企业需要具备敏捷性、创新能力、适应性和风险管理能力等。同时,领导者也需要具备前瞻性的思维、果断的决策力和良好的沟通能力,以带领团队应对各种挑战。2020年,人们对VUCA的认识更近了一步,VUCA"进化"到了VUCAH,这里的"H"指的是Hyper-Connectedness(高连接性)。高连接性是后互联网时代的一个特质,这种连接性不会顾及正确与否,只是大大加快了信息传播的速度。

如果我们以一个圆心分别画三个不同直径的同心圆(如图9.1所示),最里面的一个叫作"已知的已知(Known Knowns)",这是指我们明确知道自己已经了解和掌握的事物、信息或知识,这是我们的实力圈。第二个圆,或者说是圆环的部分,叫作"已知的未知(Known Unknowns)",指的是已经识别到的风险或者说不确定性。更大的圆环,精确地讲应该是无周长的,叫作"未知的未知(Unknown Unknowns)",这是最危险的区域。对于"已知的未知",我们可以做好风险预案,即便是针对风险敞口,我们也可以事先做好心理建设。而对于"未知的未知",则是"盲人骑瞎马,夜班临深渊",完全是一片黑暗,是最让人恐惧和担心的。

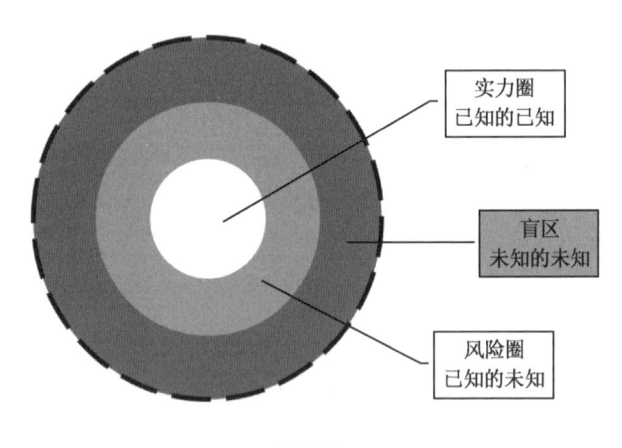

图中标注:
- 实力圈 已知的已知
- 盲区 未知的未知
- 风险圈 已知的未知

图 9.1

应对不确定性

回到我们的题目,要做好不确定性的应对,可以从以下几个方面入手:

①要接受不确定性,而不是去回避。要认识到不确定性是生活和工作中的常态,正如我在前文中所言,"无常乃常",世界处于不断变化之中,无论是市场波动、技术革新还是个人生活中的意外情况,都不可避免地带有不确定性。所以,我们要调整心态,不畏惧不确定性,将其

视为成长和学习的机会。积极的心态能帮助我们更好地应对挑战,从不确定性中找到机遇。

②相信自己的能力可以通过努力和学习不断提升。在面对不确定性时,成长型思维能让我们更有勇气去尝试新事物,勇于面对失败,并从中吸取教训。把不确定性看作提升自己能力的契机,不断挑战自我,拓展自己的知识和技能领域,就有可能战胜不确定性。

③制订灵活的计划。制订计划时,要充分考虑到各种可能发生的情况,为不确定性留出一定的弹性空间。过于僵化的计划一旦碰到意外情况就很可能会导致计划无法执行。可以制订多个备选方案,以便在不同的情况下能够迅速调整策略。同时,定期对计划进行评估和调整,根据实际情况进行优化。针对可能出现的风险和不确定性,制订相应的应急预案。例如,在企业经营中,可以制订应对市场突变、供应链中断等情况的预案。应急预案应明确责任分工、行动步骤和资源调配等内容,以便在紧急情况下能够迅速有效地采取行动。不断学习和提升自己的知识和技能,增强应对不确定性的能力。通过学习新的知识和技能,可以更好地适应变化,提高自己的竞争力。关注行业动态和趋势,提前做好准备,以便在不确定性来临时能够迅速做出反应。

④在面对不确定性时,往往需要迅速做出决策并采取行动。拖延只会增加不确定性带来的风险。当然,快速决策并不意味着盲目行动,而是在充分收集信息、分析利弊的基础上,果断做出决策。同时,要敢于承担决策带来的风险。对于不确定的事情,可以采取小步试错的方法,逐步探索和验证。通过不断地尝试和调整,找到最适合的解决方案。不要期望一次性做出完美的决策,而是在实践中不断迭代和优化。这样可以降低风险,提高成功的概率。在投资、职业发展等方面,避免过于集中在单一领域或项目上。多元化可以分散风险,降低不确定性带来的影响。

⑤在面对不确定性时,及时与相关人员进行沟通,分享信息和观点。良好的沟通可以帮助我们更好地了解情况,减少误解和恐慌。建立有效的信息共享机制,确保团队成员能够及时获取关键信息,共同应对不确定性。与他人合作可以整合资源,共同应对不确定性。在团队中,成员之间可以相互支持、相互学习,提高应对挑战的能力。培养团队的协作精神,建立良好的合作关系,共同制订应对不确定性的策略。

案例研究

C2M

当今社会是一个高度多元化的社会,不同的文化、价值观、生活方式相互交织。在这样的社会环境中,个性和差异化成为推动社会发展的重要力量。

人们为了表现自己的个性,就有了林林总总、各式各样的商品需求,人们不再满足于千篇一律的大规模标准化生产的商品,而是希望能够根据自己的特定需求和喜好来定制产品。拿服装领域做个例证。在满足了蔽体和保暖功能之后,人们穿衣打扮更多的是为了展示自己的个性和品位。而工业化大生产催生的成衣行业则是与这个大趋势相违背的,由此产生了一个重大的命题,就是如何低成本地、快速地满足消费者个性化的需求。这就是C2M(即Customer-to-Manufacturer,用户直连制造)和柔性生产(Flexible Production)等产业命题的背景。

互联网的普及使得大量的消费者数据可以被收集和分析。通过大数据技术,企业可以深入了解消费者的需求、偏好、购买行为等信息,精准地把握市场走势。人工智能则可以根据这些数据进行预测和推荐,为C2M模式提供有力的支持,比如分析消费者的浏览历史和购买记录等。另外,发达的电商平台为C2M模式提供了便捷的交易渠道。消费者可以通过电商平台直接与制造商沟通,提出自己的需求,下单定制产品。同时,电商平台也为制造商降低了营销成本和销售环节的中间成本,使得制造商能够更直接、更高效地响应消费者的需求。

此外,传统生产模式也正在遭遇困境和挑战。因为生产什么、生产多少都是经营者根据往年的数据和团队的经验做出的推测,很难精确地和市场需求进行匹配,因此很容易造成库存积压、生产过剩等问题。与此同时,需求侧却对个性化提出了越来越高的要求。于是,C2M就成了一条新路,而先进的柔性生产技术(如柔性制造系统、3D打印等)使之成为可能。例如,柔性制造系统可以根据不同的产品需求快速调整生产线,实现多品种、小批量的生产;3D打印技术则可以直接根据消费者的设计文件打印出个性化的产品。

青岛酷特智能股份有限公司(股票代码:300840)就是一家C2M产业互联网科技企业,被誉为"中国C2M服装智能定制第一股"。其旗下的个性化服装定制品牌红领(Redcollar),是酷特C2M产业互联网生态平台价值的标志性要素。红领公司创立于1995年,是酷特智能的前身。2007年,为了适应消费者个性化的需求,公司决定开展服装定制业务。

在C2M模式下,红领品牌实现了个性化定制的转型升级,成为C2M时尚定制品牌。客户需求直达智能工厂,以需求驱动生产,把互联网、物联网等信息技术融入柔性化制造中,实现了以工业化的手段、效率和成本制造个性化的产品,做到"一人一版,一衣一款,大牌面料、全球直采,AI量体,7个工作日成衣",更好地满足了消费者的个性化需求。红领在服装定制领域的探索和创新,为行业发展提供了有益的借鉴和示范。

可以说,红领是C2M模式在服装定制领域的典型应用和成功实践,它充分体现了C2M模式以消费者为中心、按需生产、个性化定制等特点,也通过自身的发展推动了C2M模式的不断完善和推广。由于市场表现卓越,2020年7月8日,酷特智能成功上市。

从这个案例可以看出,在前互联网时代,成衣的生产大大降低了服装的生产成本,使得很多收入较低的消费者也能穿上不但时尚而且质量高、价格低的成衣;而那些有个性化需求的消费者,则只能花费更大的代价去那些定制服装店购买定制服装,比如西装定制,或者有其他需求的定制。而在大数据技术和柔性制造技术高度发展的后互联网时代,通过技术手段满足消费者的个性需求,已经不再是一件不确定的事情,反倒有可能成为一个可行的商业模式,这也是应对不确定性的良好案例。

创新思维

蓝海战略

记得很多年前流行过一本名为《蓝海战略》的书,作者是 W. 钱·金(W. Chan Kim,1951—)和勒妮·莫博涅(Renée Mauborgne,1963—)。《蓝海战略》介绍了一种企业战略思想。"蓝海"是相对"红海"而言的概念,"红海"代表已知的、竞争激烈的市场空间,企业在其中进行着激烈的竞争,利润空间逐渐缩小;而"蓝海"则代表未知的、尚未被充分开发的市场空间,蕴含着巨大的发展潜力和机会。该书呼吁,企业不应仅仅局限在红海中与竞争对手拼杀,而应通过创新和价值创造,开拓新的市场领域,进入蓝海,从而获得更广阔的发展空间和更高的利润。书中提出了一系列分析工具和方法,帮助企业识别蓝海机会,并制订相应的战略举措来进入和占据蓝海市场。

《蓝海战略》强调了创新在企业发展中的核心地位。在当今竞争激烈的市场环境中,企业只有不断创新,才能摆脱红海的残酷竞争,开拓新的蓝海市场。创新不仅仅局限于技术创新,还包括商业模式创新、服务创新、营销创新等多个方面。企业应鼓励员工勇于创新,建立创新的文化氛围,为创新提供良好的环境和支持。

蓝海战略的核心是为客户创造价值。企业在制定战略时,必须深入了解客户的需求和痛点,以客户为中心进行价值创新。通过与客户的互动和沟通,企业可以更好地把握客户的需求变化,及时调整战略,提供更符合客户需求的产品和服务。

开创蓝海市场并不是一蹴而就的事情,企业需要具备长期的战略眼光。蓝海市场可能会随着时间的推移逐渐变成红海,因此企业需要不断地进行创新和价值创造,持续开拓新的蓝海市场。同时,企业在实施蓝海战略时,应注重可持续发展,考虑社会和环境因素,为企业的长期发展奠定坚实的基础。

存量思维与增量思维

关于创新,除了"蓝海 vs. 红海"的概念组外,还有"存量思维 vs. 增量思维"的分组。

存量思维主要关注现有的资源、资产和成果。它强调对已拥有的东西进行管理、优化和利用,以实现稳定和可持续的发展。存量思维注重维持现状的稳定性。对个人而言,可能表现为满足于现有的工作、收入和生活状态,不愿意冒险尝试新的机会。在企业经营中,拥有存量思维的企业会更倾向于保护现有市场份额,优化现有产品和服务,以确保稳定的现金流和利润。由于关注现有资源,存量思维往往会致力于提高资源的利用效率。例如,企业会通过优化生产流程、降低成本、提高资产周转率等方式,充分发挥现有资源的价值。存量思维通常较为保守,倾向于规避风险。因为担心失去现有的资源和成果,人们在做决策时会更加谨慎,避免采取过于冒险的行动。在企业面临经济下行压力或竞争激烈的市场环境时,存量思维可以帮助企业进行成本控制。先练好内功,通过优化内部管理流程、降低库存水平、提高员工效率等方式,企业可以降低运营成本,提高盈利能力。对于个人来说,存量思维在理财规划方面也有一定的应用价值。拥有存量思维的个人可以合理规划现有资产,进行稳健的投资,不做高风险的投入,确保资产的保值增值。同时,控制消费,避免不必要的浪费,也是存量思维在个人理财中的体现。

增量思维则侧重于创造新的资源、机会和价值。它鼓励人们突破现状,开拓新的领域,以实现快速增长和创新发展。增量思维强调创新是实现增长的关键。在个人发展中,拥有增量思维的个人会不断学习新的知识和技能,尝试新的职业领域或创业机会。在企业经营中,拥有增量思维的企业会投入大量资源进行研发创新,推出新产品、新服务,开拓新市场。增量思维具有积极进取的特点,它不满足于现状,勇于挑战自我,追求更高的目标和成就。这种积极进取的态度可以激发人们的潜力,推动个人和企业不断向前发展。与存量思维相比,拥有增量思维的个人或企业通常具有更强的风险承受能力。他们愿意尝试新的事物,即使面临失败的风险,也会从中吸取教训,继续前行。在快速变化的市场环境中,企业需要具备增量思维,不断创新以适应市场需求。例如,互联网企业通过不断推出新的产品和服务,拓展业务领域,实现快速增长。传统企业也可以通过数字化转型、技术创新等方式,开拓新的市场空间,实现转型升级。对于个人来说,增量思维可以帮助我们在职业发展中不断突破自我。积极学习新的知识和技能,提升自己的竞争力,争取更好的职业机会。同时,敢于尝试新的职业领域或创业项目,实现个人价值的最大化。

在实际生活和工作中,存量思维和增量思维并不是相互排斥的,而是需要相互结合,实现平衡发展的。存量思维和增量思维各有特点和应用场景,我们需要根据实际情况,灵活运用这两种思维方式,实现个人和企业的可持续发展。

创新是企业家精神的核心

人类对物质世界的能动性在人类创意领域表现得非常明显。首先是设计师在头脑中形成了关于新产品的概念,一开始可能是非常模糊的甚至是难以刻画的,但随着思考和实验的逐步迭代,设计师把这个概念变成了设计图纸,然后经过一系列的生产活动和营销活动投放到市场,改变消费者的生活。

管理学中的此类案例不胜枚举。一个伟大的商业计划可能源于我们大脑中的一个想法或意念,形成方案以后逐步推行实施,甚至可能改变整个商业生态。

在现代经济学中,我们称这种能动性为"企业家精神"或"企业家才能"。微观经济学用生产函数来描述在既定的生产技术条件下投入与产出之间的数量关系。这里的"生产"是广义的,不仅意味着实物产品的生产,也包括其他各种各样的经济活动,比如金融理财、商品零售等服务性商业活动。

生产要素一般被划分为劳动、土地、资本和企业家才能这四种类型,企业家精神或企业家才能指的是企业家组织建立和经营管理企业的能力。

在多年的投资实践中,我们认真分析研究了企业家精神的构成,在

吸纳前人思想成果之上提出了自己的看法。我们认为,企业家精神主要体现在如下五个方面:

①远超常人的进取精神,包括但不限于对财务、社会地位和自我实现的追求;

②敏感的商业意识和卓越的创新能力(发掘市场机会、提供解决方案);

③要素的组织能力(比如融资能力、吸纳精英人才的能力、开发关键客户的能力等);

④契约精神(跟前文分析的一样,没有投资人会给一个没有契约精神的创始人投资);

⑤冒险精神(太保守的人不太适合创业)。

我们知道,中国正处在经济转型升级的关键时期,要从过去的要素驱动、投资驱动的发展模式切换到创新驱动的新模式。我们对创新的理解最早是从技术如何促进经济发展的角度考量的,在企业微观层面则是如何通过技术创新来提高产品的差异化、创造竞争壁垒。熊彼特是一位具有深远影响力的经济学家,早在1911年发布的成名作《经济发展理论》中就系统地、完整地提出了有关创新的理论,认为创新是经济发展的核心动力,奠定了他在经济研究领域的独特地位。

熊彼特认为,创新就是建立一种新的生产函数,也就是说,把一种从来没有过的关于生产要素和生产条件的"新组合"引入生产体系。这种新组合包括五种情况:

①推出一种新产品或一种产品的新特征;

②采用一种新的生产方法;

③开辟一个新市场;

④掠取或控制原材料或半制成品的一种新的供应来源;

⑤实现任何一种工业的新的组织。

从这里看出，创新并不是一个简单的技术概念，而是一个经济概念。它有别于技术发明，是把现成的技术革新等创新要素引入经济组织，形成新的经济能力。作为资本主义灵魂的企业家的职能就是实现创新，引进"新组合"。所谓经济发展就是指整个资本主义社会不断地实现这种"新组合"，或者说资本主义的经济发展就是这种不断创新的结果。这种"新组合"的目的是获得潜在的利润，即最大限度地获取超额利润。

熊彼特还分析了创新背后的驱动力，即创新者可能有如下三个方面的核心诉求：

①建立私人王国的梦想；

②证明自己优于他人的欲望；

③创造本身的快乐。

爱因斯坦曾说，"兴趣是最好的老师"，"想象比知识重要，因为知识是有限的，而想象力概括着世界上的一切，推动着世界进步，并且是知识进化的源泉"。从这个意义上来讲，追求真理、改善人类福祉也许是最大、最终极的创新动力。

案例研究

"不务正业"的雅马哈

雅马哈（YAMAHA Inc）是一家具有深厚历史底蕴和广泛业务领域的综合性国际集团。2023 财年，雅马哈集团整体综合收入为 4 514 亿日元，其中乐器部门收入 3 027 亿日元，占比 67.1%；音响设备收入 1 076 亿日元，占比 23.8%；工业机械及零部件业务收入 411 亿日元，占比 9.1%。2021 年 9 月入选"亚洲品牌 500 强"排行榜,排行第 52 位;2021 年 10 月位列"福布斯 2021 全球最佳雇主榜"第 58 位;2024 年 3 月 12 日入选"科睿唯安(Clarivate Analytics)2024 年全球创新者 100 强"。

通过全球的销售网络,雅马哈的产品在全球市场上占有稳定的位置,其乐器、音频设备和摩托车等产品畅销世界各地,品牌知名度和美誉度非常高。另外,该公司积极参与全球范围内的音乐活动、体育赛事等,进一步提升了品牌的国际影响力。在一些国际大型音乐会上,经常能看到雅马哈乐器的身影;在摩托车赛事中,雅马哈摩托车也凭借出色的性能取得了优异成绩。

雅马哈公司常常为人津津乐道之处在于,它涉猎了众多的领域,且这些领域之间有些甚至毫不搭界。

① 乐器领域:涵盖钢琴、吉他、管乐器、弦乐器等众多品类,以高品质的制造工艺和卓越的音质而闻名。例如雅马哈的钢琴,在音色、触感和稳定性方面都有出色的表现,受到专业演奏者和音乐爱好者的青睐。

② 音频设备领域:包括音响系统、功放、扬声器等产品。其音频设备在专业音乐制作、演出场馆、家庭娱乐等场景中广泛应用,凭借先进的音频技术和出色的声音还原能力,在市场上占据着重要地位。

③ 摩托车领域:生产各种类型的摩托车,如跑车、街车、巡航车等,性能优良、设计独特。像雅马哈的 YZF-R 系列摩托车,以强大的动力和优秀的操控性能,在摩托车爱好者中拥有很高的声誉。

④ 其他领域:雅马哈还涉足了信息技术、新媒体业务、家具、汽车配件、摩托艇、游艇、无人机、特种金属、音乐教育以及度假村等商业领域。

雅马哈公司的创新能力在世界范围内也是"顶流高手",一般企业难以望其项背。具体表现在如下三个方面。

① 跨领域创新能力:雅马哈的产品涉足众多领域,包括乐器、音响、电动车、摩托车、游泳池、无人机等,并且在这些不同领域都取得了显著

的创新成果。例如,在乐器领域,不断推出创新设计的钢琴、数码钢琴等产品,坐拥较高的市场占有率。

②技术融合创新:雅马哈善于将不同领域的技术进行融合,创造出独特的产品。比如将音乐技术与电子技术相结合,开发出具有创新性的电子乐器;在摩托车制造中,可能会融合材料科学、机械工程等多方面的技术,提升产品性能和竞争力。

③持续创新的历史:雅马哈有着悠久的历史,在过去的几十年甚至上百年中,持续不断地推出创新产品,适应市场变化和消费者需求。从传统乐器制造到现代科技产品领域的拓展,始终保持着创新的动力和活力,这种长期的创新坚持使其在多个行业中站稳脚跟,并不断发展壮大。

雅马哈创新文化的形成,得益于多方面因素,主要包括以下几点。

①创始人的影响:创始人山叶寅楠的创业精神、对技术的执着追求以及果断的行事风格,为雅马哈奠定了创新的基础。他从修理风琴开始,不断探索、学习,亲自制造出日本第一台国产风琴,并在面对挫折时坚持不懈,这种精神深深影响着公司的发展。他在风琴制造取得一定成绩后,又果断进军钢琴制造领域,带领雅马哈不断拓展业务边界。

②鼓励创新的理念和机制:雅马哈允许员工用 15% 的工作时间研究自己感兴趣的项目,这为员工提供了自由探索和创新的时间与空间,激发了员工的创新热情和创造力,使得各种新奇的想法和创意有机会得以实践和发展。雅马哈还建立有内部技术交流机制,比如各种技术论坛等,促进了不同部门和领域之间的技术分享与合作。各部门员工可以在此交流经验、分享知识,从而碰撞出创新的火花,有助于跨领域创新的实现。

③对技术研发的高度重视:雅马哈一直注重研发投入,拥有庞大的研发团队和先进的研发设施。无论是在乐器制造、音频设备,还是在摩

托车等其他领域,都不断投入资源进行新技术、新产品的研发。例如在乐器领域,不断探索新的材料、工艺和设计,以提升乐器的音质、性能和演奏体验;在摩托车领域,持续研发高性能的发动机、创新的变速技术以及轻量化材料等。大量的研发投入和资源保障,为雅马哈创新文化的形成提供了坚实的物质基础。

④多元化的业务领域:雅马哈的业务涉及乐器、摩托车、音频设备、电子设备等多个领域。这种多元化的业务布局,为创新提供了广阔的空间和丰富的素材。不同领域的技术、知识和经验可以相互借鉴、融合,催生出新的创新成果。例如,将乐器制造中的工艺和材料技术应用到摩托车零部件制造中,或者将电子技术应用于乐器的创新升级中等。

⑤以客户为中心的导向:雅马哈始终关注客户的需求和体验,致力于为客户提供高品质的产品和服务。为了满足客户不断变化的需求,公司积极推动创新,从产品的功能、性能、设计等方面进行改进和创新。

⑥员工的培养与激励:雅马哈注重培养员工的创新能力和专业素养,为员工提供各种培训和发展机会,鼓励员工不断学习和成长。同时,对于在创新方面有突出表现的员工给予相应的奖励和认可,进一步强化了员工的创新意识和积极性。

总之,面对激烈的市场竞争,雅马哈公司非常自信地聚精会神于跨领域的创新,并将持续的创新力打造成公司的核心竞争力和组织基因,加上其对客户一以贯之的忠诚,在产品品质上从来一丝不苟,所以才能够在众多领域走在竞争对手的前面。这是一家非常值得尊敬和学习的公司。

11 时间价值与时间管理

在时间意义上，无论贫富贵贱、种族肤色、地位高低，每个人每天都拥有相同的 24 小时，时间不会对任何人有所偏爱或歧视。富人不能购买更多的时间，穷人也无法出售自己的时间。所以说，从这个角度看，时间的分配是绝对公平的。

虽然人们在出身、资源等方面存在较大的差异，但长期来看，生活仿佛为每个人都提供了差不多的机遇窗口。在一定的时间段内，每个人都有可能遇到改变命运的机会。有些人可能抓住机会实现了自己的梦想，而有些人可能错过机会留下了遗憾。

资金的时间价值与复利

前面，我们在介绍经济学的部分，谈到了机会成本的概念，因为资金一旦投入某一项目，就失去了投资其他项目的机会。经济成本是跟时间有关系的，这是因为在同一个时点上，人们只能做一件事情。另外，在经济运行过程中，通货膨胀是普遍存在的现象，不管是良性的还是恶性的。通货膨胀意味着货币的购买力随时间下降，即同样数量的货币在未来能够购买的商品和服务会比现在少。而且,未来是不确定的,投资和经济活动都面临着各种风险。资金在不同时间点面临的风险程度不同,投资者通常要求对未来的风险进行补偿。在一个经济不断增长的环境中,社会财富不断增加,人们的收入水平和生活质量逐步提高,企业的盈利能力增强,投资回报率上升。从宏观经济角度看,随着经济的增长,社会对资金的需求也在增加。企业为了扩大生产规模、进行技术创新等需要筹集资金,愿意为使用资金支付一定的成本。这就使得资金在不同时间点具有不同的价值,现在的资金能够在经济增长的过程中发挥更大的作用,获得更多的收益,从而体现出时间价值。

资金的时间价值既是经济学的概念,也属于金融学的概念。在企业的投资决策中,资金的时间价值是一个核心考量因素。企业在评估不同项目时,需要考虑项目的现金流在不同时间点的价值。在金融市场中,各种金融资产的价格是由其未来现金流的现值决定的。资金的时间价值通过贴现率体现出来,影响着资产的定价。在投资组合的绩效评估中,资金的时间价值也是一个重要的考量因素。常用的绩效评估指标如夏普比率、特雷诺比率等,都考虑了资产的风险调整后收益,而风险调整的过程中涉及对资金时间价值的考虑。

正因为资金具有时间价值,所以才导致了复利的产生。爱因斯坦曾经这么形容,复利是世界第八大奇迹,威力比原子弹更大;巴菲特也称其为世界上伟大的发明之一,因为复利是人们积累财富的有力工具。

关于复利的威力,网上曾流传一个段子。问:每天多做 0.01 和每天少做 0.01,一年后会有什么差别?答案是,1.01 的 365 次方约等于 37.8,而 0.99 的 365 次方约等于 0.03。这个段子间接说明了复利的威力,每天看似微小的进步或退步,经过时间上的积分(长时间的复利作用),会导致巨大的差异,说明了持续积累和坚持的重要性。因为复利就是指数,一旦底数大于 1,呈现几何级数增长后,结果就会大相径庭。

复利的概念带给我们不少启发。首先，我们要学会长期投资思维。投资明显是具有复利效应的创富手段，特别是权益性长期投资，这是因为随着时间的推移，投资所产生的收益会不断加入本金继续产生收益。复利意味着，投资是一场长期的马拉松，而不是百米短跑，只有在时间（指数）较长的情况下回报才足够高。而投资者需要坚持长期投资的理念，一是要做好微观的基本面研究，二是要做好宏观的经济面、资金面、政策面的研究，不轻易出手，出手就要稳、准、狠。这些人一般不为短期市场波动所左右，往往选择具有稳定业绩和良好发展前景的优质资产进行投资，能够让复利充分发挥作用。长期投资不仅是持有资产的时间长，还包括持续不断地投入资金。就像"雪球理论"讲得那样，雪球越大，滚动时沾上的雪就越多，雪球也就变得更大。在投资中，随着本金的不断增加和时间的积累，复利效应会越来越明显。巴菲特的公司伯克希尔·哈撒韦公司就是长期投资的典范，复合年回报率超过25%，恰好在巴菲特94岁生日的这一天（2024年8月30日），以收盘价计算，该公司市值为1.01万亿美元，是美国"万亿美元俱乐部"中唯一一家非科技行业公司，全球市值排名第8，而2023年全球GDP超过万亿美元的国家仅有19个。

其次，要重视收益率的稳定性。虽然高收益率在短期内可能带来可观的回报，但是从长期来看，收益率的稳定性更为重要，这一点我们在"应对不确定性"一章中分析过。过高的收益率往往伴随着高风险，而市场的波动很可能导致高收益难以持续。相比之下，稳定的收益率虽然可能看似不起眼，但在复利的作用下，能够实现持续的财富增长。我们发现一个规律，越是资金量大的投资者，越是专业的投资者，往往对业绩稳健性的要求越高。根据MPT（现代投资组合理论）的建议，为了实现收益率的稳定性，投资者需要进行合理的资产配置。不同类型的资产在不同的市场环境下表现各异，通过将资金分散投资于股票、债券、房地产、黄金等多种品类,可以在一定程度上降低风险,提高整体收益率的稳定性。比如,在经济不景气时,股票市场表现往往欠佳,而债券和黄金等资产可能会相对稳定。

最后,要尽早开始投资。复利的一个重要特点是时间越长,效应越明显。因此,尽早开始投资可以让投资者充分利用时间的优势,获得更多的财富积累。对于爱财君们来说,尽早开始投资不仅可以为未来的生活目标(如购房、子女教育、养老等)提前做好准备,还能培养良好的理财习惯和投资意识。

时间管理要义

既然时间是如此重要的资源,而且其不可再生、不可替代、不可储存,并且它是最难杠杆化、最宝贵的资源,所以充分利用好时间,做好时间管理,提高工作的效率,就显得尤为重要。所谓时间管理,从本质上来说,是指借助一系列科学合理的方法、实用的技巧以及行之有效的策略,针对个人或者组织所拥有的时间资源进行全面而有效的规划、精心的安排以及精准的控制。其核心目的在于显著提高时间的利用效率,进而顺利达成既定的目标。无论是个人追求自我成长与梦想实现,还是组织期望在激烈的市场竞争中脱颖而出、实现可持续发展,良好的时间管理都犹如一把关键的钥匙,能够开启通往成功的大门。

时间管理的重要性不言而喻,下文我们将列举一下时间管理的作用和价值:

①实现目标。时间管理必须围绕一定的目标展开,通过合理安排时间,你可以投入更多的精力去实现自己的目标,从而取得更好的成绩

和成就,更好地规划自己的人生和职业发展。

②提高效率。合理的时间管理可以帮助你在有限的时间内完成更多的任务,提高工作和学习的效率。通过对时间的科学规划,你可以避免拖延、浪费时间和重复劳动,从而更加高效地完成各项任务。

③减轻压力、享受生活。当你能够有效地管理时间、利用时间时,你就会节约大量的时间用于阅读、社交、锻炼甚至娱乐,不再因为堆积如山的任务而感到焦虑和压力。有效的时间管理可以让我们更加轻松和自信,更容易享受工作和生活的乐趣。

接下来介绍一下时间管理的若干要点:

①设定明确的目标是时间管理的关键。你可以将自己的目标分为长期目标、中期目标和短期目标,在设定目标时,要遵守 SMART 原则,即 Specific(具体)、Measurable(可度量)、Attainable(可实现的)、Relevant(相关的)和 Time-Bound(设定时限)。

②制订一个可行的、详细的计划是时间管理的重要步骤。你可以将自己的任务和目标按照优先级和时间顺序进行排列,制订一个每日、每周或每月的计划。在制订计划时,要考虑到自己的实际情况和能力,合理安排时间,避免过度安排任务。

③将任务按照优先级进行排序,这是时间管理的重要技巧。你可以将任务分为重要紧急、重要不紧急、紧急不重要和不紧急不重要四个类别,并根据优先级进行处理。优先处理重要紧急的任务,避免把时间浪费在不重要的事情上。

④拖延是时间管理的大敌,它会导致任务堆积如山,增加压力和焦虑。为了避免拖延,你可以采取一些有效的方法,如设定截止日期、分解任务、奖励自己等。

⑤善于拒绝是时间管理的重要保障。生活中,好多人性格温和,不好意思拒绝别人。但是拒绝并不意味着对别人不好,而是对自己的目

标负责、对自己负责的表现。合理的拒绝并不一定会破坏人际关系,反而可以增强人际关系的健康度。当你学会拒绝时,你可以让他人了解你的原则和需求,从而建立更加平等、相互尊重的人际关系。如果总是不懂得拒绝,一味迎合他人,可能会让他人对你产生依赖,甚至不尊重你的感受和需求。当你面临过多的任务和请求时,你要学会拒绝那些不重要或不紧急的任务和请求,避免过度承担责任和压力。

⑥掌握时间管理的方法论和工具,如番茄工作法、时间矩阵法等,合理安排自己的工作和学习时间。同时,你也要注意休息和放松,避免过度劳累和压力,从而产生反噬。另外,互联网上有许多好用的时间管理App,有些是面向个人的,而有些是面向团队的,不妨下载来试用一下,或许对你的时间管理大有帮助。

案例研究

世界公认的时间管理大师

本杰明·富兰克林(Benjamin Franklin,1706—1790年),美国政治家、科学家、印刷商和出版商、作家、发明家,以及美国独立战争的重要领导人之一。富兰克林在时间管理方面堪称表率。

富兰克林制定了严格的时间表,每天的时间安排都非常紧凑且规律。例如,清晨5时至7时,他会起床、洗漱、祷告,规划一天的事务,读书、早餐,并思考"我这一天将做什么有意义的事情";上午8时至11时,专注于工作,切实执行订好的工作计划;12时至下午1时,读书或检查账目,然后吃午餐;下午2时至5时,继续完成未做完的工作,或仔细检查已完成的工作;晚上6时至9时,整理杂物,把用过的东西放置原处、晚餐、进行音乐和娱乐活动,同时做每天反省,思考"我今天做了什么有意义的事";夜间10时至凌晨4时,则是休息时间。他还一直坚持"富兰克林5小时原则",在每个工作日(周一到周五),富兰克林都会在工作之外空出1个小时进行阅读和学习,一周就有5小时,这被后来者称为"富兰克林5小时原则"。这个原则的核心在于"给日程留白",通过坚持利用这些时间进行学习,不断提升自己。尽管每天1小时的时间看似不多,但长期积累下来,便能够产生巨大的知识储备和能力提升。他嗜书如命,不断地输入知识并且学以致用,这不仅为他在多个领域取得成就奠定了基础,还为他带来了源源不断的机会和人脉。富兰克林认为人生成功的秘诀在于自我管理,包括自我品德管理和自我时间管理两个方面。

看透本质，看清趋势，熟谙人性

人文教育的重要性

"学好数理化，走遍天下都不怕"这句话在中国曾经非常流行，到笔者上中学的时候依然是这样。笔者小时候兴趣比较广泛，政治、语文、历史、地理的成绩都还不错，所以高二文理分科的时候，怀着报考北京大学的梦想选择了文科。然而上了一个学期之后，假期里遇到一个从事教育行业的亲戚，他一直劝我改学理科，原因是文科毕业后找不到工作，后来在父母的建议下便改弦更张了。

步入社会以后，我一有时间就读一些文学作品、哲学随笔等，后来我发现，原来事业的成功和人生的圆满并不是有了数理化就足够了的。记得曾经有个年轻人问我，如果只可以单选，那么哪个基础学科最重要。我想了半天，回想到大学的时候，老师天天教导我们，英文和计算机最重要。可是现在电脑已经成为标配的工具,英文固然重要,但是如果不做涉外业务,其实用到的地方也不是那么多。最后我给出的答案是语文!因为表达能力太重要了,这种广义的表达能力包括对话、演讲、游说、写文章、写报告,可以说,没有良好的表达能力、沟通能力,在职场上简直寸步难行。没想到,那个年轻人收到我的答复后竟然大为赞同。

学好文史哲

学习文史哲可以为我们理解和把握人性提供丰富的素材、深刻的思考和多元化的视角。通过与文学作品的情感触动、对历史事件的研究和对哲学理论的分析,我们能够更加全面、深入地认识人性的复杂性和多样性,从而更好地理解自己和他人,为个人的成长和社会的进步做出贡献。与前文的"学好数理化,走遍天下都不怕"相呼应,我认为,"学好文史哲,世事洞明人练达"。

(1)文学方面

文学作品通过塑造各种各样的人物形象,展现了人性的复杂性和多样性。从勇敢无畏的英雄到懦弱自私的小人,从忠贞不渝的爱人到背信弃义的叛徒,文学让我们看到了人性在不同情境下的表现。文学作品中的情节发展往往能够深入挖掘人性的内在动机和情感变化。通过主人公的经历和抉择,我们可以看到人性中的欲望、恐惧、爱与恨等情感是如何影响人的行为的。比如在《简·爱》中,简·爱的自尊自爱、对平等和真爱的追求,以及在面对困难和诱惑时的坚定信念,让我们深刻体会到人性中的美好品质和坚韧力量。文学能够触动读者的情感,使我们与作品中的人物产生共鸣。当我们阅读文学作品时,往往会被其中的人物所打动,仿佛自己也经历了他们的喜怒哀乐。这种情感共鸣有助于我们更好地理解人性的共通之处,体会到人类在面对相似情境时的情感反应和心理变化。例如,在阅读《活着》时,主人公福贵一生的坎坷遭遇会让读者深刻感受到生命的坚韧和人性的顽强。文学作品还能够引发我们对人性的深入思考。作家们常常通过作品提出关于人性的问题,如人性的善恶、道德的困境、人生的意义等。这些问题促使我们反思自己的行为和价值观,思考人性的本质和未来的发展方向。

(2)历史方面

历史是人类活动的记录,通过研究历史事件和人物,我们可以了解不同时代、不同文化背景下人性的表现。历史上的战争、政治斗争、社会变革等事件中,人们的行为往往反映了人性中的贪婪、权力欲或者勇敢、牺牲精神等。历史人物的生平事迹也是研究人性的宝贵资料。从伟大的领袖到普通的百姓,历史人物的成功与失败、美德与过错都为我们提供了关于人性的生动案例。通过研究历史,我们可以看到人性在不同社会制度、文化环境和科技发展阶段的变化。例如,在古代社会,封建等级制度下人性可能更多地表现出顺从和保守;而在现代社会,民主自由的氛围中人性则更加注重个人权利和自我实现。历史还可以帮助我们预测人性的未来发展趋势。通过分析过去人性的变化规律,我们可以对未来社会中人性的走向有一定的预判,从而更好地应对可能出现的问题。例如,随着科技的飞速发展,人工智能对人性的影响成为一个备受关注的问题,通过研究历史上科技进步对人性的影响,我们可以为应对未来的挑战提供借鉴。

(3)哲学方面

哲学对人性进行了深刻的思考和分析,试图揭示人性的本质。哲学家们从不同的角度探讨人性的定义、特征和价值。例如,孟子主张人性本善,认为人天生具有善良的本性;而荀子则认为人性本恶,需要通过教育和道德规范来约束人性。哲学的思考帮助我们从理论层面深入理解人性的内涵和外延。哲学还探讨了人性与道德、伦理、自由、幸福等重要概念的关系。通过对这些问题的研究,我们可以更好地理解人性在道德和价值层面的表现,以及如何通过追求道德和伦理的完善来实现人性的升华。例如,康德的道德哲学强调人的自律和道德责任,认为人性的尊严在于遵守道德法则。哲学提供了一系列思考人性的方法和工具,如逻辑分析、辩证思考、批判性思维等。这些方法帮助我们更加理性地分析人性的问题,避免片面和主观的判断。例如,通过辩证思考,我们可以认识到人性中的矛盾和对立统一关系,如善与恶、自由与责任、个体与集体等。哲学还构建了不同的理论框架和思想体系,为我们理解人性提供了多元化的视角。例如,存在主义哲学关注人的存在意义和自由选择,强调人性的自主性和创造性;功利主义哲学则以大多数人的最大幸福为目标,探讨人性在追求利益和幸福方面的表现。这些不同的哲学观点丰富了我们对人性的认识,使我们能够从多个角度去思考和把握人性。

透过现象看本质

电影《教父》中有这样一句经典的台词,"花一秒钟就看透事物本质的人,和花半辈子都看不清的人,注定是截然不同的命运"。朱熹有诗曰,"问渠哪得清如许,为有源头活水来"。遇到问题时,如果只看到表面现象,往往会采取治标不治本的方法,可能导致问题反复出现。生活中，人们常常用"冰山一角"来提醒我们所看到的往往只是事物的一小部分，在面对问题、现象或他人的行为时，不能仅仅依据眼前的表象就轻易下结论。轻易断言某些问题、现象或他人的行为就如同只看到冰山露出水面的那一角，而忽略了隐藏在水下的巨大的部分，可能会导致片面的认识和错误的判断。我们需要更加深入地去探索、去思考，挖掘表象背后的本质和真相，而看透本质能让你直击问题的根源，从根本上解决问题。在投资中，如果能看透市场趋势和项目的真实价值，比如股价的走高到底是由标的的基本面改善推动的还是由市场资金面好转推动的，就能做出明智的投资和选择。在信息爆炸的时代，各种虚假信息和误导性言论层出不穷。只有看透事物的本质，才能不被表面的包装和宣传所迷惑。总之，学会透过现象看本质，就更容易在复杂的环境中发现潜在的机遇，对风险有清晰的认识。

哲学培养人的批判性思维，鼓励对各种观点和假设进行质疑和批判。在学习哲学的过程中，可以接触到不同哲学家的思想和理论，他们往往对同一问题有着不同的看法。通过分析和比较这些不同的观点，可以学会从多个角度看待问题，不轻易接受表面的解释。批判性思维可以帮助你在日常生活中不被虚假信息和表面现象所迷惑，更准确地把握事物的本质。哲学注重逻辑推理和论证，学习哲学可以接触到各种逻辑分析方法和推理技巧，如演绎推理、归纳推理、辩证思维等。通过学习和运用这些方法，可以更有条理地分析问题，从已知的信息中推导出更深入的结论。逻辑推理能力的提高可以帮助你更清晰地看到事物之间的因果关系和内在联系，从而更好地理解事物的本质。哲学涵盖了人类对世界的各种思考和探索，包括宇宙的本质、精神与物质、人类认识世界的方法和过程、道德和价值等。不同的哲学思想往往从不同的角度看待世界和人类的存在，通过学习这些思想，可以获得更多的思考工具和视角，从而更全面地理解事物的本质。哲学常常涉及抽象的概念和理论，学习哲学可以锻炼我们的抽象思维能力，从具体的现象中抽象出普遍的规律和本质。抽象思维能力可以帮助我们看到事物背后的一般性原则和模式，从而更深入地理解事物的本质。学习哲学可以不断反思自己的思想、信念和行为，从而更好地了解自己的认知局限和偏见。通过自我反思，我们可以更加客观地看待事物，避免受到个人情感和偏见的影响。例如，当你对一个问题有强烈的观点时，你可以反思自己的观点背后的假设和动机，从而更理性地分析问题和把握事物的本质。

趋势推演靠历史

趋势是一个广泛使用的概念，是指事物或局势发展的动向。在金融交易市场中，趋势特指市场运动的方向，包括上升趋势和下降趋势，而震荡通常不被归类为趋势。比如，在股票市场中，人们观察到股价倾向于以趋势运动，交易量跟随趋势，一轮趋势一旦确立后，就倾向于继续起作用。趋势总是朝着市场阻力最小的方向运行，这意味着市场中的买卖双方力量对比决定了趋势的方向。此外，趋势具有延续性，趋势一旦形成，往往会持续一段时间。在金融市场中，趋势分析是技术分析的重要组成部分。许多投资大师推崇趋势跟踪策略，即顺应市场趋势进行买卖操作。这种策略认为，市场有很高的概率往某个特定方向移动一段时间，因此跟随趋势进行交易可以提高成功率。趋势不是静止不变的，而是处于动态的变化之中，它反映了事物在一段时间内的运动方向。在科技行业，技术的发展趋势也是动态的，新的技术不断涌现，旧的技术可能逐渐被淘汰。趋势具有明确的方向，可以上升、下降或保持平稳,在不同的领域,趋势的方向可能表现为不同的形式。趋势一旦形成,就会在一定时间内持续存在,这是因为趋势的形成是多种因素共同作用的结果,而这些因素在一段时间内具有相对稳定性。例如,全球气候变化的趋势是由长期的人类活动和自然因素共同作用形成的,短期内难以改变。虽然趋势的具体发展过程可能存在不确定性,但在一定程度上是可以预测的,通过对历史数据的分析、对当前形势的判断以及对未来因素的考虑,可以对趋势的发展方向和大致程度进行预测。经济学家通过对经济数据的分析和对宏观经济形势的判断,可以预测未来经济的增长趋势。我们还要看到,趋势的形成是多种因素共同作用的结果,这些因素包括经济、政治、社会、技术、自然等方面。不同因素之间相互影响、相互制约,共同决定了趋势的发展方向和程度。像经济全球化的趋势是由国际贸易、跨国投资、信息技术发展等多种因素共同推动的。

看清趋势对我们的投资活动有重大帮助,它能够为投资者提供宝贵的市场信息和预测依据,帮助投资者做出更明智的投资决策。了解市场、行业或特定资产的趋势,可以帮助投资者制定更合理的投资策略。趋势分析可以揭示市场的未来走向,使投资者能够顺应市场趋势进行布局,提高投资成功率。通过识别潜在的不利趋势,投资者可以提前采取规避措施,减少投资风险。例如,在经济衰退期预见到某些行业的下滑趋势,从而避免在这些行业进行过多投资。看清趋势还能帮助投资者捕捉到投资机会。在趋势形成初期,往往伴随着资产价格的低估或高增长潜力,投资者可以及时介入,享受趋势带来的收益。了解不同资产类别的趋势,有助于投资者优化资产配置。投资者可以根据市场趋势调整各类资产的比例,以达到风险与收益的最佳平衡。趋势分析提供了基于历史和当前数据的预测,使投资者的决策更加有据可依,减少了盲目性和主观性,提高了投资决策的准确性。

历史是对过去发生的事件、活动、思想以及人类社会发展进程的记录、研究和阐释,是循着时间轴来观察、研究、分析事物运动的一门学科。任何一门学科、一个行业都有专属于自己的历史,研究自己学科和行业的历史有助于加深对其发展趋势的把握。古人曾说:"以铜为镜,可以正衣冠;以古为镜,可以知兴替;以人为镜,可以明得失。"历史是人类经验的宝库,通过学习历史,我们可以了解到过去各个时期、各个领域发生的重大事件和发展历程,这些事件和历程中蕴含着无数的成功经验和失败教训。例如,研究历史上的经济危机,我们可以看到危机的起因、发展过程以及各国采取的应对措施和效果。从中我们能够认识到经济发展中的潜在风险因素,如过度投机、债务危机等,从而在当前的经济形势下更加警惕类似问题的出现,有助于我们看清经济发展的趋势,提前做好防范措施。历史的发展往往具有一定的规律性。通过对不同历史时期社会、政治、经济、文化等方面的演变进行分析,我们可以发现一些反复出现的模式和趋势。比如,从历史上不同国家的兴衰更替中,我们可以观察到国家的发展往往与科技创新、教育水平、政治制度、国际环境等因素密切相关。了解这些规律,有助于我们在当今复杂多变的世界中更好地把握社会发展的大趋势。例如,认识到科技创新对国家竞争力的关键作用,我们就能更加重视科技研发和人才培养,顺应时代发展的趋势。历史涵盖了漫长的时间跨度和广阔的地域范围,学习历史可以让我们跳出当下的局限,以更长远的眼光和更广阔的大局观来看待问题。当我们只关注眼前的事物时,很容易被短期的波动和现象所迷惑,而历史则为我们提供了一个更宏大的视角。例如,在看待国际关系时,了解历史上各国之间的冲突与合作、联盟与对抗,可以让我们更好地理解当前国际形势的复杂性和动态变化,预测未来国际关系的发展趋势。历史是人类行为的记录,通过学习历史,我们可以深入了解人类的欲望、动机、恐惧和价值观。人性在不同的历史时期和环境下虽然会有表现形式的差异,但在很多方面仍具有一定的稳定性。理解人性有助于我们分析人们在面对各种情况时的反应和决策,从而更好地预测社会趋势。例如,在经济领域,了解投资者的贪婪和恐惧心理在历史上对市场的影响,可以帮助我们在当前的金融市场中更好地理解市场情绪的变化,把握投资趋势。历史上充满了各种创新和变革,学习历史可以让我们看到不同时期的人们是如何应对挑战、创造新的解决方案的。从古代的发明创造到近代的工业革命,再到现代的科技创新,这些历史事件都可以激发我们的创新思维,让我们在面对新的趋势和变化时更加从容和有创造力。例如,研究历史上的技术创新如何改变社会和经济结构,可以启发我们思考当前新兴技术可能带来的影响和机遇,提前做好准备,积极应对变化。

不变的是人性

我们经常说,投资看上去是金钱的游戏,其实是风险的权衡,其实是认知的变现,本质上却是对人性的拿捏。那么人性又是什么呢?人性是指人类生而为人的本性,是心灵深处最本质的特质和行为方式。弗洛伊德的"自我、本我、超我"理论为我们理解人性提供了一个重要的视角。本我代表着人最原始的本能和欲望,如饥饿、口渴、性欲等。这体现了人性中生物性的一面。在某些情况下,当本我占据主导时,人的行为可能会表现出自私、贪婪和冲动。比如在资源极度匮乏时,为了满足生存需求,可能会出现抢夺食物等行为,这反映了人性在本能驱动下的自我保护和追求满足的特点。然而,本我并非人性的全部,它只是人性的基础层面。自我是在现实环境中由本我发展而来的,它是在考虑现实情况的基础上满足本我的需求。自我在人性中起到了平衡和调节的作用：一方面，自我要满足本我的欲望，这反映了人性中对快乐和满足的追求；另一方面，自我又要考虑到现实的规则和道德约束，不能任由本我肆意妄为。超我代表着道德、良心和理想，是人性中高尚的一面。超我对本我和自我进行监督和约束，促使人们做出符合道德规范的行为。当超我发挥作用时，人性会表现出善良、宽容、奉献等美好品质。比如，有人在看到他人遇到困难时，会出于同情心和责任感主动伸出援手，这就是超我在引导人性向积极的方向发展。超我使得人性不仅局限于满足个人的欲望，还能够考虑到他人的利益和社会的整体利益。

笔者非常喜欢一句话：把自己当作是别人，叫作"无我"；把别人当作是自己，叫作"慈悲"；把别人当作是别人，叫作"智慧"；把自己当作是自己，叫作"自在"。比如在感到痛苦忧伤的时候，就把自己当成别人，降低自我意识，不要顾影自怜，那么痛苦就自然减轻了。把别人当自己就是具有同理心，可以让个人真正地同情别人的不幸、理解别人的需求，并且在别人需要的时候，给予恰当的帮助、理解和包容。当我们能够把别人当别人时，就意味着我们承认并尊重每个人的独立性、独特性和自主性，我们不强行干涉他人的生活、选择和决定。只有当我们真正做到把别人当别人，才能更好地回归到把自己当自己的自在状态，在相互尊重的基础上，各自追寻属于自己的人生价值和幸福。把自己当自己，就是为自己而活。每个人都是独一无二的，我们不要把自己复制成别人，更不要拿别人的标准来衡量自己。

人性是一个充满矛盾和奥秘的领域，它让我们感慨万千，也促使我们不断去探索和思考如何更好地理解和塑造人性。人性中既有善良、慈悲、宽容等美好的一面，又有贪婪、自私、嫉妒等不那么光彩的一面。我们感慨于人性的光辉在关键时刻的闪耀，比如在灾难面前，无数人挺身而出,奉献自己的力量,展现出无私的爱和勇气。那些义无反顾的志愿者、舍生忘死的救援人员,他们的行为让我们看到了人性中最温暖的底色,让我们相信人间自有真情在。然而,我们也常常为人性的弱点而叹息。"世事短如春梦,人情薄似秋云""贫居闹市无人问,富在深山有远亲"等诗句就是感慨于人性中功利的一面。贪婪可能导致人们不择手段地追求财富和权力,自私可能使人们在利益面前不顾他人的感受,嫉妒则可能破坏人与人之间的关系。当我们看到因为利益冲突而引发的争斗、因为嫉妒而产生的恶意时,不禁会对人性的脆弱感到无奈。人性的复杂还体现在它的多变性上,一个人在不同的情境下可能表现出截然不同的性格特点。迈克尔·柯林斯(Michael Collins,1890—1922年)说,"在成功时,朋友会认识我们;在患难时,我们会认识朋友"。有时候,我们会对自己或他人的行为感到困惑,不明白为什么同一个人在某些时候可以如此善良,而在另一些时候又会变得自私自利。这种不确定性让我们对人性的理解更加困难,也让我们在与人相处时充满了挑战。尽管人性有其弱点和复杂性,但我们依然可以对它抱有希望,就像威廉·莎士比亚(William Shakespeare,1564—1616年)所说,不论境遇如何,都要"爱所有人,信任少数人,不负任何人"。我们每一个人都具备选择展现人性中美好一面的能力,正是因为在漫长的历史长河中,无数仁人志士始终致力于不懈地追求真、善、美,才使得我们生活的这个世界变得如此高度文明、这般精致美好。

在人生的漫长旅程中,我们都渴望成长,渴望变得更加优秀、更加智慧、更加成功。然而,当我们深入思考成长的本质时,会发现一个深刻的道理:所有的成长都是逆人性的。人性,总是倾向于舒适、安逸和稳定。我们喜欢待在熟悉的环境中,遵循着已有的习惯和模式,享受着当下的快乐和满足。这种本性让我们在面对困难和挑战时,本能地选择逃避和退缩。但是,成长恰恰需要我们走出舒适区,去挑战那些我们担心和恐惧的事情,去克服那些阻碍我们前进的弱点。成长意味着与懒惰作斗争,而懒惰则是人性中十分常见的弱点之一。篮球巨星科比·布莱恩特(Kobe Bryant,1978—2020年)每天凌晨四点便起床训练,在别人还沉浸在梦乡时,他已经在球场上挥汗如雨了。他战胜了自己的懒惰,不断磨砺自己的球技,才成就了一代传奇。成长意味着战胜恐惧,而恐惧是人类对未知事物的本能反应。我们害怕失败,害怕被拒绝,害怕改变带来的不确定性。但是,成长往往伴随着风险和挑战,我们必须勇敢地去面对。史蒂夫·乔布斯被自己创立的公司驱逐,然而他没有沮丧、没有恐惧,而是令人意想不到地创立了皮克斯动画工作室和 NeXT 公司,成功后又被请回苹果,接着带领苹果走向新的辉煌。他敢于挑战未知,克服内心的恐惧,实现了人生的重大成长。成长意味着抵制即时满足的诱惑。人性追求即时的快乐和满足,我们喜欢享受美食、玩游戏、刷视频等带来的短暂愉悦感。然而,成长是一个长期的过程,需要我们学会延迟满足。科学家屠呦呦在研究青蒿素的过程中,历经无数次失败,耗费了大量的时间和精力。但她没有被眼前的困难和诱惑所动摇,而是坚持了几十年,最终成功发现了青蒿素,为全球疟疾防治做出了巨大贡献。成长还意味着接受批评和失败。我们的本性往往不喜欢被批评,失败更是让人感到痛苦和沮丧。但是,批评和失败是成长的必经之路。托马斯·阿尔瓦·爱迪生(Thomas Alva Edison,1847—1931年)在发明电灯的过程中,经历了上千次的失败,但他始终没有放弃,不断从失败中吸取教训,最终成功发明了电灯。他能够虚心接受失败,把每一次失败都当作成长的机会。所有的成长都是逆人性的,因为它要求我们不断地挑战自己、突破自己的极限。成长的过程是痛苦的,但正是这种痛苦让我们变得更加优秀。当我们回首往事时,会发现那些曾经让我们痛苦不堪的挑战和困难,正是我们成长的阶梯。

投资即人性

在投资活动或其他业务中,我们要充分认识人性的规律,尊重人性,并努力克服自己团队中的人性弱点,了解贪婪和恐惧是投资中常见的人性弱点。贪婪可能导致投资者在市场高点时过度追涨,期望获取更高的收益,而忽视了潜在的风险;恐惧则可能使投资者在市场低点时过度抛售。此外,我们还应认识到从众心理在投资中的影响。人们往往倾向于跟随大众的行为,而忽视了自己的独立思考和分析。当大多数人在买入某一资产时,投资者可能会受到影响而跟风买入,即使该资产的价格已经被高估。在房地产市场火爆时,很多人可能会因为从众心理而盲目投资房产,而没有考虑自己的实际需求和财务状况。我们还要意识到短视和急躁是人性中的弱点之一。投资者可能过于关注短期的市场波动,而忽视了长期的投资目标。他们可能会频繁地买卖资产,试图抓住每一个短期的市场机会,而这种频繁交易往往会导致交易成本增加和投资绩效下降。

有一个大家普遍不太注意的事项,就是侥幸心理。侥幸心理是指人们在面对不确定的情况时,为了获得某种好处或避免某种不利后果,而产生的一种不合理的、寄希望于偶然因素的心理状态。无论业务决策也好,投资决策也好,都是风险事件。所谓侥幸心理,本质上是贪婪,是贪图小概率事件的收益而罔顾风险的愚蠢行为,是非常不理智的行为。

我们必须要尊重人性,认识到在投资过程中情绪波动是正常的,不要过分压抑或否定自己的情绪。当市场出现波动时,投资者可能会感到焦虑、紧张或兴奋等情绪,这是人性的一部分。同时,要学会观察自己的情绪变化,避免情绪对投资决策产生过大的影响。尊重自己的风险承受能力和投资目标,设定合理的投资计划。不同的人有不同的风险承受能力和投资目标,因此需要根据自己的情况来制定适合自己的投资策略。投资是一个复杂的领域,需要不断学习和更新知识,以适应市场的变化。同时,要保持谦虚的态度,认识到自己的不足,不断改进自己的投资方法。

我们还要努力克服人性中的弱点。一个成熟、专业的投资人要制定严格的投资纪律,如设定止损点和止盈点,避免贪婪和恐惧的影响。当资产价格达到止损点时,果断卖出,以控制损失;当资产价格达到止盈点时,及时卖出,锁定收益。培养独立思考和分析的能力,不盲目跟风从众。在投资决策前,要对市场进行深入的研究和分析,了解资产的基本面和价值,做出理性的投资决策。可以通过阅读财务报表、分析行业趋势、关注宏观经济等方式来提高自己的分析能力。同时,要保持客观的态度,不受他人意见的影响。投资是一个长期的过程,需要有耐心和定力,不要被短期的市场波动所左右,要关注资产的长期价值和增长潜力。

案例研究

马斯克与第一性原理

埃隆·里夫·马斯克(Elon Reeve Musk)于1971年出生在南非的比勒陀利亚。他是一位极具影响力的企业家和科技先驱,在多个领域均取得了傲视全球的成就。他毕业于宾夕法尼亚大学,拥有经济学和物理学双学位。

他先后创立了 4 家公司,PayPal 前身 X.com、特斯拉、SpaceX、太阳城,每一家都大名鼎鼎。

马斯克以其在科技和商业领域的卓越成就和创新精神,对全球的科技创新和产业格局产生了深远的影响。在电动汽车领域,特斯拉的成功引领了行业变革,让电动汽车得到广泛关注和跨越式发展。在太空探索方面,SpaceX 的成就降低了太空探索的成本和门槛,为人类未来的太空探索奠定了基础。

截至 2024 年 9 月 9 日上午,彭博亿万富翁实时指数显示,马斯克的个人财富已达到 2 370 亿美元。

马斯克的创新思维和敢于冒险的精神,成为全球创业者的榜样,其第一性原理的思维方式也成为企业家和创业者们争相学习的热点。

第一性原理是指回归事物最基本的条件,将其拆分成各要素进行解构分析,从而找到实现目标的最优路径的思维方式。从本质上讲,第一性原理强调从最基础的事实出发,不依赖类比或经验推断。比如在物理学中,它指的是从基本的物理定律出发去理解和解释各种现象。在商业和创新领域,它促使人们抛开现有的观念和模式,直接从问题的本质去思考解决方案。

第一性原理在马斯克的商业决策中有着广泛且深入的应用,以下是一些具体的案例。

(1)SpaceX 的火箭制造

重新审视成本结构:传统的航天领域,火箭发射成本极高,且火箭被视为一次性使用的工具。马斯克运用第一性原理,对火箭的成本进行拆解分析,发现火箭的材料成本其实并不高,其高昂的价格主要源于复杂的设计、制造流程以及低效率的生产方式。他了解到造火箭的材料无非是航天级别的铝合金、金属钛、铜、碳纤维等,这些材料的市场报价远低于火箭的成品价格。于是,他决定从降低材料成本、优化制造流程等方面入手,降低制造火箭的整体成本。

推动可回收技术:在传统思维下,火箭发射后就会被丢弃,从未有人想过回收火箭并重复使用。但马斯克认为,从物理学原理的角度出发,只要技术可行,回收火箭并重复使用是完全符合逻辑的,并且能够极大地降低发射成本。因此,他投入大量资源研发火箭回收技术,使SpaceX 的猎鹰 9 号火箭能够实现一级火箭的回收和重复使用,大幅降低了发射成本,也改变了航天发射的商业模式。

自主生产与供应链优化:传统的航天产业供应链复杂,存在多层转包的情况,导致成本增加、效率低下。马斯克打破了这种传统模式,让SpaceX 尽可能自主生产火箭的大部分零部件,减少对外部供应商的依赖。例如,原本外包定制一个发动机的气门报价高达 25 万美元,且交付时间长,而 SpaceX 自己生产,不仅成本大幅降低,交付时间也大大缩短。

(2)特斯拉的电动汽车业务

电池成本的突破:电动汽车发展的"瓶颈"之一是电池成本高昂。当时市场上储能电池的价格约为每千瓦时 600 美元,且短期内难以降低。马斯克没有接受这一现状,而是从第一性原理出发,分析电池的组成材料,如钴、镍、铝、碳等,计算这些原材料的市场价格。他发现如果直接购买原材料并自己组合成电池,成本可以大幅降低至每千瓦时 80 美元左右。基于此,特斯拉通过研发新的电池技术、优化电池生产工艺等方式,不断降低电池成本,提高电动汽车的续航里程和性能,推动了电动汽车的商业化进程。

汽车设计与制造的创新：在汽车设计和制造方面，马斯克不满足于传统汽车的设计理念和生产方式。他从汽车的本质功能出发，思考如何让汽车设计和制造更高效、更安全、更智能。例如，特斯拉采用一体化压铸技术，将多个零部件集成一体进行压铸，减少了零部件数量和生产工序，提高了生产效率和车身强度；同时，特斯拉在汽车的电子系统、自动驾驶技术等方面不断创新，为用户提供了全新的驾驶体验。

(3)特斯拉皮卡Cybertruck的决策

材料的重新选择：在设计电动皮卡Cybertruck时，特斯拉团队最初以传统皮卡为参照进行设计，但始终无法得到满意的方案。于是马斯克将注意力转移到更基础的问题上，运用第一性原理思考应该用什么材料打造皮卡车车身。团队最初考虑过铝、钛等材料，但马斯克对用富有光泽的不锈钢产生了兴趣。经过对材料的反复研究，马斯克发现不锈钢车身不需要喷漆，而且可以承担车辆的一些结构性负荷，不仅耐用，还能降低成本。最终，特斯拉决定使用不锈钢制造皮卡，这一创新的设计打破了传统皮卡的材料选择模式。

(4)布局星链计划

通信网络的全新构建：传统的通信网络主要依赖地面基站和通信卫星，但存在覆盖范围有限、信号延迟等问题。马斯克从通信的本质需求出发，认为可以通过发射大量的低轨道卫星，构建一个全球覆盖、高速率、低延迟的通信网络。于是，他启动了星链计划，计划发射数万颗卫星组成卫星星座，为全球用户提供高速互联网服务。这种大胆的设想和创新的布局，突破了传统通信网络的限制，为全球通信领域带来了新的发展机遇。

13 创造家庭盈余

家庭盈余的概念

什么是家庭盈余？简单来说，就是一个家庭在一定时期内（通常是一年）收入超过支出的部分。就像一个小金库，可以用来储蓄、投资，或者用于未来的大额支出，比如购房、买车、子女教育等。家庭盈余非常重要，因为它是家庭财务安全的保障，可以应对失业、生病等突发事件，可以帮助家庭实现购房、买车、子女教育等长期财务目标。更重要的是，将盈余部分进行投资（形成资本），可以获得更高的回报，实现人生的财富计划。

家庭成员的收入和投资收益都可以增加家庭收入，提高家庭盈余，而不好的消费习惯和疾病、失业等突发事件则会减少家庭盈余。长期积累的家庭盈余可以成为家庭财富的重要组成部分，为家庭的未来发展和传承奠定基础。

家庭预算管理

像一个公司要做预算管理一样，精打细算的家庭也应该做好家庭预算，以便更好地管理家庭财务、实现家庭幸福的目标。以下是家庭预算管理的操作步骤。

第一步，明确财务目标。

短期目标：确定短期财务目标，如储蓄一定金额用于购买新电器、还清信用卡欠款、筹备家庭旅行等。这些目标通常在几个月到一年内可以实现，比如买台电脑之类的。然后，为每个短期目标设定具体的金额和时间期限，以便更好地规划预算。将短期目标分解为每月或每周的储蓄或支出计划，确保有足够的资金来实现这些目标。

中期目标：考虑中期财务目标，如购买汽车、装修房屋、为子女教育储备资金等。这些目标可能需要一到五年的时间来实现。因此，我们要评估实现中期目标所需要的资金，并制订相应的储蓄和投资计划。可以考虑每月定期储蓄一定金额，或者通过投资理财产品来增加资金积累。同时，要考虑可能的支出变化，如汽车贷款、装修费用等，合理安排预算。

长期目标：设定长期财务目标，如退休规划、子女大学教育、购买房产等。这些目标通常需要五年以上的时间来实现。因此，我们要计算实现长期目标所需要的资金，并制订长期的储蓄和投资策略。可以考虑定期定额投资、购买养老保险等方式，为长期目标做好准备。同时，要关注通货膨胀等因素对资金的影响，确保目标的实现。

第二步，记录收入和支出。

收入来源：列出家庭的所有收入来源，包括工资、奖金、兼职收入、投资收益、租金收入等。明确每个收入来源的金额和频率，以便准确计算家庭的总收入。定期检查收入来源的稳定性和增长潜力。如果有收入不稳定的情况，可以考虑增加其他收入来源或者提高自身的职业技能，以增加收入。

支出分类：将家庭支出分为固定支出和可变支出。固定支出包括房租、房贷、水电费、保险费等，这些支出通常每月金额相对固定。可变支出包括食品、服装、娱乐、交通等，这些支出的金额可能会有所波动。记录每一笔支出，包括支出的金额、时间、用途等信息。

第三步，制订预算计划。

分配收入：根据财务目标和支出分类，合理分配家庭收入。首先，确保满足固定支出的需求，然后根据剩余收入制订可变支出和储蓄计划。为每个支出类别设定预算上限，避免超支。在制订预算时，可以参考过去的支出记录，合理估计每个类别的支出金额。同时，要考虑可能的意外支出和特殊情况，预留一定的弹性空间。

控制支出：审查可变支出，寻找可以削减的项目。通过合理控制支出，可以增加家庭的储蓄金额。避免冲动消费和不必要的购物。在购买商品或服务之前，要考虑是否真正需要，比较不同品牌和商家的价格，选择性价比高的产品。可以制定购物清单，避免在超市或商场中盲目购买。

增加收入：考虑增加家庭收入的方法，如寻找兼职工作、提高职业技能以获得加薪、开展副业等。增加收入可以帮助家庭更快地实现财务目标，同时也可以提高家庭的财务稳定性。如果家庭有闲置的房间或物品，可以考虑将其出租或出售，获得额外的收入。

第四步，定期评估和调整。

每月审查：每月末审查家庭预算的执行情况，比较实际支出与预算的差异。分析超支的原因，并采取相应的措施进行调整。检查储蓄目标的完成情况，如果没有达到预期目标，可以考虑调整支出计划或者寻找增加收入的方法。同时，要关注家庭的财务变化状况，如收入增加、支出减少等，及时调整预算计划。

季度评估：每季度对家庭预算进行全面评估，回顾过去几个月的财务状况和预算执行情况。分析预算计划的合理性和有效性，是否需要进行调整。例如，如果家庭的支出结构发生了变化，可以重新调整支出分类和预算上限。根据季度评估的结果，对未来几个月的预算计划进行调整，如调整财务目标、增加储蓄金额、调整投资策略等。同时，要关注市场变化和经济形势，及时调整家庭预算以适应外部环境的变化。

年度总结：每年末对家庭预算进行年度总结，评估全年的财务状况和预算执行情况，总结经验教训，为下一年度的预算制订提供参考。例如，分析哪些支出项目控制得较好，哪些项目需要进一步调整；评估投资收益是否达到预期目标，是否需要调整投资组合。根据年度总结的结果，制订下一年度的财务目标和预算计划。可以考虑提高储蓄目标、增加投资金额、调整支出结构等。同时，要对家庭的财务状况进行全面评估，包括资产、负债、收入、支出等方面，确保家庭财务的健康和稳定。

秉义理财

时代变迁，社会经济环境不同，合理的理财可以帮助我们积累财富，为子女教育、养老、医疗等提供保障，提高生活质量。如果仍然秉持"君子不言利"的观念，就会错过许多增长财富的机会，使自己在经济上处于被动地位。因此,拥有财富本身就是对自己、对家人、对亲朋好友负责任的体现。义与利本就不是绝对的对立关系,因此这里创新地提出"秉义理财"的理念,鼓励爱财君们大胆地追求财富,尽快实现财富自由!

中国传统观念中"君子不言利"的思想长期压抑着人们追求财富的欲望,而"秉义理财"则鼓励人们大胆追求财富,这是对传统财富观念的一种突破。"秉义理财"将"义"与理财相结合,强调在理财过程中不仅要追求财富增长,还要秉持正义、坚守道德等原则,为理财赋予了新的价值内涵,在关注收益和风险的同时,不忘社会责任和道德规范。这种融合为理财提供了一种新的思考角度和行为模式,有助于人们在理财过程中实现经济效益与社会效益的平衡。"秉义理财"不仅仅是一个口号,它还可以引导人们在实际理财行为中做出更理性、更负责任的决策。

家庭理财

最后,关于家庭理财,也有如下几个步骤。

第一步,制订理财目标。

与家庭预算管理的第一步有些相似,此处不再赘述。

第二步,评估家庭财务状况。

资产盘点:包括现金、存款、房产、车辆、投资等。例如,统计家庭的银行存款余额、房产的市场价值、股票基金的市值等。

负债梳理:如房贷、车贷、信用卡欠款等。明确负债的金额、利率和还款期限。例如,计算每月的房贷还款金额和剩余还款期限。

收入分析:包括工资收入、奖金、兼职收入、投资收益等。了解家庭的收入来源和稳定性。例如,计算每月的平均收入和收入的波动情况。

支出核算：分为固定支出（如房贷、水电费等）和可变支出（如食品、娱乐等）。记录每月的支出情况，分析支出结构。例如，统计每月在食品、服装、交通等方面的支出金额。

第三步，制订理财规划。

现金规划：预留一定的应急资金，通常为三到六个月的家庭支出。可以以活期存款、货币基金等形式存放。例如，保留足够的资金在活期账户中，以应对突发的医疗费用或家庭维修支出。

消费规划：制订合理的消费预算，控制不必要的消费。可以通过记账、制定购物清单等方式来实现。例如，每月设定一个食品支出的预算上限，避免过度消费。

债务管理：合理安排负债，降低债务成本。对于高利率的债务，如信用卡欠款，应尽快还清。对于房贷、车贷等长期债务，可以考虑提前还款或调整还款方式。例如，通过调整房贷的还款期限，减少利息支出。

投资规划：根据家庭的风险承受能力和理财目标，选择合适的投资产品。投资产品包括股票、基金、债券、房产、保险等。例如，对于风险承受能力较低的家庭，可以选择债券基金、银行理财产品等较为稳健的投资产品；对于风险承受能力较高的家庭，可以适当配置基金、股票等风险较高但收益也相对较高的投资产品。

保险规划：为家庭提供风险保障，防止因意外事件导致家庭财务陷入困境。保险产品包括人寿保险、健康保险、财产保险等。例如，购买重大疾病保险，以应对家庭成员突发重大疾病的风险；购买车险，保障车辆的安全。

第四步，实施理财计划。

严格执行预算：按照制订的消费预算和理财规划，控制支出，合理安排资金。例如，每月根据预算计划进行消费，避免超支。

定期投资：根据投资规划，定期投入资金进行投资。可以选择每月定额投资基金、定期购买股票等方式。例如，每月从工资中拿出一定比例的资金投资于股票、基金。

持续学习：关注财经新闻和理财知识，不断提升自己的理财水平。可以通过阅读理财书籍、参加理财讲座等方式来学习。例如，学习股票投资的技巧和方法，提高投资收益。

定期评估：定期评估理财计划的执行情况和效果，根据家庭财务状况和市场变化进行调整。例如，每季度对投资组合进行评估，调整投资比例；每年对家庭财务状况进行全面评估，调整理财目标和规划。

第五步，传承与教育。

财富传承：对于有一定财富积累的家庭，可以考虑制订财富传承计划，将财产合理地传承给下一代。可以通过遗嘱、信托等方式来实现。例如，制定遗嘱，明确财产的分配方式；设立家族信托，保障家族财富的长期稳定。

理财教育：对家庭成员进行理财教育，培养良好的理财习惯和观念。可以从孩子小时候开始，通过言传身教、让孩子阅读理财书籍等方式进行教育。例如，教导孩子如何储蓄、如何合理消费，培养孩子的理财意识。

案例研究

坎普拉德的创业故事和宜家帝国

宜家不仅是现代零售业的传奇，创始人英格瓦·坎普拉德（Ingvar Kamprad，1926—2018年）的创业故事更是为世人称道，他自童年时期就展现出了非凡的经商才能,在以后数十年的创业和经营过程中通过孜孜不倦的探索一步一步地建立起他的商业帝国。

英格瓦·坎普拉德于1926年出生在瑞典斯莫兰的一个农场主家庭,这里曾是瑞典历史上特别穷困的地区之一。他的童年被家族因资金短缺而面临困境的阴影所笼罩,祖父因经营农场时缺少资金且无法获得银行贷款而无奈自杀,即使农场到了父亲手里也同样没有摆脱资金的桎梏。这些生活中的无奈与苦涩,如同催化剂一般,激发了坎普拉德从小对财富和商业的强烈渴望。

年仅5岁的坎普拉德便开始了他的创业处女航,他机敏地发现了火柴买卖中的商机。他央求着姑妈从斯德哥尔摩的批发市场帮忙低价采购火柴,然后在自己生活的社区以稍高一点的价格转手卖给邻居们。这看似微不足道的火柴买卖,却是坎普拉德经商才能的第一次展示。他悟出了批发和零售之间的商机,学会了寻找低价货源,把握市场差价,这是最质朴的商业逻辑。

随着年龄的增长,坎普拉德的商业触角不断延伸。他开始卖圣诞卡、墙面装饰品等,这些物品或许在大人眼里只是普通的小玩意儿,在坎普拉德眼中却是开启财富之门的钥匙。他还会亲自抓鱼,然后骑着自行车到各个地方去叫卖,把自己的劳动成果转化为实实在在的收入。11岁时,他开启了人生中的第一笔"大生意"——为延雪平省奈舍市的J. P. 佩尔松公司经销园艺种子。这次尝试让他赚到了一笔可观的收入,他用这笔钱给自己买了一辆新自行车和一台打字机,这既是对自己努力的奖励,也是他商业征程上的一个重要里程碑。

在中学的最后一年,坎普拉德的生意已经颇具规模,有了正规公司的雏形。他在学校宿舍的床底下堆满了用于销售的商品,如腰带、皮夹、手表和钢笔等。此时的他,已经不再是那个单纯的"卖火柴的小男孩",而是一个有商业头脑且敢闯敢干的少年商人。

1943年,17岁的坎普拉德在父亲的资助下成立了宜家公司,宜家的英文名 IKEA 是由他的姓名 Ingvar Kamprad、他成长所在地的农场 Elmtaryd 以及附近村庄 Agunnaryd 的首字母组合而成的。公司最初主要出售一些相框之类的小型家居用品,后来逐步把业务聚焦到了家具行业。在这个过程中,坎普拉德展现出了超越时代的远见和创新精神,大胆地将"平板包装"的概念引入家具产业,这一创举颠覆了家具行业的传统模式。消费者不再购买已经组装好的大型家具,而是购买零部件状态的家具,然后根据说明书自行组装。这不仅大大减少了运输成本,让宜家的产品能够更方便地流通到世界各地,而且还为消费者带来了新奇的购物体验和实惠的价格。

同时,坎普拉德开创性地打造了融制造商和零售商于一体的经营方式。这种模式打破了传统家具行业制造商和零售商之间的界限,让宜家能够直接控制产品的生产和销售环节,从而更好地保证产品质量、降低成本、提高效率。在这个过程中,坎普拉德始终坚持以顾客为中心的理念。他深知只有为顾客提供优质、低价且具有设计感的家具产品,才能在激烈的市场竞争中立于不败之地。他经常深入市场进行调研,关注顾客的需求和反馈,不断对产品进行改进和优化。

在宜家的发展过程中,坎普拉德也遇到了无数的挑战,竞争对手的挤压、市场环境的变化、资金周转的困难等问题如海浪般不断冲击着宜家。然而,坎普拉德凭借着从小培养起来的坚韧不拔的毅力和勇于探索的精神,一次次地化险为夷。他在困难面前从不退缩,而是积极寻找解决问题的方法。无论是调整经营策略、拓展产品线,还是开拓新的市场,坎普拉德始终以坚定的信念和果断的行动引领着宜家不断向前发展。

在他的领导下,宜家不断发展壮大。截至 2004 年春天,宜家已经在全球五大洲的 37 个国家和地区开了 192 家大型连锁店,成为世界上最大的家居用品商。他的个人财富也不断增长，曾在 2008 年以 310 亿美元的财富达到福布斯全球富豪榜第七位。截至 2023 年 2 月 15 日，宜家已经在全球开设了 460 家门店。

2018 年 1 月 28 日，宜家家居创始人英格瓦·坎普拉德在瑞典去世，终年 91 岁。他的一生对全球家居行业产生了深远影响，他所创立的宜家以其独特的经营理念和产品风格，赢得了众多消费者的喜爱和认可。坎普拉德的商业哲学和宜家鲜明的商业文化是欧洲管理学界钟爱的课题，也是哈佛商学院经典的核心范例。

回顾宜家的成功之路，我们可以清晰地看到，坎普拉德童年时期的创业探索是宜家商业帝国崛起的基石。他从小养成的商业习惯、创新思维、成本意识、以顾客为中心的理念以及坚持不懈的精神，如同血液一般流淌在宜家的每一个环节之中。这些宝贵的品质不仅成就了宜家的辉煌，也为全球的创业者们树立了一座灯塔。在这个充满机遇和挑战的商业时代，宜家的故事激励着无数怀揣梦想的人，让他们明白，伟大的商业传奇很有可能源于童年时期小小的梦想。

14 及时建立自己的事业

富贵险中求

我们在前面分析了赚钱的两种模式，举凡世上的财富自由的人群，可以说很少有人是单纯依靠主动收入实现财务自由的。我们知道，财务自由是指人无须为生活开销而努力工作的状态，即一个人的资产产生的被动收入至少要等于或超过他的日常开支。单纯的主动收入难以满足这一要求，因为主动收入是跟投入的工作时间正相关的，所以难以在个人停止工作或减少工作时间的情况下，依然持续稳定地产生现金流，以至于足以覆盖生活支出，并且还能有足够的结余用于积累财富、投资和享受生活。而被动收入，如企业分红、房租、利息、版税等，不需要额外投入大量时间和精力就能获得，具有持续性和稳定性，能够在个人不工作或减少工作时间的情况下，依然为个人带来收入，从而更有利于实现财务自由。

中国有句俗话，"人无横财不富，马无夜草不肥"。摒弃这句话的庸俗意义不说，我们姑且把"横财"理解为一笔意外的、数额较大的财富，大概率这笔资金不在家庭预算以内,因此更加容易形成资本,也就是大家口语中常说的"第一桶金"。而包括工资在内的主动收入则是按周期获得的,数额的波动基本上在预期范围之内,因此正常来讲是被纳入家庭预算范围以内的。换言之,低工资有低工资的预算,高工资有高工资的预算,只有日积月累形成家庭盈余之后,才有可能转化为资本。

根据《中信保诚人寿"传家"·胡润百富 2023 中国高净值家庭现金流管理报告》,中国拥有千万人民币资产的"高净值家庭"中,企业主占比 52%,这类人群总财富的 54% 为企业资产,他们平均拥有 320 万元的现金及有价证券,以及价值 560 万元以上的房产。金领人群占比 30%,这类人主要为大型企业集团、跨国公司的高层人士,其收入来源于公司股份、高额年薪、分红等。金领人群的财富分类中,现金及有价证券部分占据 60% 以上,平均拥有价值 780 万元以上的房产。不动产投资者(指投资房地产、拥有数套房产的财富人士)占比为 8%,这类高净值人群的总财富的一半以上为投资性房产,平均价值超过 1 100 万元,现金及有价证券占比则低于 10%。职业股民(从事股票、期货等金融投资的专业人士)占 10%,这部分人群的现金及有价证券占其总财富的 70% 以上,平均拥有价值 670 万元以上的房产。从该报告揭露的数据,我们不难得出结论,企业主人群基本上占据了高净值家庭的半壁江山。

因为复利效应的存在,当然"发财要趁早",所以能早点儿建立起个人的事业的话,那对爱财君们的致富事业而言当然是最好不过的事情。但是,爱财君们务必要克制那种为了创业而创业的冲动,等到各方面的条件都成熟以后再着手创业,要更加容易成功。对于早晚要打造自己商业版图的爱财君们而言,时机把握与条件准备之间的平衡犹如在钢丝上行走,需要具备精准的判断和沉稳的智慧。一方面,为了创业而创业的冲动是不可取的。这种冲动往往源于对他人成功的羡慕、对财富的渴望或者是一时的头脑发热,而缺乏对创业本质的深入理解。没有充分的条件准备就盲目地踏上创业之路,就如同在没有导航的情况下驶入茫茫大海,随时可能触礁沉没。例如,有些冲动的创业者在没有深入了解市场需求、没有构建起稳定的商业模式、没有具备必要的资金和资源储备时,就仓促地开启项目。他们可能没有对竞争对手进行细致的分析,不了解行业的发展趋势,最终导致项目在启动后很快陷入困境,资源耗尽而不得不放弃。这种冲动的创业不仅会给创业者带来经济上的损失,更会对其信心和未来的发展造成沉重打击。另一方面,一味等待所有条件都完美无缺再创业的话,也并非良策。因为市场环境瞬息万变,机会往往稍纵即逝,如果过度追求条件的完备,可能会错过最佳的创业时机。在互联网行业的发展初期,一些有远见的创业者抓住了行业萌芽的机会,在市场尚未完全成熟、条件并非尽善尽美的情况下勇敢地进入。然后,他们在实践中不断探索、不断完善,随着行业的发展而成长壮大。而那些一直等待所谓的"万事俱备"的人,却只能眼睁睁地看着市场被先行者瓜分,后悔不已。

在当今时代,创业无疑是勇敢者的游戏,只有勇于挑战常规、敢于承担风险,才有可能在财富的海洋中闯出一片天地。创业之路虽充满艰难险阻,但也正是这些挑战赋予了它无限的魅力。那些传说中的创富故事时刻激励着我们。

创业时机与条件的权衡

那么,如何在时机把握与条件准备之间找到平衡呢?这是每一个怀揣创业梦想的人都必须深思的问题。

首先,爱财君们要具备敏锐的市场洞察力,能够识别潜在的机会。这需要对行业动态、社会趋势、消费者需求等方面进行持续的关注和分析。行业的发展如同不断涌动的浪潮,时刻都在发生变化,只有密切关注行业内的技术创新、竞争格局的演变以及政策法规的调整,才能及时发现新的机遇。社会趋势则如同风向,影响着人们的生活方式和消费观念。例如,随着环保意识的增强,绿色产业迎来了发展的契机。消费者需求更是创业的核心导向,只有深入了解消费者的痛点和期望,才能开发出具有市场竞争力的产品或服务。同时,在发现机会后,不能急于行动,而是要对自身的条件进行客观评估。评估包括对自身专业知识、管理能力、资金实力、人脉资源等方面的考量。专业知识是创业的基础,决定了创业者在特定领域的深度和广度。管理能力则关系到企业的运营效率和团队的凝聚力。资金实力是创业的重要保障,决定了企业能否在起步阶段顺利开展业务。人脉资源则可以为企业提供信息、资源和合作机会。根据评估结果,爱财君们应有针对性地进行条件准备,为抓住机会奠定坚实的基础。

其次,条件准备的过程应该是动态的。爱财君们不应等到所有条件都完全具备才开始行动,而应该在有了基本的条件框架后,就勇敢地迈出第一步。在创业的实践过程中,不断地战胜困难、创造有利条件,完善和补充各种要素。在项目启动初期,可能资金并不充裕,可以通过股权投资市场分阶段获取投资。股权投资不仅可以为企业提供资金支持,还可以带来专业的管理经验和行业资源。管理经验不足的话,一方面,可以边干边学、逐步提升,创业本身就是一个不断学习和成长的过程,在实践中积累经验,不断反思和总结,是提升管理能力的有效途径。另一方面,也可以吸纳合伙人、高管加入公司,或者招聘合适的人才。合伙人可以带来不同的专业背景和资源,高管则可以为企业带来丰富的管理经验和行业视野。招聘合适的人才则可以为企业注入新的活力和创造力。

再次,爱财君们应始终保持学习的心态和创新的激情,这有助于在面对复杂多变的市场环境时,快速地适应和调整。学习是不断进步的源泉,无论是行业知识、管理技巧还是市场营销策略,都需要不断地学习和更新。创新则是企业发展的动力,只有不断推出新的产品或服务,满足消费者不断变化的需求,才能在激烈的市场竞争中立于不败之地。无论是在条件准备阶段还是在把握时机的过程中,学习和创新是战胜困难的不二法门,能为爱财君们提供更多的思路和方法。

最后,创业既不能被冲动的情绪所左右,也不能因过度谨慎而错失良机。在时机把握与条件准备之间找到平衡,需要爱财君们不断地学习、观察、分析和实践。创业是一场充满挑战和机遇的旅程,只有在不断的探索和实践中,才能找到属于自己的成功之路。

创业团队的若干范式

那么,如何发现创业的良机呢?这个虽然没有绝对的规律可循,但是从过去多年的投资实践中我们可以归纳和总结一些范式,供有志者参考。

第一种范式是产业内处于行业前沿的领军人物。这类创业团队通常由来自大企业的主力高管等行业前沿领军人物组成,他们在大企业的工作经历赋予了他们丰富的行业经验、广阔的人脉资源以及卓越的领导能力,对市场趋势有着敏锐的洞察力,能够准确把握行业发展的方向。另外,他们在大企业中积累了高效管理方法和战略规划能力,使得他们在创业过程中能够快速获得融资,也容易吸引优秀人才加入团队。

例如,字节跳动的创始人张一鸣,曾在多家互联网企业工作,积累了丰富的行业经验。他带领的团队凭借着对移动互联网发展趋势的准确判断,推出了今日头条、抖音等一系列具有创新性和影响力的产品,迅速在全球范围内获得了巨大的成功。另一个例子是拼多多的创始人黄峥,他曾在谷歌等知名企业工作,拥有深厚的技术背景和商业洞察力。他带领团队通过创新的社交电商模式,在竞争激烈的电商市场中异军突起,成为中国电商行业的重要力量。

第二种范式是从高校或科研院所走出来的一些科技成果转化项目。此类团队主要来自科研院校,他们试图将前沿的科技成果转化为实际的商业应用,通常由科研人员、技术专家和商业合作伙伴组成。科研人员提供核心技术,他们在各自的研究领域有着深入的探索和创新,拥有独特的技术优势。技术专家则负责将科研成果产品化,进行进一步的开发和优化,使其更加符合市场需求。商业合作伙伴既指内部合伙人或高管,也指外部的合作机构,他们的主要任务在于市场推广。为了实现高质量发展,我国近年来加大了对科技产业的扶持力度,特别是随着科创板的推出,投资科创企业蔚然成风,一大批来自知名高校和研究机构的科技项目成功登陆资本市场。特别是,政府鼓励"投早投小投科技",鼓励耐心资本,给那些尚处于"襁褓"之中的早期科技项目送来了福音。以科大讯飞为例,其创业团队源于中国科学技术大学的科研成果转化,团队成员包括语音技术专家、工程师和商业运营人员等。他们通过不断的技术创新和市场拓展,将语音识别、合成等技术应用于智能语音助手、翻译机等产品中,成为全球领先的智能语音技术企业。再如大疆创新,其核心技术来源于香港科技大学,在导师李泽湘教授的指导下,创始人汪滔领导团队在无人机技术领域不断突破,将先进的无人机技术从科研实验室推向全球市场,占据了全球民用无人机市场的主导地位。

第三种范式是掌握关键资源的团队。掌握关键客户资源或产业链上游关键资源的团队具有独特的竞争优势,因为手握优质的客户资源,他们可以凭借这些资源将业务向上拓展,容易快速打开市场。这些客户资源可能是通过长期的业务积累、行业人脉或者独特的市场定位获得的。如果团队掌握产业链上游的关键资源,如关键原材料、技术专利等,就容易在市场竞争中掌握主动权。拥有关键原材料资源可以确保产品的供应稳定性和成本优势;掌握技术专利则可以阻止竞争对手的模仿,提高市场进入门槛。例如,在新能源汽车领域,一些企业通过掌握电池核心技术或原材料供应渠道,在市场中占据了有利地位。宁德时代作为全球领先的动力电池供应商,其团队掌握了先进的电池技术和稳定的原材料供应渠道,为众多汽车厂商提供高性能的动力电池,成为新能源汽车产业链中的关键部分。为了进一步提高竞争力,他们不断通过购买、并购、合资等方式获得稀缺的上游矿产资源。

第四种范式是使命驱动型团队。这类团队通常有强烈的使命感和愿景,以改变行业、改变世界作为自己的使命,通过颠覆性的创新来打破原来的竞争格局,将生产效率提高到一个新层次。他们以创新为核心,不断挑战和突破传统思维和技术的局限。使命驱动型团队具有高度的凝聚力和执行力,成员们为了共同的目标而努力奋斗。他们敢于冒险,勇于投入大量资源进行研发和市场推广。特斯拉的创始人埃隆·马斯克以推动可持续能源和交通革命为使命,带领团队不断突破电动汽车和能源存储技术的"瓶颈"。特斯拉的电动汽车以其高性能、长续航里程和先进的自动驾驶技术,改变了人们对传统汽车的认知,推动了全球汽车行业向电动化和智能化转型。

当然,上述四种分类方法未必是完备的,只是给爱财君们寻找创业机会时提供一些参考。事实上,这些总结未必真的有什么参考价值,因为我们的爱财君是非常敏锐的,他们灵敏的商业嗅觉决不允许放过任何一个可以发财致富的机会。

你的项目能不能赚到钱,不妨从以下七个方面加以预验证。

①信息差:我知道而我的客户或供应商不知道。

②认知差:我懂得而我的客户不懂得。

③执行力差:虽然你我都懂,但你没做、我做了,体现了执行力上的差异。

④竞争力差:虽然你我都做,但我做得比你成本低、质量好、效率高。

⑤机制差:利益与贡献挂钩,做好短期利益安排与长期利益安排的组合。

⑥垄断性差:如果能实现某种程度的"垄断",就可以创造超额利润。

⑦维度差:不同的平台和资源可以实现维度上的差异,从而形成碾压式的竞争优势。

做"大"还是做"小"?

接下来要考虑的一个问题就是,把业务往"大"了做还是往"小"了做。虽然没有一个爱财君不想把业务规模做大,但是根据项目性质的不同,做"大"还是做"小"有不同的说法。这里所谓的"大",是指那种能够资本化的项目,比如 IPO 或被上市公司并购,就容易获得股权资本的青睐,在设计公司架构、融资计划和经营计划的时候就有不同的安排。如同超高层建筑与多层建筑的区别一样,它们的地基构造、建筑结构、建筑周期、建筑成本等大相径庭,不可简单地一视同仁。而做"小",就更像是做小本生意,虽然可能赚到钱,但是不容易规模化或者囿于金融政策或资本市场的偏好很难实现资本化,这种项目就不宜引入股权资本。因为股权资本对项目的要求和预期都很高,即便是好不容易把资本引进来,假如没有实现融资时的承诺,也可能会引起一系列对公司发展不利的反击,结果导致项目一败涂地,这种案例不在少数。所以,一定要根据项目本身的性质做出适当的判读,"大"有"大"的好,"小"有"小"的美。

不过,在创业投资领域一直流传着一个广为人知的说法——"Dream big, start small"。这句话的含义在于诚恳地劝诫广大创业者应当拥有宏大的梦想与远大的目标,敢于去畅想未来的无限可能,但在实际行动中,一定要从细微之处着手,脚踏实地迈出每一步。具体而言,即便是那些被视为"大项目"的创业构想,也应该谨慎地从小处切入市场。这是因为如果在创业初期就有多个业务或产品同时平行展开,将会带来诸多严重的问题。首先,在资金方面,多个业务并行意味着需要大量的资金投入,用于产品研发、市场推广、团队建设等各个环节。而对于大多数初创企业来说,资金往往是有限的,且是来之不易的,过度分散资金可能导致每个业务都无法得到充分的支持,进而影响项目的整体推进和发展。其次,从团队的角度来看,同时开展多个业务会对团队形成巨大的压力。这毕竟是一个新组建的初创团队,不但人员规模小,而且彼此之间的磨合还不够充分,过于分散使用的话,无疑会影响项目的质量。此外,不同业务之间可能存在协调困难、资源分配不均等问题,会进一步加剧团队的负担。在这种情况下,创业项目很容易因为资金链断裂、团队内部矛盾等原因而脆断,无法实现可持续发展。有鉴于此,爱财君在开启创业征程时,务必要牢记"Dream big, start small"这一至理名言,以宏大的梦想为指引,从点滴小事做起,有条不紊地实现创业目标。

最后，假如你已经精心设计好了创业项目，并且经过深思熟虑后已然决意踏上创业这条充满挑战与机遇的道路，那么此时就不要再有丝毫的犹豫，马上开干吧！"好的开始是成功的一半"，一个良好的开端就如同在茫茫大海上找到了正确的航向。当你勇敢地迈出第一步时，你便为整个创业之旅注入了动力与希望。虽然创业的道路充满了不确定性，但一个好的开始可以帮你创造一种积极的心态和一个良好的心理暗示。当你看到项目从无到有、从小到大，就像带着自己的孩子成长一样，那种成就感会激励着你不断为之奋斗。它让你相信自己的选择是正确的，不断强化你的信念，成为你奋斗的不竭动力。

创业不仅仅是为了追求财富和成功，更是一种对自我的挑战和超越。在创业的过程中，你会经历无数的挫折和困难，也会收获无数的成长和进步。你会学会如何面对失败，如何从失败中吸取教训；你会学会如何与人合作，如何领导团队；你会学会如何创新，如何适应变化。这些经验和教训，将成为你人生中最宝贵的财富，让你的人生更加丰富多彩。

也许在这个过程中，你会遇到资金紧张的困境，会面临人才短缺的难题，还会遭遇市场的冷遇和竞争对手的压迫。但是，只要你从一开始就全力以赴，以积极的态度和高效的行动去推进项目，一个好的开始将成为你克服困难的强大支撑。它会让你在面对挑战时更加从容，因为你知道自己已经有了一个坚实的起点。

创业是一场孤独的旅程，但也是一次实现自我价值的绝佳机会。在这个过程中，你会结识志同道合的伙伴，会收获宝贵的经验和教训，会看到自己的成长和进步。所以，不要再等待，不要再犹豫，马上行动起来吧！相信自己，相信你的创业项目，勇敢地去追逐自己的梦想。

企 业 篇

企业是什么

企业概述

(1)企业的定义

为了明确经济主体和经济行为、分析经济运行机制,在宏观经济学中把经济主体划分为家庭部门、企业部门和政府部门。家庭部门由居民组成,是商品和服务的消费者,同时也提供劳动力等生产要素,并进行储蓄等金融活动,家庭部门的经济行为包括消费支出、储蓄、提供劳动力以获取收入等。企业部门则由各类企业组成,是商品和服务的生产者,进行投资活动以扩大生产规模和提高生产效率,同时也雇佣劳动力等生产要素,企业部门的经济行为包括生产商品和提供服务、投资、雇佣劳动力等。政府部门包括各级政府机构,通过税收等方式筹集资金,进行公共支出以提供公共产品和服务,如基础设施建设、教育、医疗、社会保障等,同时也通过制定经济政策来调节经济运行。政府部门的经济行为包括税收、公共支出、制定经济政策等。

所谓企业,就是指以盈利为目的,运用各种生产要素(土地、劳动力、资本、技术和企业家才能等),向市场提供商品或服务,实行自主经营、自负盈亏、独立核算的法人或其他社会经济组织。

从定义我们可以总结出企业的若干主要特征。

①经济目的:以获取利润为根本目标,通过生产经营活动实现其价值。

②组织性:有一定的组织体系和管理体系,以协调各方面的资源和活动。

③独立性:在法律和经济上具有相对独立的地位,能够自主决策和承担责任。

④需求导向性:向市场提供产品或服务,满足客户的需求。

(2)企业的分类

按照组织形式分类的话,企业分为法人企业和非法人企业。这里所谓的法人,就是"法律意义上的人",即具有民事权利能力和民事行为能力,依法独立享有民事权利和承担民事义务的组织,法人都具备独立的法律地位、独立的财产和独立的责任。

①法人企业,一般意义上等同于公司制企业,是具有法人资格的企业,即能够以自己的名义独立享有民事权利、承担民事义务,并且能够独立承担民事责任的企业组织。一般来说,法人企业(公司)是经济主体的主要类型。除了因为其法律定位明确外,还具有较为完善的治理结构,包括股东会、董事会、监事会等机构,这些机构相互制衡、共同决策,保证了企业的科学管理和高效运营。另外,法人企业可以通过发行股票的方式进行股权融资,吸引社会公众和机构投资者的资金。股权融资不仅可以为企业提供大量的资金支持,还可以提高企业的知名度和品牌价值。除了股权融资外,还可以通过向银行等金融机构借款、在资本市场发行债券等方式进行债权融资。基于上述原因,法人企业通

常能够吸引和聘请专业的管理团队,这些管理人员具有丰富的管理经验和专业知识,能够为企业的发展提供有力的支持;通常具有较大的规模和较强的实力,能够实现规模经济效应;往往具有较强的产业链整合能力,能够与上下游企业进行紧密合作,实现资源的优化配置和协同发展。法人企业又细分为以下两种。

有限责任公司:由50个以下的股东出资设立,每个股东以其所认缴的出资额为限对公司承担责任,公司法人以其全部资产对公司债务承担全部责任。

股份有限公司:由2人以上200人以下的发起人组成,公司全部资本为等额股份,股东以其所持股份为限对公司承担责任。

②非法人企业:不具有法人资格,但是能够依法以自己的名义从事民事活动的企业组织。非法人企业不能独立承担民事责任,其民事责任由其出资人或者设立人承担。细分为如下两种类型。

个人独资企业:由一个自然人投资,财产为投资人个人所有,出资人以其个人财产对企业债务承担无限责任。因为出资人对企业债务承担的是无限责任,所以个人独资企业不是法人主体,但它是独立的民事主体,能够以自己的名义从事民事活动。

合伙企业:由两个或两个以上的合伙人订立合伙协议,共同出资、合伙经营、共享收益、共担风险。合伙企业包括普通合伙企业、特殊普通合伙企业和有限合伙企业。普通合伙人对合伙企业债务承担无限连带责任,有限合伙人以其认缴的出资额为限对合伙企业债务承担责任。目前,股权投资基金一般采用有限合伙的形式。

《中华人民共和国民法典》第二条规定:"民法调整平等主体的自然人、法人和非法人组织之间的人身关系和财产关系。"这一规定明确了我国民事主体的基本类型。其中,自然人出生即取得民事主体资格;法人是具有民事权利能力和民事行为能力,依法独立享有民事权利和承担民事义务的组织;非法人组织是自然人与法人之外的第三类民事主体,虽然不具有法人资格,但能够以自己的名义从事民事活动。

公司制度的重大意义

公司制度的起源可以追溯到古罗马时期,但真正意义上的现代公司制度则萌芽于中世纪的欧洲。

在中世纪,地中海沿岸城市出现了资本主义的萌芽,海上贸易的蓬勃发展促使新型商业组织形式出现,如"康曼达"商事契约,这种契约类似于今天的有限合伙企业,资本家和航海者通过契约建立合作关系,共同承担风险和分享利润。

15世纪末至16世纪初,随着哥伦布和麦哲伦发现新航路,欧洲的海上贸易进一步扩展。1600年,英国东印度公司成立;1602年,荷兰东印度公司成立,这两家公司被公认为现代公司的鼻祖。它们不仅进行海上贸易,还承担了对外征服、统治、宣战和殖民的任务,成为欧洲列强进行殖民的工具。

早期的公司往往需要获得政府的特许状才能成立,这些公司通常具有贸易独占权。然而,随着工业革命的开展,自由竞争、自由贸易成为资产阶级的强烈要求,特权公司逐渐失去了其存在的必要性。18世纪中叶以后,特权公司形式先后被各国政府解散,公司作为一种广泛使用的商事制度逐渐在西方国家得到确立。

在公司制度的发展过程中,有限责任制的诞生是一个重要的里程碑。有限责任制度的确立,使得股东在投资时只需要承担有限的责任,极大地降低了投资者的风险,提高了社会对创业失败的容忍度。这激发了人们的创业热情,鼓励了更多的人把他们的商业创意变成现实。在有限责任制度的保护下,许多新兴产业得以快速发展,为社会创造了大量的就业机会和财富。

随着公司制度的不断完善和发展,各国政府开始制定现代公司法来规范公司的运作。德国在1892年颁布了世界上第一部《有限责任公司法》,将有限责任公司作为一种主流的商事主体类型正式确立下来。此后,各国纷纷效仿并制定了自己的公司法。

20世纪以来,公司制度不断完善和创新。出现了跨国公司、控股公司等多种形式。公司治理结构也日益健全,强调股东、管理层和员工等各方利益的平衡。随着信息技术的发展,公司的运营和管理方式发生了巨大变化,电子商务、虚拟公司等新型公司形式不断涌现。

公司制度作为现代商业社会的基石之一,对社会经济的发展做出了巨大的贡献。公司可以通过发行股票和债券等方式筹集资本,使得大型项目和需要长期投入的项目的开展成为可能。公司的股东仅以其出资额为限对公司承担责任,这意味着投资者的风险被分散到众多股东身上。这种风险分担机制鼓励了更多的人参与到商业投资中,激发了社会的投资热情,促进了资本的流动和资源的优化配置。公司的发展促使了所有权与经营权的分离,专业的经理人开始负责公司的日常经营管理,这使得企业的管理更加专业化、科学化,提高了企业的运营效率和竞争力。

综上所述,公司制度作为现代商业社会的基本组织形态之一,对社会经济发展的贡献不但具有深远的历史意义,还具有重大的现实意义。

创造客户

既然赚钱是企业的根本目的,那么企业该怎样才能赚到钱呢?彼得·F.德鲁克(Peter F. Drucker,1909—2005年)提出了"创造客户"的理论,他认为,"企业存在的目的是创造客户"。"创造客户"意味着企业不仅仅是生产产品或提供服务,而是要通过深入了解市场需求、客户痛点和期望,主动去发现和满足那些尚未被充分满足甚至尚未被发现的需求,从而吸引新客户并留住现有客户。

在投资的实践中,我们接触到了数不清的企业。的确有些企业的商业模式非常复杂,有些人也不太善于表达,那么我们就从"你们的客户是谁"开始发问,一般都很容易把价值链关系捋出来。因为凡是值得让人付出经济代价而获得的东西,一定是有价值的。这样倒推过去,就能顺藤摸瓜把企业的价值链条呈现出来。

那么什么才是客户呢?客户就是那些愿意因为你公司的产品或服务支付代价的客群。客户跟用户不一样,用户是使用产品的群体,但未必是付费的群体;而客户是付费的群体,未必是使用的群体。就像家长给孩子购买培训课程一样,孩子是用户,而家长是客户。当然,在有些商业场景中,客户和用户的角色是重叠的。但在互联网经济中,这种用户与客户的区分是特别常见的。

以抖音作为案例分析。抖音的用户主要是使用抖音观看短视频、创作短视频、进行直播互动以及利用抖音各种社交功能的个人和机构,包括普通大众、网红博主、各类创作者等,他们通过抖音来满足娱乐、学习、自我表达等需求。而抖音的客户主要有以下几类：①广告投放商，这些企业为了推广自己的品牌、产品或服务，在抖音上投放广告，向抖音支付广告费用，是重要的客户群体；②电商商家，通过抖音平台进行商品销售的商家，可能会支付一定的费用以获得更好的推广资源和销售渠道，他们也是抖音的客户。③付费推广的创作者，一些希望提升自己作品曝光度的创作者可能会购买抖音的推广服务。

从逻辑关系上讲，创造客户通常有如下四个步骤。

①识别未被满足的需求：企业通过市场调研、数据分析和与客户的互动交流，识别出市场中存在的未被满足的需求，我们有时候称之为找到市场的缝隙。这种对未被满足需求的识别为企业提供了赚钱的潜在机会。企业可以开发出满足这些需求的产品或服务，从而在市场中占据一席之地。这体现了该企业的市场感知能力，或者说是市场敏感性。

②创新产品和服务：基于对客户需求的理解，企业进行产品和/或服务的创新。这可能包括改进现有产品的性能、设计新的产品功能、提供个性化的服务等。以智能手机为例，企业不断推出具有更高像素的摄像头、更长的电池续航时间、更强大的处理能力等新功能，以满足消费者对更好的移动通信和娱乐体验的需求。创新的产品和服务能够吸引客户，提高客户的满意度和忠诚度，从而为企业带来更多的销售收入。这里主要体现出了企业的创新能力，当然企业在产品设计、生产组织甚至销售、渠道、供应链等方面的管理能力也是必不可少的。

③建立客户关系："创造客户"不仅是一次性的销售行为，更是要建立长期的客户关系。企业通过提供优质的客户服务、及时响应客户的诉求、建立客户反馈机制等方式，与客户建立起信任和合作的关系。良好的客户关系可以带来重复购买、口碑传播和客户推荐等好处，可以降低综合获客成本。例如，一家酒店以其出色的服务和舒适的住宿环境赢得了客户的高度评价，客户不仅自己会再次选择这家酒店，还会向朋

友和家人推荐,从而为酒店带来更多的客户和收入,因此老客户关怀和会员体系是大型酒店管理集团的重要业务之一。

④开拓市场和客户群体:企业不断地创造客户,开拓新的市场和客户群体,这可能包括进入新的区域、新的行业或拓展新的目标客户群体。举例来说,一家在线教育企业最初主要面向学生群体,后来发现企业员工也有持续学习的需求,于是开辟新的业务线,开始为企业提供员工培训服务,从而扩大了客户群体和市场份额。开拓新的市场和客户群体可以为企业带来新的收入来源和增长机会。

根据德鲁克的"创造客户"理论,在以交易为核心的商业关系中,企业及其客户构成了这一关系的主体和客体,二者是相互依存、相互制约、相互协同的关系。企业赚钱的根本在于深入了解客户需求,通过创新产品和服务、建立良好的客户关系以及开拓市场和客户群体,不断地创造客户价值。只有当企业能够满足客户的需求和期望、为其提供真正有价值的产品和服务时,客户才会愿意为这些产品和服务真正付费,企业才能实现盈利和增长。

企业的主营业务与核心竞争力

作为投资经理,如果无法用一句话来介绍公司,那么就说明他对这家公司还不够了解,还没有抓住公司的本质。其实,用一句话介绍公司,说来也不难,只要突出以下几个要点就够了。

首先要突出公司的主营业务,或者强调独特的卖点。比如,麦当劳是全球顶级的连锁快餐品牌,以美味的汉堡、薯条和便捷的服务深受消费者喜爱。

其次要讲出公司的行业地位或公司价值。谈到企业的行业地位时,务必要客观,切忌虚假夸大,因为一旦被人戳穿,效果反而适得其反。如果是谈公司的价值,主观性可能会更强一些,比如,"××是一家环保科技公司,专注于开发可再生能源解决方案,为地球的可持续发展贡献力量"。

语言简短精练,且具有高度的概括性,最好使用一些具有吸引力的词汇,这样可以达到在最短的时间内给听众留下深刻的印象。比如,Salesforce 是全球最大的 SaaS(Software-as-a-Service,软件即服务)公司和领先的客户关系管理(CRM)软件服务提供商,拥有销售云、服务云、营销云等多种云服务产品,服务全球超过 15 万家企业客户。

一家企业可能同时从事若干种业务,但是无论是从市场的角度还是从监管的角度,一般都希望企业具有明确的主营业务。在战略层面上,确定主营业务有助于企业明确自身的核心业务领域和发展方向。企业必须围绕主营业务制定长期发展战略,集中资源进行投入,避免盲目多元化导致资源分散;企业还要根据主营业务的需求合理配置资源,包括人力、物力、财力等。将有限的资源集中投入主营业务中,可以提高资源利用效率,实现效益最大化。在经营层面上,明确主营业务后,企业可以围绕核心业务建立专业化的运营流程和管理体系,提高运营效率;专注于主营业务可以降低企业的经营风险,企业在熟悉的领域内开展业务,对市场需求、技术发展、竞争态势等有更深入的了解,能够更好地应对各种风险挑战。在对外形象上,对于投资者来说,明确的主营业务是评估企业投资价值的重要依据之一,企业专注于具有发展潜力的主营业务,能够向投资者传递积极的信号,增强投资者的信心;明确的主营业务可以让客户更容易理解企业的产品或服务,提高客户对企业的认知度和信任度,客户在选择供应商时,通常会优先考虑那些专业、专注于某一领域的企业。

在监管层面,也有对企业定义主营业务的相关要求,主要体现在以下几个方面。

①信息披露要求:对于上市公司而言,监管机构通常要求在定期报告(如年报、半年报)中详细披露主营业务情况,这包括主营业务的范围、主要产品或服务、市场份额、行业竞争态势等信息。目的是让投资者充分了解公司的核心业务和经营状况,以便做出合理的投资决策。一些非上市公众公司(如新三板挂牌企业)以及特定行业(比如金融机构)的企业,也可能面临监管机构对主营业务信息披露的要求。

②行业监管要求:在一些特定行业,监管机构会根据企业的主营业务来确定其是否符合行业准入条件,并进行相应的监管。比如,对于医疗、能源、电信等行业,监管机构也会根据企业的主营业务来确定其市场准入、价格监管、服务质量等方面的要求。另外,监管机构在进行反垄断和反不正当竞争监管时,会关注企业的主营业务范围和市场地位。如果企业在其主营业务领域具有市场支配地位,可能会受到反垄断调查和监管。

③税务监管要求:税务部门会根据企业的主营业务确定其适用的税收政策和税率。不同的主营业务可能涉及不同的税种、税收优惠政策等。例如,制造业企业主要涉及增值税、企业所得税等税种,而软件企业可能享受软件产品增值税即征即退等税收优惠政策。企业需要准确申报其主营业务,以便税务部门进行税收分类和管理。税务部门在进行税务稽查时,也会关注企业主营业务的真实性和合法性,防止企业通过虚假申报主营业务来逃避税收。另外,一些税收优惠政策是针对特定主营业务的企业设立的。例如,高新技术企业认定要求企业的主要产品(服务)属于《国家重点支持的高新技术领域》规定的范围,企业需要明确其主营业务是否符合高新技术领域的要求,才能享受相应的税收优惠政策。对于小型微利企业和研发费用加计扣除等税收优惠政

策,也需要企业根据其主营业务情况进行申报和认定。

综上所述,在监管层面,无论是信息披露、行业监管还是税务监管等方面,都对企业定义主营业务提出了一定的要求。这些要求有助于监管机构更好地履行监管职责,维护市场秩序和公共利益。

要界定企业的主营业务,需要考虑以下几个方面:

①战略规划层面

主营业务是企业战略定位的核心,企业的发展战略通常围绕主营业务展开。企业通过明确主营业务的发展方向和目标,制定相应的市场营销、产品研发、生产制造等策略,以实现企业的战略目标。主营业务通常与企业的愿景和使命相符,是企业实现其愿景和使命的主要途径,主营业务的发展趋势通常决定了企业的未来发展方向。企业需要不断创新和拓展主营业务,以保持企业的竞争力和持续发展能力。企业可以通过技术创新、产品创新、服务创新等方式,提高主营业务的附加值和竞争力;也可以通过拓展主营业务的领域和范围,开拓新的市场和客户群体。

②经营数据层面

主营业务是企业收入的主要来源,通常占企业总收入的较大比例。企业通过销售主营业务产品或提供主营业务服务,获得大部分的营业收入。主营业务通常能够为企业提供稳定的收入,因为企业在该领域具有一定的地位、市场份额和客户群体。

主营业务通常也是企业利润的主要贡献者。企业通过优化主营业务的成本结构、提高产品或服务的附加值等方式,提高主营业务的盈利能力。主营业务的盈利能力通常具有一定的可持续性,因为企业在该领域具有一定的竞争优势和市场地位。

总之,明确企业的主营业务对于企业的发展至关重要,企业需要不断优化和拓展主营业务,提高主营业务的竞争力和盈利能力,以实现企业的长期发展目标。

企业的核心竞争力是指企业在市场竞争中所具备的独特优势和能力,它能够使企业在长期竞争中脱颖而出并持续发展。核心竞争力包括多个方面,如先进的技术、卓越的管理能力、强大的品牌影响力、高效的运营体系、优秀的人才队伍等。既然称为"核心",就必须是最本质的竞争力,离开了它企业就无法生存。

比如,丰田汽车的核心竞争力在于高效的精益生产模式、可靠的品质与耐用性、强大的技术研发实力以及对节能环保的持续追求;小米的核心竞争力在于高性价比产品策略、强大的生态链布局、创新的营销模式以及以用户为中心的互联网思维;台积电的核心竞争力在于拥有全球领先的半导体制造技术和制程工艺研发能力,通过高效的生产管理和严格的品质管控,以先创的专业代工模式为全球客户提供高品质芯片产品。

核心竞争力与主营业务紧密相关。一方面,主营业务是核心竞争力的重要载体。企业通过开展主营业务,将核心竞争力转化为实际的产品或服务,为客户创造价值。同时,企业围绕主营业务不断进行开拓和创新,从而进一步强化核心竞争力。

另一方面,核心竞争力为主营业务的发展提供支撑,二者相辅相成。强大的核心竞争力能够帮助企业在主营业务领域建立竞争优势,提高市场份额和盈利能力。并且,明确的主营业务有助于企业集中资源培育和提升核心竞争力,避免资源分散,使企业能够在特定领域深入挖掘和发挥自身优势。

企业的愿景、使命和价值观

企业的愿景和价值观是企业非常重要的一个方面,它们虽然不能让企业收到立竿见影的经济利益,但是从长远来看,一个缺乏愿景和正确价值观的企业很难走得远。

企业愿景是企业对未来的展望和对理想状态的描述,它反映了企业的长期目标和追求。一个清晰而富有吸引力的愿景能够激发员工的热情和创造力,吸引客户和合作伙伴的关注,为企业的发展提供强大的动力。比如,苹果公司的愿景开始是"让每人拥有一台计算机",后来演变为"让每人拥有一台智能设备,用科技改变世界",这个愿景表达了苹果公司对未来的一种宏伟构想,即通过创新的科技产品改变人们的生活方式,让每个人都能享受到科技带来的便利。

企业的使命是企业存在的目的和意义,是企业为实现愿景而承担的责任和义务。它通常回答了企业为什么存在、企业的业务范围是什么、企业要为客户和社会创造什么价值等问题。例如,阿里巴巴的使命是"让天下没有难做的生意",这个使命明确了阿里巴巴存在的意义,即通过互联网技术和平台为中小企业提供便捷的贸易服务,帮助它们降低成本、提高效率、拓展市场,从而推动全球贸易的发展。

通常来说,愿景侧重于未来的目标和方向,而使命侧重于当前的责任和价值。

愿景是一种长期的、宏观的目标,它关注的是企业未来的发展方向和理想状态。它通常具有一定的前瞻性和激励性,能够激发员工的积极性和创造力,引导企业朝着一个共同的目标前进。例如,特斯拉的愿景是"加速世界向可持续能源的转变"。这个愿景体现了特斯拉对未来能源发展的一种前瞻性思考,即通过推广电动汽车和太阳能等可持续能源技术,减少对化石能源的依赖,保护环境,实现可持续发展。

使命是一种具体的、现实的责任,它关注的是企业当前的业务活动和价值创造。它通常具有一定的针对性和实用性,能够明确企业的业务范围和服务对象,指导企业的日常经营和管理活动。例如,华为的使命是"聚焦客户关注的挑战和压力,提供有竞争力的通信解决方案和服务,持续为客户创造最大价值"。这个使命明确了华为的业务范围是通信领域,服务对象是客户,价值创造是通过提供有竞争力的解决方案和服务,为客户解决挑战和压力,创造最大价值。

企业的价值观则是企业在长期发展过程中所秉持的一套基本信念和行为准则,它反映了企业对于什么是重要的、什么是正确的、什么是值得追求的等问题的判断和选择,通常涉及道德规范、社会责任、客户导向、团队合作和创新进取诸方面。

正确的价值观能够引导企业在长期发展中做出正确的选择,避免短期行为带来的风险。企业在追求经济利益的同时,也要注重社会责任和道德规范,从而实现可持续发展。

永续经营

与个人和家庭不同,公司默认是永续经营的,不是做完一个项目、赚完一笔钱就解散的。永续经营这一特性决定了企业必须将目光放长远,实现可持续发展。所谓永续经营是指企业以持续、长久的发展为目标,致力于在长期的时间跨度内保持经营活动的稳定性和持续性。

从时间维度上看,永续经营意味着企业不将经营目标局限于短期的盈利或生存,而是着眼于未来几十年甚至更长久的发展。它追求的是企业能够跨越不同的经济周期、技术变革和市场波动,始终保持竞争力。

在经营理念方面,永续经营的企业通常具有明确而坚定的核心价值观和使命。这些价值观和使命不仅仅是口号,更是要深入企业的各个层面,指导企业的决策和行动。比如,以提供高品质的产品或服务为使命的企业会在生产、研发等各个环节严格把控质量,即使在面临成本压力时也不会轻易降低标准。

在战略规划上,永续经营的企业注重长期战略的制定和执行。它们会对市场趋势、技术发展等进行深入研究和预测,提前布局未来。同时,也会保持战略的灵活性,以便在环境变化时能够及时调整。

在财务方面,永续经营的企业强调稳健的财务管理。它们会合理控制债务水平,确保有足够的资金应对各种风险。同时,也会注重资金的有效利用,通过合理的投资和资产配置,实现资产的保值增值。一些企业会在盈利较好的时期储备资金,以便在经济不景气时能够维持运营和进行必要的投资。

在人才管理方面,永续经营的企业高度重视人才的培养和留用。一方面,企业会为员工构建良好的职业发展机会和完善的培训体系,以此激发员工的积极性和创造力。通过提供明确的晋升通道和多样化的培训课程,让员工看到自身在企业中的成长空间,从而更加努力地提升自我,为企业贡献更多价值。另一方面,企业会着力营造良好的企业文化,从工作氛围、团队协作、价值认同等多方面入手,增强员工的归属感和忠诚度。因为人才是企业持续发展的关键因素,只有拥有一支稳定、高素质的人才队伍,企业才能在长期的竞争中立于不败之地,所以永续经营的企业还会注重人才梯度建设,提前规划不同层次人才的培养路径,确保企业在各个发展阶段都有合适的人才支撑。同时,做好交接班的安排,实现领导岗位和关键岗位的平稳过渡,保证企业战略的连贯性和稳定性。

在社会责任方面,永续经营的企业积极履行社会责任。它们会关注环境保护、社会公益等问题,通过自身的行动为社会做出贡献。这不仅有助于提升企业的社会形象,也有利于企业与社会的和谐发展。

案例研究

荷兰东印度公司

世界上最早的、具有现代意义的股份制公司是成立于1602年3月20日的荷兰东印度公司,虽然英国东印度公司的成立时间(1600年12月31日)略早,但从其公司组织形式和现代公司制度的发展角度来看,荷兰东印度公司更具有开创性。

16世纪是大航海时代,欧洲各国积极寻求新的贸易机会。葡萄牙在东南亚地区很早就有了殖民地和贸易触达,这大大刺激了荷兰。16世纪60年代,荷兰商人派人到葡萄牙刺探商情,回国后便成立商业组织往东方发展。从1595年4月至1602年,荷兰陆续成立了14家以东印度贸易为重心的公司,但由于它们之间存在恶意竞争,这14家公司经过商讨后于1602年3月20日合并成荷兰东印度公司(Vereenigde Oost-indische Compagnie,简称 VOC)。

荷兰东印度公司的成立得到了荷兰政府的大力支持,政府授予其在亚洲地区的贸易垄断权,并为其提供军事保护和外交支持。公司通过向社会公众发行股票的方式筹集资金,股东们以其出资额为限对公司承担责任。这种股份制的形式使得公司不但能够筹集到巨额资金,而且也分散了投资风险。

荷兰东印度公司成立后,迅速在亚洲地区展开了积极的贸易活动。公司在亚洲各地建立了贸易据点和殖民地,如印度尼西亚的巴达维亚(今雅加达)、印度的科钦、斯里兰卡的加勒等。这些据点不仅是贸易中心,也是军事基地和行政中心,公司通过这些据点向周边地区辐射。

1619年,在爪哇的西达维亚成立荷兰东印度公司在东印度地区的总部,这标志着公司在亚洲的贸易和殖民活动有了一个稳定的指挥中心。1641年,荷兰东印度公司占领葡领马六甲海峡。马六甲海峡是连接印度洋和太平洋的重要通道,占领这里使公司控制了重要的贸易航线,极大地增强了其在东南亚地区的贸易垄断地位和影响力。1638年,日本锁国,葡萄牙人被日本赶走,荷兰东印度公司借机垄断日本贸易。这使得公司在亚洲的贸易范围进一步扩大,并且在日本市场获得了巨大的利润,也增强了公司在亚洲贸易中的地位。1652年,公司在好望角建立据点。这里成为公司来往东亚的船员的补给站,后来发展成为荷兰的开普殖民地。该据点的建立对于公司的远洋贸易和殖民活动具有重要的战略意义,为公司在非洲和亚洲之间的贸易提供了重要的支撑。

东印度公司的贸易范围涵盖了香料、丝绸、瓷器、茶叶、咖啡等多种商品。其中,香料贸易是公司的核心业务之一。据统计,在17世纪,荷兰东印度公司控制了全球约80%的肉豆蔻、60%的丁香和40%的胡椒贸易。这些香料在欧洲市场上的价格极高,为公司带来了滚滚利润。

为了确保贸易的顺利进行,荷兰东印度公司建立了强大的船队和军事力量。公司的船队由数百艘商船和战舰组成,航行于亚洲和欧洲之间的海洋上。在其鼎盛时期,公司拥有超过150艘武装商船和40艘战舰,船员人数超过3万。公司的军队则负责保卫贸易据点和殖民地,打击竞争对手和海盗。在公司的发展过程中,军事力量发挥了重要作用,帮助公司在亚洲地区建立起了强大的统治地位。

随着贸易的不断扩大,荷兰东印度公司的业务范围也逐渐拓展。公司不仅从事贸易活动,还涉足农业、工业、金融等领域。在印度尼西亚,公司建立了种植园,种植香料、咖啡、茶叶等作物;在印度,公司投资了纺织业和钢铁业;在欧洲,公司开展了银行业务,为贸易活动提供资金支持。

18世纪时,荷兰与英国之间战争不断,1780—1784年的战争使荷兰国内对亚洲货品的需求量大减,公司经济出现危机。最终,荷兰东印度公司于1799年12月31日宣布解散。

荷兰东印度公司是当时世界上最大的贸易公司,在近200年的时间里垄断了全球诸多市场,如香料、茶叶、烟草、丝绸、瓷器等。其贸易额一度占到全世界总贸易额的一半,为荷兰带来了巨额的财富,推动了荷兰经济的繁荣,使荷兰成为17世纪的海上霸主。作为世界上第一家成型的股份有限公司,它开创了股份制的先河,通过向公众发售股份来筹集资本,不仅分散了贸易风险,还吸引了大量投资者。这种模式为现代企业的发展提供了重要的借鉴,并且促使了世界上第一个股票交易所(阿姆斯特丹证券交易所)的诞生。通过其广泛的贸易网络,荷兰东印度公司将亚洲、非洲和欧洲的商品和文化连接在一起,促进了全球的交流和融合,加速了全球化的进程。不过,荷兰东印度公司的殖民统治和贸易垄断行为也存在诸多负面影响,如对殖民地人民的剥削和压迫,以及对当地经济的掠夺性开发等,这些行为给殖民地人民带来了巨大的痛苦和损失。

企业领袖

何谓企业领袖?

企业领袖在企业中处于领导核心地位,是企业的话事人,是对企业的发展方向、战略决策、运营管理等方面起着关键引领作用的人物。企业领袖有可能是老板、创始人、实际控制人或者企业大股东、所有者,甚至是国企和外资企业里的最高领导或者是最有影响力的领导。

我认为在企业竞争力之外,还需要有个"领袖竞争力"的概念,它包括领导力、决策力、创新力和学习能力在内的能力结构。假如领袖竞争力、企业竞争力的分值范围一样的话,那么二者的比值就可以说明企业对领袖的依赖程度,比值越大则依赖程度越大,这个企业很可能是一个未上规模的初创企业;比值较小,则说明企业相对来讲不太依赖于某个个人,大概率是个成熟的、高度组织化的企业。

总结下来,企业领袖通常具备以下几个气质或特点。

①强大的使命感:企业领袖往往对自己和企业的宗旨和使命、对业务发展的目标,以及对企业的社会价值有一种深刻认知和责任担当。

它是一种坚定的信念和内在驱动力,促使人们为实现某个更宏大的目标而努力奋斗。这种使命感可以表现为对人生意义的追求、对社会责任的担当、对理想目标的坚持和对自我价值的肯定。企业领袖的使命感是其自身魅力的重要来源之一。稻盛和夫说过:"领导者必须具备使命感,具备强烈的意志和信念,具备真正的勇气,对团队进行严格的指导,统率团队向前奋进。"

②卓越的领导力:他们一般都具备高超的战略眼光,能够准确洞察市场趋势、行业动态和未来发展方向,为企业制定长远的发展战略。他们还具备超强的决策能力,面对各种复杂的情况和问题,能够迅速做出明智、果断的决策。他们在组织协调方面也具有超群的能力,能够有效地组织和协调企业内部的各种资源,包括人力、物力、财力等,使各部门之间协同合作,实现企业的整体目标。他们还善于调动员工的积极性和创造力,形成强大的团队合力。

③过人的感召力:对内,他们是员工的榜样和精神支柱,激励员工为实现企业目标而努力奋斗;他们的价值观、行为方式和工作态度会对员工产生深远的影响,塑造积极向上的企业文化。对外,他们往往在行业内具有较高的声誉和影响力,能够吸引投资者、合作伙伴和客户;他们的决策和行动会引起市场的关注,对行业的发展产生一定的推动作用。他们往往具有人格魅力,诚信正直、勇于担当、直面挑战、坚韧不拔、持之以恒。价值观引领上,他们有正确的价值观,并贯彻到经营过程中。他们以这些特质吸引和激励员工和外部合作伙伴,成为众人追随的榜样。彼得·德鲁克曾说过:"领导者的唯一定义就是其后面有追随者。一些人是思想家,一些人是预言家,这些人都很重要,而且也很急需,但是,没有追随者,就不会有领导者。"

④创新精神和冒险精神:他们具有创新精神,敢于突破传统思维,引入新的理念、技术和管理方法,推动企业不断创新和进步;他们鼓励

员工创新,为企业营造创新的氛围,使企业在激烈的市场竞争中保持活力。在面对不确定的市场环境和风险时,他们敢于冒险尝试新的业务领域和发展机会;能够承受一定的风险,并善于在风险中寻找机遇,为企业的发展开辟新的道路。

⑤高度的责任感:丘吉尔说,高尚、伟大的代价就是责任。只有一个负责任的管理者才能称之为有影响力的领导。他们对企业负责,为企业的发展鞠躬尽瘁,致力于为股东创造价值、为员工提供良好的待遇和发展机会。他们还负有社会责任感,积极履行企业的社会责任,关注环境保护、公益事业等社会问题。

总之,在商业组织中,企业领袖至关重要。他们具备战略眼光,能洞察市场趋势,为企业制定长远发展战略,如乔布斯引领苹果走向辉煌。企业领袖是决策核心,善于在风险与机遇之间权衡。他们还能凝聚团队,以魅力和领导风格激发员工热情。此外,企业领袖还能推动创新,营造创新氛围。他们不仅影响企业内部,也对社会产生广泛影响,创造就业、推动经济、履行社会责任。

创始人在初创企业中的作用

在初创企业中,企业领袖一般都是主要创始人,所以我们这里就单刀直入,直接讨论创始人在初创企业中的作用。在初创企业的发展历程中,创始人扮演着至关重要的角色,发挥着极其重要的作用,创始人是整个企业的灵魂,可以说创始人的能力范围基本上决定了他的企业能够做多大。创始人在初创企业中的作用和价值可以概括为定大局、找资源、搭班子三个主要方面。

(1)定大局

定大局是创始人在初创企业中的关键任务之一。它涉及为企业确定发展方向、制定战略规划以及塑造企业文化等多个层面,这些动作为企业的未来发展奠定了坚实的基础。

在初创阶段,企业面临着众多的不确定性和各种可能的选择。创始人需要凭借自己的洞察力、行业经验和创新思维,准确地判断市场趋势和机会,为企业确定一个明确的发展方向。这不仅包括选择进入哪个行业或领域,还涉及确定企业的目标客户群体、产品或服务的定位以及独特的价值主张。例如,史蒂夫·乔布斯在创办苹果公司时,敏锐地察觉到个人电脑市场的巨大潜力,将苹果定位为为消费者提供创新、易用且设计精美的个人电脑。他的这一决策为苹果公司的早期发展指明了方向,使其在竞争激烈的科技市场中脱颖而出。创始人在确定发展方向时,需要充分考虑市场需求、自身优势以及竞争态势等因素。通过深入的市场调研和分析,了解客户的痛点和需求,结合自身的技术、资源和能力,找到一个具有市场潜力且能够发挥企业优势的发展方向。

一旦确定了发展方向,创始人就需要制定相应的战略规划,以指导企业的具体行动和资源分配。战略规划包括长期战略和短期战术两个层面。长期战略通常涉及企业的愿景、使命和核心价值观,以及未来几年的发展目标和战略路径。短期战术则包括具体的市场营销策略、产品研发计划、财务预算等。以亚马逊的创始人杰夫·贝索斯(Jeff Bezos,1964—)为例,他在创办亚马逊之初,就明确了亚马逊的长期战略是成为全球最大的在线零售商,并通过不断创新和践行客户至上的理念来实现这一目标。在短期战术方面,亚马逊采取了低价策略、快速配送服务以及持续的技术创新等手段,逐步扩大市场份额。创始人在制定战略规划时,需要具备前瞻性和灵活性。一方面,要能够预见未来的市场变化和趋势,提前布局;另一方面,要能够根据实际情况及时调整战略,以适应不断变化的市场环境。

企业文化是企业的灵魂,决定了企业的价值观、行为准则和工作氛围。创始人在初创企业中起着塑造企业文化的关键作用,他们的价值观、领导风格和行为方式会深刻影响企业的文化氛围。创始人在塑造企业文化时,需要以身作则地践行企业的价值观;同时,要通过培训、沟通和激励等方式,将企业文化传递给每一位员工,使大家形成共同的价值观和行为准则,增强企业的凝聚力和向心力。

(2)找资源

在初创企业中,资源往往是稀缺的。创始人需要积极地寻找各种资源,为企业的发展提供支持。这些资源包括资金、人才、技术、市场渠道等。

资金是初创企业生存和发展的基础。创始人需要通过各种渠道筹集资金,以支持企业的研发、生产、营销等活动。筹集资金的方式主要有天使投资、风险投资、银行贷款、众筹等。创始人需要准备详细的商业计划书,向投资人展示企业的发展前景和潜力,以吸引他们的投资。同时,创始人还需要具备良好的沟通和谈判能力,争取到最有利的投资条件。除了外部融资,创始人还可以考虑内部融资的方式,如员工持股计划、利润再投资等。通过内部融资,可以增强员工的归属感和积极性,同时也可以减少企业的财务风险。

人才是初创企业最宝贵的资源。创始人需要吸引一批优秀的人才加入企业,共同为实现企业的目标而努力奋斗。吸引人才的方式主要有提供有竞争力的薪酬待遇、良好的工作环境、广阔的发展空间等。以谷歌为例,两位创始人拉里·佩奇(Larry Page,1973—)和谢尔盖·布林(Sergey Brin,1973—)非常注重吸引优秀的人才,他们为员工提供了舒适的工作环境、免费的美食、丰富的娱乐设施等福利,同时还给予员工充分的自主权和发展空间。这种良好的工作氛围吸引了全球各地的优秀人才加入谷歌,为其成为全球领先的科技公司奠定了坚实的基础。

对于初创企业来说,技术和市场渠道是实现产品或服务商业化的关键。创始人需要积极地整合各种技术和市场渠道资源,为企业的发展提供支持。在技术方面,创始人可以通过与高校、科研机构合作,引进先进的技术和人才;也可以通过收购或合并其他企业,获取关键的技术和知识产权。在市场渠道方面,创始人可以与合作伙伴建立战略联盟,共同开拓市场;也可以通过参加行业展会、举办产品发布会等方式,扩大企业的知名度和影响力,拓展市场渠道。

(3)搭班子

搭班子是指创始人组建一支高效的管理团队和员工队伍,为企业的发展提供组织保障。

管理团队是企业的核心决策层,他们负责制定企业的战略规划、组织实施各项业务活动以及管理企业的日常运营。创始人需要根据企业的发展需求,组建一支具备专业知识、丰富经验和创新精神的管理团队。管理团队的成员应该涵盖各个关键职能领域,如市场营销、产品研发、财务管理、人力资源等。创始人需要根据团队成员的专业背景和能力特点,合理分配工作任务,充分发挥每个人的优势。创始人在组建管理团队时,需要注重团队成员之间的互补性和协作性。要选择那些具有不同专业背景和思维方式的人,以便在决策过程中能够充分考虑各种因素,做出更加明智的决策。同时,要建立良好的沟通机制和团队文化,促进团队成员之间的协作和配合。

除了管理团队,创始人还需要招聘一支优秀的员工队伍,为企业的发展提供具体的执行力量。员工队伍的素质和能力直接影响企业的产品质量、服务水平和运营效率。创始人还需要注重员工的培训和发展，为员工提供良好的职业发展机会和晋升空间，激发员工的工作热情和创造力。

为了充分调动管理团队和员工队伍的积极性和创造力，创始人需要建立一套有效的激励机制。激励机制可以包括薪酬激励、股权激励、晋升激励等。薪酬激励是最基本的激励方式，创始人需要根据企业的财务状况和市场行情，为管理团队和员工队伍提供有竞争力的薪酬待遇。股权激励是一种长期激励方式，通过给予管理团队和员工一定比例的公司股权，使他们与公司的利益紧密结合在一起，共同为公司的发展努力奋斗。晋升激励则是通过为员工提供晋升机会和职业发展空间，激发员工的工作热情和创造力。

总之，创始人在初创企业中扮演着至关重要的角色。在初创企业的发展过程中，创始人需要不断地学习和创新，提高自己的领导能力和管理水平，以适应不断变化的市场环境和企业发展需求。

企业领袖在成熟企业中的作用

一般来说，成熟企业的本质特质主要有以下几点：财务上，有稳定盈利能力、良好资金流动性及财务绩效的可预期性、可规划性，坐拥一定的市场份额，具有一定的品牌影响力。管理上，拥有完善的组织架构、有效的管理制度及完整的管理团队。创新上，具有持续创新力，基本能够适应市场变化。

在成熟企业的发展历程中，企业领袖同样扮演着重要的角色。我把企业领袖在成熟企业中的作用归结为"继往开来"，既要稳住当前的经营局面,又要推动企业适应市场变化,实现持续发展。

(1)"继往":稳住经营局面,确保掌控力,防范重大经营风险

成熟企业通常已经在市场中占据了一定的地位,拥有稳定的客户群体、完善的供应链体系和较为成熟的管理模式。然而,这并不意味着企业可以高枕无忧。市场环境的变化、竞争对手的挑战、内部管理的问题等都可能给企业带来重大的经营风险。

企业领袖作为企业的核心人物,需要保持对企业的掌控力。这包括对企业战略方向的把握、对重大决策的制定、对关键资源的调配等。只有保持对企业的掌控力,企业领袖才能在复杂多变的市场环境中,确保企业始终朝着正确的方向发展。例如,苹果公司的蒂姆·库克(Tim Cook,1960—)在接任乔布斯之后,继续保持了对苹果公司的掌控力。他在产品创新、供应链管理、市场拓展等方面做出了一系列明智的决策,使苹果公司在全球市场上继续保持领先地位。库克深知苹果公司的核心竞争力在于其创新的产品和优质的用户体验,因此他不断加大对研发的投入,推出了一系列备受欢迎的新产品,如 iPhone X、iPad Pro 等。同时,他还优化了苹果公司的供应链管理,确保产品的及时供应和质量稳定。这些举措都体现了库克对苹果公司的掌控力,使苹果公司在乔布斯去世后依然能够稳步发展。

成熟企业的经营局面通常比较稳定,但也容易陷入惯性思维,缺乏创新和变革的动力。企业领袖需要在保持经营局面稳定的同时,不断寻找新的发展机遇,推动企业持续发展。稳定经营局面的关键在于保持企业的核心竞争力。企业领袖需要深入了解企业的核心竞争力所在,并采取措施加以巩固和提升。例如,可口可乐公司的核心竞争力在于其强大的品牌影响力和广泛的销售网络。公司的领导团队一直致力于维护和提升可口可乐的品牌形象,通过广告宣传、赞助活动、社会责任等方式,不断增强品牌的知名度和美誉度。同时,他们还积极拓展销售渠道,加强与经销商的合作,确保产品能够及时、准确地送达消费者手中。这些举措都有助于稳定可口可乐公司的经营局面,使其在全球饮料市场上始终保持领先地位。此外,企业领袖还需要关注企业的内部管理,确保企业的运营效率和管理水平。他们需要建立健全的管理制度,加强对员工的培训和激励,提高员工的工作积极性和创造力。同时,他们还需要加强对企业财务的管理,确保企业的资金安全和财务稳定。

成熟企业也会面临多种多样的经营风险,如市场风险、技术风险、政策风险等,不同于初创企业的是,这些风险往往不是浮在表面的,很难轻易被发现。因此企业领袖需要具备敏锐的风险意识,及时识别和防范重大经营风险。防范重大经营风险的关键在于建立健全的风险管理体系。企业领袖需要安排制定科学合理的风险管理策略,明确风险管理的目标和责任,建立风险预警机制和应急处理机制。同时,他们还需要加强对企业内部风险的管控,如财务风险、运营风险、法律风险等。通过建立健全的风险管理体系,可以有效地防范重大经营风险,确保企业的稳定发展。在2008年全球金融危机期间,许多企业面临着巨大的经营风险。然而,像三星电子、高盛集团和福特汽车等企业的领袖通过及时调整战略、优化资产结构、加强风险管理等措施,成功地度过了危机。这些企业领袖在危机面前表现出了卓越的领导能力和风险意识,为企业的稳定发展做出了重要贡献。

(2)"开来":适应市场变化,推动业务创新和组织变革,打造企业的长期竞争力

市场环境的变化是永恒的主题,成熟企业要想在激烈的市场竞争中立于不败之地,就必须不断适应市场变化,推动业务创新和组织变革,打造长期竞争力。企业领袖在这个过程中发挥着关键的引领作用。

企业领袖需要密切关注市场变化,及时调整企业的战略和经营策略,以适应市场的需求。企业领袖需要带领企业深入了解市场趋势、消费者需求、竞争对手动态等信息,及时发现市场机会和潜在风险。同时,他们还需要具备快速决策和执行的能力,能够在市场变化面前迅速做出反应,调整企业的战略和经营策略。例如,在互联网时代,传统零售企业面临着巨大的挑战。然而,一些零售企业的领袖通过积极拥抱互联网,推动企业的数字化转型,成功地适应了市场变化。他们通过建立电子商务平台、开展线上线下融合的营销活动、优化供应链管理等措施,提升了企业的竞争力,实现了企业的可持续发展。

成熟企业的组织架构和管理模式通常比较固定,容易出现官僚主义、效率低下等问题。为了适应市场变化和业务发展的需要,企业领袖需要推动组织变革,建立更加灵活、高效的组织架构和管理模式。推动组织变革的关键在于打破传统思维、勇于创新。企业领袖需要敢于挑战现有的组织架构和管理模式,引入新的管理理念和方法,激发员工的创新活力和创造力。同时,他们还需要注重变革的过程管理,确保变革的顺利实施和落地。例如,通用电气公司的杰克·韦尔奇(Jack Welch 1935—2020年)在担任CEO期间,对通用电气进行了一系列大刀阔斧的组织变革。他推行了"数一数二"战略,对业务进行了重组和优化,淘汰了一些不具备竞争力的业务,集中资源发展核心业务。同时,他还推行了扁平化的组织架构,减少管理层级,提高决策效率。这些组织变革措施使通用电气在全球市场上重新焕发出了生机和活力。

业务创新是企业持续发展的动力源泉。成熟企业要想在激烈的市场竞争中立于不败之地,就必须不断进行业务创新,推出具有竞争力的新产品和新服务。企业领袖在业务创新中发挥着关键的引领作用。业务创新的关键在于鼓励创新文化,激发员工的创新热情。企业领袖需要营造鼓励创新的文化氛围,建立创新激励机制,为员工提供创新的平台和资源支持。同时,他们还需要加强对创新项目的管理和支持,确保创新项目能够顺利实施和落地。例如,亚马逊的杰夫·贝索斯一直致力于推动业务创新。他带领亚马逊从一家在线书店发展成为全球最大的电子商务公司,并不断拓展业务领域,涉足云计算、人工智能、物流等领域。贝索斯鼓励员工勇于尝试新的业务模式和技术应用,为亚马逊的持续发展注入了强大的动力。

创始人模式

硅谷现在流行的"创始人模式",是与传统"经理人模式"相对的管理方式,这缘起于爱彼迎(Airbnb)的 CEO 布莱恩·切斯基(Brian Chesky,1981—)。他在经历了放权管理,发现效果不佳后,于是自己重新下场,开始深度参与公司各个层面的事务。

创始人对公司的管理不局限于高层决策,而是深入业务的各个环节和细节。这与经理人模式中高层主要通过下属执行决策、不过多参与具体事务的方式形成鲜明对比。在创始人模式下,打破层级管理限制,"跨级"会议成为常态,创始人会直接与不同层级的员工沟通交流,获取更全面的信息,以便更好地把控公司发展方向。例如,史蒂夫·乔布斯每年会召集最重要的 100 人举办讨论会,这些人不一定是组织架构图上职位最高的。创始人对公司的创立背景、发展历程、核心价值和企业文化有着深刻的理解和认同,能够基于这种独特的认知来制定更符合公司长远发展的战略。他们将公司视为自己的"孩子",对公司的感情和投入程度是职业经理人难以比拟的。创始人往往具有强烈的创新意识和冒险精神,敢于尝试新的业务模式和技术应用,以推动公司不断适应市场变化。他们不会满足于公司的现状,始终在寻求突破和创新的机会,这对于科技行业等快速发展的领域尤为重要。

不过,创始人模式也并非适用于所有公司,在公司规模扩大后,如何平衡深度参与和适当放权是创始人需要面临的新挑战。

案例研究

"经营之神"稻盛和夫

稻盛和夫(Kazuo Inamori,1932—2022年)是日本著名的企业家、管理学家及思想家。他一生中创立了两家世界500强企业——京瓷(Kyocera)和第二电信(DDI,后成为KDDI的一部分),并且在78岁高龄时应日本政府之邀出任日本航空公司(JAL)会长,并成功帮助其重建,因而被称为"经营之神"。

(1)打造京瓷

稻盛和夫的商业传奇始于京瓷。京瓷最初只是一个小小的街道工厂,在稻盛和夫的带领下,逐步发展成为全球知名的陶瓷制造商。

稻盛和夫深刻认识到技术创新对于企业发展的关键作用。他专注于陶瓷技术的研发,带领团队不断挑战技术极限,推出了一系列高性能、高品质的陶瓷产品。京瓷的精密陶瓷零部件在电子、通信等领域得到广泛应用,其高强度、高耐热性、高绝缘性等特点,为相关行业的发展提供了有力支持。

例如,在半导体行业的发展过程中,京瓷的高纯度的陶瓷材料能够承受高温、高压等极端环境,保证了半导体制造过程的稳定性和可靠性。同时,京瓷不断改进陶瓷技术,提高产品的精度和性能,满足了半导体行业对零部件日益严格的要求。

"敬天爱人"是稻盛和夫在京瓷提出的经营哲学,这一哲学贯穿在企业的各个方面,成为京瓷发展的灵魂。

"敬天"即尊重自然规律和道德准则。稻盛和夫认为,企业的经营活动必须遵循自然规律,不能以牺牲环境为代价换取经济利益。同时,企业要遵守道德规范,诚实守信,合法经营。在京瓷,这种理念体现在对环保的重视和对社会责任的担当上。公司积极投入资源进行环保技术的研发和应用,减少生产过程中的环境污染。同时,京瓷积极参与公益事业,回馈社会,树立了良好的企业形象。

"爱人"则强调关爱员工、客户和社会。稻盛和夫把员工视为企业最重要的财富,注重员工的培养和发展。京瓷为员工提供良好的工作环境和晋升机会,鼓励员工发挥自己的才能,实现个人价值。在对待客户方面,京瓷始终以客户为中心,努力为客户提供优质的产品和服务。公司注重倾听客户的需求和意见,不断改进产品和服务,满足客户的期望。

稻盛和夫为京瓷设定了高远的目标,即成为全球第一的陶瓷制造商。他以强烈的使命感激励员工为之奋斗,不断挑战自我,突破技术和市场的限制。

(2)进军电信业

1984年,日本政府决定对电信行业进行改革,允许私人企业进入这一长期由国家垄断的领域。正是在这个背景下,已经成功运营京瓷多年的稻盛看到了新的机会,并决定踏入这个全新的商业领域。

虽然稻盛意识到通信服务将成为未来社会不可或缺的一部分,然而,对于一个以陶瓷制造起家的企业来说,涉足完全陌生的电信业无疑是一个巨大的挑战。尽管面临技术、资金以及竞争对手等多方面的挑战,稻盛依然决定开始他二次创业的冒险之旅。

为了克服技术和资金上的障碍,稻盛联合了诸如索尼、三菱商事等大型公司共同投资成立了第二电电株式会社(Daini Denden)。

从一开始,稻盛就强调技术创新的重要性。第二电电采用了当时最先进的光纤传输技术和数字交换系统,这使得公司在提供高质量语音通话及数据服务方面占据了优势。此外,他还非常注重用户体验,在服务设计上力求简洁高效,赢得了广大消费者的认可。在营销方面,第二电电采取了灵活的价格策略来吸引客户。针对不同用户群体推出了多样化的套餐,满足了市场上广泛的需求。同时,通过建立广泛的销售和服务网络,确保了全国各地都能享受到优质便捷的服务。

经过几年的努力,第二电电逐渐在市场上站稳脚跟,并于1996年正式更名为KDDI株式会社。随后,KDDI不断扩展业务范围,包括移动通信、宽带互联网接入等多个领域,成为日本第二大综合通信运营商。21世纪初期,KDDI更是通过一系列并购活动进一步增强了自身实力,巩固了其在日本乃至国际市场上的地位。

(3)日本航空的重生

日本航空(JAL)在遭遇经营危机濒临破产之际,稻盛和夫临危受命担任董事长。他以其独特的领导风格和经营理念,迅速对公司进行了改革,实现了日本航空的重生。

稻盛和夫首先深入了解公司的实际情况,与员工进行面对面交流,倾听他们的意见和建议。他发现,公司存在着严重的官僚主义、成本过高、服务质量下降等问题。为了迅速扭转局面,他采取了一系列果断措施。

他精简机构,裁撤了大量冗余部门和人员,提高了公司的运营效率。同时,他优化航线,减少不必要的航班,降低运营成本。此外,他还加强了对成本的控制,严格管理各项费用支出,使公司的财务状况得到了明显改善。

稻盛和夫将"敬天爱人"的经营哲学引入日本航空,强调以客户为中心,提供优质的服务。他要求员工从内心深处关心客户的需求,努力为客户创造价值。

为了实现这一目标,稻盛和夫亲自参与服务质量的改进工作。他带领管理层深入一线,了解客户的需求和意见,及时解决客户反映的问题。同时,他还注重培养员工的服务意识和团队合作精神,通过培训和激励机制,提高员工的服务水平。

在成本控制方面,他采取了一系列措施。如优化采购流程,降低采购成本。同时,他加强对燃油成本的管理,通过合理安排航班、提高燃油利用率等方式,降低燃油消耗。此外,他还对公司的各项费用进行了严格控制,减少不必要的开支。

在效率提升方面,稻盛和夫引入了先进的管理方法和技术。他优化航班调度和资源配置,减少航班延误和浪费,提高飞机的利用率。同时,他加强对员工的培训,提高员工的工作效率和业务水平。通过这些措施,日本航空的运营效率得到了显著提高,竞争力也得到了增强。

通过两年多的努力,稻盛和夫奇迹般地帮助日本航空度过了财务危机,扭亏为盈,并且重新上市。这一壮举被认为是商业史上的奇迹,因为当时几乎没有人认为他接管日本航空会成功。

(4)稻盛和夫的经营理念对现代企业的启示

坚持技术创新:在当今快速发展的科技时代,技术创新是企业发展的关键。企业要不断投入资源进行技术研发,提高产品的性能和质量,满足客户的需求。同时,企业要关注行业的发展趋势,积极引进先进的技术和管理经验,不断提升自身的竞争力。

注重企业文化建设:企业文化是企业的灵魂,决定了企业的价值观和行为准则。企业要建立积极向上、团结协作的企业文化,关爱员工,尊重客户,承担社会责任。通过企业文化建设,激发员工的工作热情和创造力,提高企业的凝聚力和向心力。

强化领导能力:领导者是企业的核心,他们的领导能力直接影响企业的发展。企业领导者要具备卓越的领导能力,以身作则,激励员工,凝聚人心。他们要注重与员工的沟通和交流,关心员工的生活和工作,为员工提供良好的发展平台和机会。

树立正确的经营理念:企业要树立正确的经营理念,坚持以客户为中心,提供优质的产品和服务。同时,企业要注重长期规划,不被短期利益所左右。企业在追求经济效益的同时,也要承担社会责任,为社会做出积极贡献。

商业模式与应用场景

商业模式的定义和特征

商业模式是指一个组织（通常是企业）在市场中创造价值、传递价值以及获取价值的核心逻辑和架构体系。它描述了企业如何运营、如何盈利以及它们与供应商、客户、合作伙伴等利益相关者之间的关系。

"商业模式"这一术语最早是在 20 世纪 50 年代提出的，但直到 90 年代，这个概念才开始广泛流行。在早期，商业模式的概念并没有像后来那样得到广泛的认同和应用。直到信息技术（IT）和通信行业迅速发展，特别是互联网的兴起，商业模式的重要性才逐渐被人认识到，并成为企业战略规划的重要组成部分。20 世纪 90 年代以后，随着互联网的普及，"商业模式"一词的使用频率大大增加，特别是在 IT 技术和电子商务等行业中尤为明显。同时，传统的行业也开始重视商业模式的研究和实践，因为每一个成功的企业都需要不断地审视自身的商业模式，以适应市场变化，寻求持续发展的路径。

一个清晰、有效的商业模式可以帮助企业明确自己的市场定位。

在市场中，企业面临着众多的竞争对手和复杂多变的客户需求。通过精心设计商业模式，企业能够准确地识别自己的目标客户群体，了解他们的需求、痛点和偏好。

有效的商业模式还能提高企业的运营效率，因为商业模式涵盖了企业从产品研发、生产制造、市场营销到售后服务的各个环节。通过优化商业模式，企业可以整合内部资源，实现流程再造，降低运营成本。例如，采用精益生产模式的企业，能够消除生产过程中的浪费，提高生产效率；而利用电子商务平台进行销售的企业，可以减少中间环节，降低销售成本。同时，良好的商业模式还能促进企业内部各部门之间的协同合作，提高决策效率，使企业能够快速响应市场变化，满足客户需求。

商业模式对企业盈利能力的增强也起着关键作用。一个成功的商业模式能够为企业创造持续的收入来源，并合理控制成本。企业可以通过多种方式实现盈利，如产品销售、服务收费、广告收入等。此外，商业模式还可以帮助企业优化成本结构，降低生产成本、营销成本和管理成本等。通过提高盈利能力，企业能够为股东创造更大的价值，为员工提供更好的待遇，为社会做出更多的贡献。

商业模式是企业成功的关键之一，因为它不仅定义了企业的运营方式，还决定了其长期发展的潜力和可持续性。一个具有可持续性的商业模式能够适应市场变化，不断创新和进化。在快速发展的科技时代，市场环境瞬息万变，客户需求不断升级。企业只有不断优化和创新商业模式，才能在竞争中立于不败之地。例如，随着互联网的普及和电子商务的兴起，传统零售企业纷纷转型，采用线上线下融合的商业模式，以满足消费者日益多样化的购物需求。同时，可持续的商业模式还能够注重环境保护和社会责任，实现企业与社会的和谐发展。

通过深入理解和不断优化商业模式，企业可以在激烈的市场竞争中保持领先地位,实现持续稳健的发展。企业领导者应该高度重视商业模式的设计和创新,将其作为企业战略的核心内容。他们需要不断关注市场动态,深入了解客户需求,积极借鉴先进的商业模式,结合企业自身的优势和特点,打造出具有竞争力的商业模式。同时,企业还应该建立健全的商业模式评估和调整机制,定期对商业模式进行评估和优化,确保其始终适应市场变化和企业发展的需要。

总之,商业模式是企业发展的核心引擎,它对企业的市场定位、运营效率、盈利能力和可持续发展起着决定性作用。企业只有不断探索、创新和优化商业模式,才能在激烈的市场竞争中脱颖而出,实现长期稳定的发展。

商业模式分析的本质是对具体业务进行建模、归类和泛化。通过深入研究企业的价值主张、客户群体、收入来源、核心资源等关键要素,构建出一个能够清晰反映企业商业运作逻辑的模型。这个过程并非简单地描述企业的具体业务操作,而是从更高的抽象维度去理解和把握企业的商业本质。与商业计划书不同,商业模式分析更侧重于对企业商业逻辑的深度剖析和提炼。商业计划书通常涵盖企业的发展目标、市场策略、财务预算等具体内容,主要用于向投资者、合作伙伴等展示企业的发展前景和可行性,是个体的、具象的材料。而商业模式分析则是站在更宏观的视角,对不同企业的商业模式进行归类和比较,找出其中的共性和差异,为企业的战略决策和创新提供指导,是集合的、抽象的。

商业模式最本质的特征主要有以下几点。

①价值创造:这是商业模式的本质特征。企业通过商业模式为客户、社会以及自身创造价值。对于客户而言,企业的产品或服务要能够解决他们的实际问题、满足他们的需求或提供独特的体验。例如,智能手机的出现为人们的生活和工作带来了极大的便利,满足了人们沟通、

娱乐、获取信息等多方面的需求。企业通过不断创新和优化产品或服务，为客户创造更多的价值，从而赢得客户的认可和忠诚。对社会来说，企业可以通过商业模式创造就业机会、推动技术进步、促进经济发展以及履行社会责任等。对于企业自身而言，价值创造意味着实现盈利和可持续发展。企业通过有效的商业模式，整合资源、降低成本、提高效率，从而获得经济回报，为企业的持续发展提供动力。

②可持续性：一个成功的商业模式必须具有可持续性。这意味着企业能够在较长时间内持续运营并不断发展壮大。可持续性体现在多个方面。首先，企业的产品或服务要有持续的市场需求。随着时间的推移和市场环境的变化，客户的需求可能会发生改变，但企业的商业模式要能够适应这些变化，不断调整和优化产品或服务，以确保始终满足客户的需求。其次，商业模式要具备经济上的可持续性。企业要能够实现盈利，并保证有足够的现金流来支持企业的日常运营和发展扩张。这需要企业合理控制成本、优化收入结构、提高资产回报率等。此外，可持续性还包括资源的可持续利用和环境保护等方面。企业在运营过程中要注重资源的节约和循环利用，减少对环境的负面影响，以实现长期的可持续发展。

③可复制性与扩展性：一个好的商业模式往往具有一定的可复制性和扩展性。可复制性意味着企业的商业模式可以在不同的地区、市场或客户群体中进行复制推广，从而实现规模扩张和快速发展。例如，连锁经营模式就是一种具有高度可复制性的商业模式，企业可以通过标准化的运营流程和管理体系，在不同的地点开设门店，迅速扩大市场份额。扩展性则是指商业模式能够随着企业的发展不断拓展和延伸。企业可以通过创新和多元化发展，开拓新的业务领域、产品或服务线，以满足不断变化的市场需求和客户需求。

④独特性与创新性：在竞争激烈的市场环境中，商业模式只有具有

独特性和创新性,才能脱颖而出。独特性,也可以称之为差异性,是指企业的商业模式与竞争对手有所区别,具有自己的特色和优势。这种独特性可以体现在产品或服务的差异化、客户关系的独特性、渠道通路的创新等方面。创新性则是指企业的商业模式能够不断引入新的理念、技术和方法,以适应市场的变化和客户的需求。创新可以体现在价值主张的创新、运营模式的创新、盈利模式的创新等方面。例如,共享经济模式的出现就是一种商业模式的创新,它通过整合闲置资源,为用户提供了更加便捷和经济的服务。

我们知道,商业模式分析和价值链分析都聚焦于企业的商业活动和运营过程,旨在深入理解企业如何创造价值、传递价值和获取价值,都以价值创造为核心关注点。然而,商业模式分析明确企业为客户创造的价值主张以及如何实现价值的交付和获取;价值链分析则通过对企业内部各项活动的分解,识别那些能够为企业带来竞争优势的价值创造环节。商业模式分析具有更广泛的分析范围,不仅涵盖企业内部的运营活动,还包括企业与外部利益相关者的关系,如客户、供应商、合作伙伴等;它关注企业在整个商业生态系统中的定位和角色,以及如何通过与各方的合作实现价值的最大化。价值链分析则主要集中在企业内部的价值创造活动;它将企业的运营过程分解为一系列相互关联的活动,从原材料采购到产品销售和售后服务,分析每个环节对企业价值创造的贡献。商业模式分析更侧重于从战略和商业逻辑的角度进行分析;它关注企业的盈利模式、市场定位、客户细分、渠道策略等方面,以确定企业的可持续发展能力和竞争优势。价值链分析则从运营和流程的角度进行分析;它关注企业内部各项活动的效率和协同效应,通过优化价值链上的各个环节来提高企业的整体竞争力。

商业模式的构成要素

关于商业模式的构成要素,有多种不同的说法,我们这里试图从如下六个方面加以解析:

(1)战略定位

战略定位是商业模式的基石,它决定了企业在市场中的方向和位置,是一切商业计划出发的原点。战略选择、价值主张、细分市场和目标客群是战略定位的重要组成部分。

战略选择是企业在面对市场竞争时所做出的重大决策。企业可以选择差异化战略,通过提供独特的产品或服务,满足特定客户群体的需求,从而在市场中脱颖而出。企业也可以选择成本领先战略,通过优化生产流程、降低成本,以更具竞争力的价格提供产品或服务,吸引价格敏感的客户群体。

价值主张是企业为客户提供的核心价值。企业需要明确自己的产品或服务能够解决客户的哪些问题,满足客户的哪些需求。价值主张应该具有独特性、针对性和吸引力,能够与竞争对手区分开来。例如,星巴克的价值主张不仅仅是提供一杯咖啡,更是提供一个舒适、温馨的社交场所,满足人们对社交和休闲的需求,号称是除了家和公司外的"第三空间"。

细分市场是企业根据客户的不同需求、特征和行为,将市场划分为不同的细分领域。企业需要深入了解各个细分市场的规模、增长趋势、竞争状况和客户需求,选择最适合自己的细分市场。

目标客群是企业在细分市场中确定的具体客户群体。企业需要了解目标客群的年龄、性别、收入、教育程度、兴趣爱好等特征,以及他们的购买行为、消费习惯和需求偏好。只有深入了解目标客群,企业才能为他们提供个性化的产品或服务,满足他们的需求,提高客户满意度和忠诚度。

例如,沃尔玛超市和山姆会员店都是沃尔玛旗下的零售业态,但在定位上存在明显区别。沃尔玛超市的目标客户群体广泛,面向普通大众消费者,包括各个年龄层、不同收入水平的人群;其商品种类丰富,能满足家庭日常消费的各种需求,无论是生活必需品、食品饮料,还是家居用品、服装等,都有广泛的选择,适合追求便捷、实惠购物的消费者。而山姆会员店则主要针对中高端收入的消费者,这类人群对商品品质有较高要求,且具有较强的消费能力,愿意为了优质的商品和服务支付会员费;其目标客户群体通常是城市中的中产阶级家庭、企业采购人员以及对品质有追求的个体消费者。因为定位的不同,所以导致两者在是否采用会员制度、店铺布局与购物环境以及价格策略上都形成了很大的差异。

(2) 业务系统

业务系统是企业为实现价值主张而构建的价值网络,包括本企业、客户、供应商和其他合作伙伴等利益相关者。业务系统的设计需要考虑如何整合各方资源,实现协同效应,提高效率和竞争力。

企业自身在业务系统中扮演着重要角色,需要明确自己的核心业务和关键活动。核心业务是企业为客户提供价值的主要手段,例如生产制造、产品研发、市场营销等。关键活动是支持核心业务的重要环节,例如供应链管理、客户服务、技术创新等。

客户是业务系统的重要组成部分,企业需要了解客户的需求和期望,为他们提供优质的产品或服务。同时,企业还需要与客户建立良好的关系,提高客户满意度和忠诚度。例如,通过客户关系管理系统

(CRM),企业可以了解客户的购买历史、偏好和需求,为他们提供个性化的推荐和服务。

供应商是企业的重要合作伙伴,他们为企业提供原材料、零部件、设备等资源。企业需要与供应商建立长期稳定的合作关系,确保资源的稳定供应和质量可靠。例如,丰田汽车一直与其零部件供应商保持着密切的合作关系,双方在技术研发、生产制造、质量管控等多个环节深度协作,信息高度共享、业务相互交叉,甚至通过资本关系形成了绑定,形成了一个共生共荣的价值网络(业务生态系统)。

其他合作伙伴包括分销商、代理商、合作伙伴等,他们可以帮助企业扩大市场份额,提高销售效率。企业需要与合作伙伴建立互利共赢的合作关系,共同发展。

(3)关键资源能力

关键资源能力是指服务于业务系统的关键资源,包括外部的关键合作伙伴。关键资源能力是企业实现价值主张和竞争优势的基础。

关键资源包括人力资源、财务资源、物质资源、技术资源、品牌资源等。人力资源是企业重要的资源之一,企业需要拥有一支高素质、创新能力强的管理团队和员工队伍。财务资源是企业发展的重要保障,企业需要有足够的资金支持业务发展和创新活动。物质资源包括生产设备、办公场所、仓库等,企业需要合理配置物质资源,提高资源利用效率。技术资源是企业创新的重要支撑,企业需要不断投入研发,提高技术水平和创新能力。品牌资源是企业的重要无形资产,企业需要通过品牌建设,提高品牌知名度和美誉度。

关键能力包括核心竞争力、创新能力、运营管理能力、市场营销能力等。核心竞争力是企业在市场竞争中具有独特优势的能力,例如技术创新能力、品牌影响力、成本控制能力等。创新能力是企业持续发展的动力,企业需要不断推出新产品、新服务、新商业模式,满足客户不断变化的需求。运营管理能力是企业高效运作的保障,企业需要优化业务流程,提高生产效率,降低成本。市场营销能力是企业拓展市场的关键,企业需要制定有效的市场营销策略,提高品牌知名度和市场份额。

(4)盈利模式

盈利模式是指企业实现盈利的方式,包括收费方式、收入来源、成本结构和利润构成。盈利模式的设计需要考虑企业的价值主张、目标客群、业务系统和关键资源能力,确保企业能够实现可持续盈利。现实中,有些人会把商业模式和盈利模式混为一谈,这里明确一下,盈利模式仅仅是商业模式中的一环而已。

收费方式是指企业向客户收取费用的方式,包括一次性收费、订阅收费、按使用量收费等。企业需要根据产品或服务的特点和客户的需求,选择合适的收费方式。例如,软件公司可以采用订阅收费的方式,为客户提供持续的软件更新和技术支持。

收入来源是指企业的主要收入渠道,包括产品销售收入、服务收入、广告收入、授权收入等。企业需要多元化收入来源,降低风险,提高盈利能力。例如,互联网公司可以通过广告收入、电商收入、游戏收入等多种渠道实现盈利。

成本结构是指企业的成本构成,包括固定成本和可变成本。企业需要优化成本结构,降低成本,提高盈利能力。

利润构成是指企业的利润来源,包括主营业务利润、其他业务利润、投资收益等。企业需要提高主营业务利润,同时合理利用其他业务利润和投资收益,提高盈利能力。

(5)现金流结构

现金流结构是反映企业盈利质量、影响企业生存和发展、间接体现企业价值创造过程的重要因素。现金流结构的设计需要考虑企业的盈利模式、业务系统和关键资源能力,确保企业有足够的现金流支持业务发展和创新活动。

良好的现金流结构应该具有稳定的现金流入和合理的现金流出。现金流入主要来自销售收入、投资收益、融资等渠道,现金流出主要用于采购原材料、支付员工工资、偿还债务、进行投资等。企业需要合理安排现金流入和流出,确保现金流的平衡和稳定。

现金流结构还可以反映企业的盈利质量。如果企业的利润主要来自应收账款等非现金收入,而现金流入不足,那么企业的盈利质量可能存在问题。相反,如果企业的利润主要来自现金销售收入,而应收账款较少,那么企业的盈利质量较高。那些采取激进销售策略的公司,应收账款较多,回款周期长,营收质量较低。

现金流结构对企业的生存和发展至关重要。如果企业的现金流紧张,无法支付到期债务,那么企业可能面临破产的风险。因此,企业需要加强现金流管理,提高资金使用效率,确保企业有足够的现金流支持业务发展。

(6)企业价值

企业价值是企业本身所具有的内在价值,它综合考虑了企业的多个方面,包括但不限于企业的盈利能力、成长潜力、市场地位、品牌价值、核心竞争力、管理团队能力、创新能力、社会责任等。企业价值更多地反映了企业在长期发展过程中能够为利益相关者创造的综合效益。

虽然企业价值(Value of an enterprise)和企业估值(Valuation of an enterprise)具有强关联关系,但是二者还是有很大区别的。企业估值是对企业价值的反映,是一种以货币为单位的量化评估。关于企业估值的方法是一个非常细分的专业领域,适用估值模型的不同可能会导致企业的估值有所偏差,但是最终是跟企业的盈利能力(短期的和长期的)高度相关的。

企业价值的提升需要从多个方面入手,包括优化商业模式、提高盈利能力、加强品牌建设、提升核心竞争力、创新发展、履行社会责任等。经营者需要不断创新和优化商业模式,提高企业的价值创造能力,为利益相关者创造更大的价值。

综上所述,商业模式的六个要素相互关联、相互影响,共同构成了企业成功的核心架构。企业需要深入理解和把握这六个要素,不断创新和优化商业模式,提高企业的竞争力和价值创造能力,实现可持续发展。

商业模式的分类

关于商业模式的分类,目前并没有一个统一、公认的标准,因此,我们只能列举出一些常见的模式供大家参考。

(1)产品销售模式

制造商/生产商:制造产品然后通过批发商和零售商销售给最终用户。

零售商:终端代理商,购买产品,然后将其销售给消费者,赚取差价。

分销商:帮助制造商分销产品到零售商或其他分销渠道,有经销、代销两种模式。

经纪/居间服务:充当买卖双方之间的中介,收取佣金。

(2)服务提供模式

专业服务:提供专业的知识或技能,如法律咨询、会计服务等。

租赁服务：允许客户暂时使用资产而无须购买，如汽车租赁。

年费/订阅服务：客户定期支付费用以获取持续的服务或产品的使用权。

(3) 电子商务模式

互联网的出现给商业模式的创新提供了广阔的空间，由此催生了"新经济（New Economy）"。

B2B（Business-to-Business）：企业间的在线交易，如阿里巴巴1688平台。

B2C（Business-to-Consumer）：企业直接向个人消费者销售产品或服务，如亚马逊、京东、淘宝、天猫等。

C2C（Consumer-to-Consumer）：消费者之间的交易，如eBay、咸鱼等。

C2B（Consumer-to-Business）：消费者向企业提供产品或服务，如猪八戒网、美团众包、百度众测等。

(4) 平台模式

平台模式本质上跟传统的交易市场（Marketplace）是一样的，都是网络效应的体现。只不过互联网的出现，突破了物理空间的限制，也就大大提高了企业经营规模的上限，所以涌现出了一大批优秀的平台企业，即互联网经济。

双边市场：连接两个主要的用户群体，通常是买家和卖家，这类平台的目标是促进双方之间的交易。比如，滴滴出行连接乘客与司机，提供便捷的叫车服务，乘客可以通过平台叫到出租车、专车或顺风车；受彼迎连接旅行者与房东，为旅行者提供短租住宿，房东可以出租空闲房间或整套房屋；美团外卖连接餐馆与顾客。

多边平台：平台连接三个或更多不同类型的用户群体，这些群体之间存在复杂的交互关系。比如，微信连接用户、商家、开发者以及其他服务商,除了基本的即时通信服务外,还包括支付、公众号、小程序等多种功能,盈利模式则包括广告、游戏内购、小程序分成以及金融服务等。

(5)共享经济模式

允许人们共享资源,如共享充电宝、共享单车等。

(6)广告支持模式

免费增值(Freemium):提供免费的基础服务,但对额外功能或增值服务收费,如百度网盘、LinkedIn等。

广告驱动:通过展示广告来获取收入,如Google、Facebook等。

(7)开放源代码/社区模式

门户型:提供与开源软件的信息、资源、交流、开发相关的软硬件平台,汇聚了大量的开发者、项目和相关资讯,是开源社区的综合信息中心,如开源中国社区。

传播型:主要引进国外开源项目,以信息汇聚、技术交流为主,帮助国内开发者了解和学习国外的先进开源技术和项目经验,如JavaUnion社区专为Java开源项目讨论和研究而设立。

项目型:围绕特定的开源项目形成的社区,开发者们专注于该项目的开发、维护和改进,通常有明确的项目目标和发展方向,如Linux内核社区就是一个典型的项目型开源社区,还有Apache Hadoop、Apache Spark等。

企业主导型:由企业发起或主导的开源社区,企业将自己的部分项目开源,吸引外部开发者参与,共同推动项目的发展,同时也能提升企业的技术影响力和品牌形象。如RedHat是一家开源解决方案供应商,谷歌的Android开源项目也是企业主导型的例子。

(8)订阅/会员模式

定期订阅:用户按期付费获得产品或服务,如Netflix视频流媒体服务,还有各种 SaaS 软件。

会员俱乐部:为会员提供专属优惠或特权,如健身俱乐部会员资格等。

(9)价值链重构模式

垂直整合:控制生产和分销链中的多个环节,以提高效率或质量。比如比亚迪汽车覆盖了从最初的汽车设计、研发,到零部件生产、整车组装,再到销售和售后服务,构建了完整的汽车产业链。此外还延伸至电池制造、芯片(IGBT、MCU)开发等领域,是产业链垂直整合的范例。

水平扩张:通过收购或合并同行业的其他企业来扩大市场份额。如阿里巴巴除了在互联网领域取得世界级的成就外,在跨行业的水平扩张上也是成绩斐然:在物流领域,阿里巴巴投资了菜鸟网络,整合了物流资源,形成物流平台;在云计算领域,阿里云是国内领先的云计算服务提供商;在娱乐领域,阿里巴巴旗下的阿里影业、优酷等公司,涉足电影制作、发行、在线视频等业务;在教育领域,阿里巴巴推出了钉钉教育等在线教育产品和服务,为学校和企业提供在线教育解决方案。通过跨行业发展,阿里巴巴构建了庞大的商业生态系统,为用户和企业提供了全方位的服务,提升了公司的综合竞争力和市场影响力。

(10)资产模式

重资产模式:是指企业在运营过程中需要投入大量的固定资产,如土地、厂房、设备等。这些资产的购置和维护成本较高,且具有较长的投资回收期。例如钢铁、汽车制造等行业,需要建设大型的生产基地,购买昂贵的生产设备,企业的发展受固定资产的制约较大。

轻资产模式:企业更多地依靠品牌、技术、管理经验、营销渠道等无形资源来运营。固定资产投入相对较少,将非核心业务外包,从而降低运营成本,提高资本回报率。像互联网企业,如腾讯、阿里巴巴等,它们主要投入在技术研发、平台建设和营销推广等方面,不需要大规模的固定资产投资。

须知,以上这些模式并不是孤立存在的,现实中很多成功的商业模式是多种模式的组合,以适应不同行业和市场的具体需求。随着技术进步和社会变革,新的商业模式也会不断涌现。另外,我们还观察到,在市场内卷的大环境下,出于防守的目的,企业竞相通过设计复合的商业模式来提高自身的竞争力。

商业模式创新

在全球化与数字化的大潮中,企业面临着前所未有的挑战与机遇。一方面,技术的飞速发展催生了新的商业形态,另一方面,消费者需求的多样化和个性化促使企业必须不断创新以求生存与发展。面临重大的竞争压力时,商业模式创新成为企业重塑商业形态甚至重新定义市场的一种有效手段,有些企业甚至通过推出创新的商业模式一举奠定其行业龙头的地位。

商业模式创新,不同于单纯的产品或服务创新,它涉及的是企业如何创造、传递以及获取价值的整体架构。一个成功的商业模式创新不仅能够帮助企业提升竞争力,还能显著提高运营效率,增强对市场的适应能力,并且开拓新的增长空间。

要实现商业模式的创新,首要前提是深入理解市场需求。这意味着企业不仅要关注现有客户的需求,更要洞察潜在客户的未满足需求。随着大数据与人工智能技术的发展,企业现在拥有了前所未有的能力去收集和分析海量的数据,从中挖掘出有价值的市场洞见。例如,通过对社交媒体上用户的评论进行情感分析,企业可以快速了解市场对于某一类产品的真实感受,进而调整其商业模式以更好地满足市场需求。以小米为例,这家公司在成立之初便采用了与传统手机厂商截然不同的商业模式。小米通过互联网直接与消费者沟通,倾听他们的意见,并快速响应市场变化,推出了高性价比的产品。这种借助于互联网实现以用户为中心的商业模式帮助小米迅速崛起,成为中国乃至全球领先的智能手机制造商之一。

在当今高度互联的世界里,单一企业难以独自完成所有的创新任务。因此,构建跨界合作成为企业实现商业模式创新的有效途径。通过与不同行业的伙伴建立战略合作关系,企业可以共享资源,互补优势,从而加快创新的步伐。上汽集团与阿里巴巴的合作是汽车制造业与互联网融合的范例。2014年双方签署战略合作协议,合资成立斑马网络,推出首款智能互联网汽车荣威 RX5 后,众多上汽车型都搭载了斑马智行系统。2019 年双方深化合作,战略重组斑马网络和 YunOS,并打造智己汽车。两家公司合作成果显著,推出创新产品,研发智能座舱和自动驾驶技术,如今,斑马网络已然成为全球互联网汽车大平台之一。

技术是推动商业模式创新的重要驱动力。随着云计算、大数据、物联网、人工智能等新技术的不断涌现,企业拥有了更多工具来优化运营流程、改善客户体验。比如,通过部署物联网设备,物流公司能够实时监控货物的状态,提高运输效率;借助大数据分析,零售商可以实现精准营销,提升销售额。阿里巴巴旗下的菜鸟网络便是一个典型案例。通过整合线上线下资源,菜鸟网络打造了一个覆盖全国的智能物流骨干网,极大地提升了物流效率和服务质量。这种依托于先进信息技术的商业模式创新,使得阿里巴巴能够在电商物流领域保持领先地位。

创新文化的建设是商业模式创新得以持续的关键。只有当创新成为企业文化的一部分时,企业才能真正实现从上至下的全面变革。为此,企业领导者需要树立开放包容的态度,鼓励员工提出新想法,并为其提供试验的机会。同时,通过设立创新基金、举办创意大赛等形式,激励团队成员积极参与创新活动。更重要的是,企业应当建立一套完善的试错机制,让员工明白,即使尝试失败了,只要从中吸取教训,就是有价值的。谷歌便是以创新文化闻名的企业之一。该公司鼓励员工花费 20% 的时间从事自己感兴趣的项目,这种自由探索的精神激发了许多具有前瞻性的创意,如 Gmail 就是在这种氛围下诞生的。

  商业模式创新并不是一劳永逸的过程,而是一个需要不断调整和完善的过程。随着市场环境的变化和技术的进步,曾经有效的商业模式也可能变得过时。因此,企业必须保持警惕,定期评估现有商业模式的效果,并根据实际情况做出相应调整。这不仅要求企业具备敏锐的市场洞察力,还需要拥有快速反应的能力,只有如此,企业才能在瞬息万变的市场中保持竞争力,实现可持续发展。以诺基亚为例,尽管曾经是全球最大的手机制造商,但由于未能及时适应智能手机时代的到来,最终失去了市场领先地位。这一案例警示我们,即使是看似稳固的商业模式,如果不加以持续优化,也可能面临被淘汰的风险。

  我们从商业模式创新的角度分析一下苹果公司 App Store 的成功。App Store 连接开发者与用户,形成了双边网络效应。对开发者,提供便捷发布和销售渠道,降低营销成本与技术门槛,激发开发积极性;对用户,提供集中、安全且易用的下载平台,满足多样化需求。开发者上传新应用丰富了 App Store 的内容,吸引更多用户;用户增多又吸引更多开发者,形成正反馈循环,提升平台价值,构建活力生态系统。苹果公司既通过销售硬件获利,又从 App Store 的应用销售分成中获取收益。开发者销售应用时,苹果收取分成,带来持续现金流,形成了多元化收入。苹果公司还会执行严格审核机制,对应用严格审核,确保质量、安全和兼容性,提升用户信任度和满意度,减少用户风险和困扰;通过算法和数据分析为用户提供个性化应用推荐,提高用户发现新应用的概率,增强用户黏性。App

Store 与苹果硬件紧密结合,为用户提供一体化体验。苹果硬件的功能可通过应用扩展提升,应用也针对硬件进行优化,形成独特竞争力。总的来说,App Store 不但创建了史上全新的应用分发方式,而且为苹果公司构建强大的软硬件生态体系做出了巨大的贡献。

应用场景

最近,人们越来越多地谈到商业场景和场景化,这是因为随着商业的不断发展和演变,尤其是在互联网兴起后,企业越来越注重以用户为中心,关注用户在不同情境下的需求和体验,逐渐开始强调将特定的商业活动放在具体的场景中进行设计和开展,"商业场景"的概念也在这个过程中逐渐被人们认识和强化。商业场景这一概念的出现,是与 20 世纪 90 年代末互联网开始大规模普及以及电子商务兴起分不开的。

在商业和技术领域,"应用场景"(Application Scenario)或"场景化"(Scenarization)指的是将抽象的概念或技术转化为具体的、可操作的、贴近实际生活或工作环境的实例。这种转化使得原本可能显得复杂难懂的概念变得更加直观易懂,并且更容易被应用于实际问题的解决过程之中。

应用场景通常包含以下几个方面。

①背景设定:描述特定情境下的环境特征,例如时间、地点、人物等。

②问题描述:明确指出在此情境下面临的问题或挑战。

③解决方案:介绍如何利用某种技术、产品或服务来解决上述问题。

④效果预期:预测解决方案实施后的效果,包括改善的程度、可能带来的好处等。

应用场景的例子非常广泛,可以涵盖日常生活中的各种情况,也可以是专业领域内的具体实例。例如,在智能家居领域,一个典型的应用场景可能是描述如何通过语音助手控制家里的灯光、温度等设备,以达到节能、方便的目的。

应用场景之所以重要,有以下几方面原因。首先,在满足用户需求方面,不同应用场景对应不同用户需求。比如办公场景需要高效办公软件等,家庭娱乐场景需要高质量影音设备等,要精准定位用户需求,提供个性化体验,提高用户满意度和忠诚度。其次,应用场景对产品设计与开发有指导作用。它为产品设计提供方向,如智能手表在运动场景要有防水、计步等功能,商务场景注重外观简洁、质量过硬。应用场景同时能激发创新,像共享经济就是基于特定场景需求产生的新商业模式。再者,应用场景能提升营销效果。了解应用场景可进行精准营销,根据不同场景用户特点选择合适的营销渠道和推广方式。还能以应用场景的故事素材进行故事营销,让用户更好地理解产品价值,激发购买欲望。最后,应用场景有助于企业战略规划。可进行市场细分,根据不同场景下用户需求和行为特点确定目标市场,制定相应策略。应用场景还能为业务拓展提供方向,如餐饮企业可根据不同用餐场景拓展外卖、定制服务等新业务,实现多元化发展。

"场景化"这一理念进一步凸显了将技术或产品与实际生活紧密融合的重要性,它致力于使技术和产品更加契合用户的需求与习惯。场景化的核心要义在于始终将用户体验摆在首位,通过逼真地模拟真实使用环境,来严格检验产品的适用性与有效性。场景化有着多方面的重要目的。其一,能够极大地提升用户体验。在模拟的真实使用环境中,可以及时发现并妥善解决用户在实际使用过程中可能遭遇的各类问题。以电子商务为例,电商平台可依据用户的浏览历史和购买行为,为其提供极具个性化的商品推荐,让用户在海量商品中更轻松地找到符合自己需求的产品。其二,有助于促进产品迭代。基于用户的反馈信息,不断优化产品设计,使其能更好地满足用户的实际需求。就像在电子商务领域,通过增强现实(AR)技术打造的虚拟试衣间,让用户在家中即可看到自己穿上某件衣服的效果,根据用户的体验反馈不断改进这一技术,提升用户的购物体验。其三,能够有力地推动市场接受度。通过生动展示技术或产品在实际生活中的应用效果,能增加用户的信任感和对产品的接受度。其四,可辅助营销推广。利用具体的场景故事来吸引潜在客户的兴趣,从而显著提高营销效果。例如在电子商务中,利用自然语言处理技术创建的智能客服,能与用户进行自然对话,解答疑问并提供购物建议,增强用户对平台的好感度和信任度。

当下,技术进步一日千里,各种创新日新月异。然而,当技术找不到具体的应用场景时就无法真正落地,导致出现"有技术无场景"的尴尬局面,成为不少科技企业难以通过的"鬼门关"。这个现象也从反面证实了应用场景在商业中的重要性。

案例研究

eBay 与淘宝的商业模式之战

在互联网浪潮汹涌澎湃的 20 世纪末至 21 世纪初,全球电子商务市场逐渐崭露头角,成为商业领域的新星。在这个充满机遇与挑战的时代,eBay 与淘宝这两大电商巨头在中国市场上展开了一场惊心动魄的商业模式之战。这场战争不仅是两家企业的较量,更是两种不同商业模式在全球化背景下的激烈碰撞。

eBay,这家起源于美国的在线拍卖和购物网站,在全球范围内享有极高的声誉。自1995年创立以来,eBay凭借其独特的在线拍卖模式和全球化的市场布局,迅速崛起为电商行业的佼佼者。进入中国市场后,eBay信心满满,意图凭借其成熟的商业模式和强大的品牌影响力,一举占领中国电商市场的制高点。eBay在中国市场的扩张策略主要体现在两个方面:一是通过收购本土电商平台易趣网,迅速切入中国市场;二是沿用其在国际市场上取得成功的在线拍卖模式,吸引了一大批喜欢拍卖和竞价的消费者。在当时的中国电商市场,eBay的这种商业模式无疑具有一定的先进性和吸引力。

然而,就在eBay在中国市场高歌猛进之际,阿里巴巴旗下的淘宝网悄然崛起。淘宝网成立于2003年,面对eBay这样的强大对手,淘宝并没有选择硬碰硬,而是另辟蹊径,探索出了一条符合中国国情的电商发展道路。

首先,淘宝的创新体现在其免费模式上。当时,eBay在中国市场采用的是收费模式,即向卖家收取一定的交易费用。而淘宝则大胆地推出了免费模式,降低了卖家的入驻门槛,吸引了大量中小卖家涌入淘宝平台。这一举措极大地激发了市场活力,为淘宝的快速发展奠定了坚实基础。其次,淘宝注重用户体验的提升。针对中国消费者的购物习惯和需求,淘宝对网站界面进行了优化,使其更加简洁易用。同时,淘宝还推出了支付宝这一第三方支付平台,解决了买卖双方之间的信任问题,进一步提升了用户的购物体验。更为重要的是,淘宝开创了C2C(消费者对消费者)和B2C(商家对消费者)相结合的混合商业模式。这种模式不仅满足了消费者的多样化需求,也为商家提供了更多的销售渠道。淘宝通过搭建一个开放的平台,吸引了众多品牌商家入驻,形成了丰富的商品生态体系。

随着淘宝网的迅速崛起,eBay 与淘宝之间的竞争越发激烈。这场竞争不仅体现在市场份额的争夺上,更体现在商业模式的较量上。

eBay 坚持其全球统一的在线拍卖模式,试图以国际化的标准和经验来征服中国市场。然而,这种模式在中国市场却遭遇了"水土不服"的困境。一方面,中国消费者对于拍卖和竞价的热情并不高涨;另一方面,eBay 的收费模式也限制了中小卖家的参与积极性。

相比之下,淘宝的免费模式和混合商业模式则更加契合中国市场的实际需求。淘宝通过降低卖家门槛,吸引了大量中小卖家入驻,形成了庞大的商家生态。同时,淘宝的混合商业模式也满足了消费者的多样化需求,使其能够在激烈的市场竞争中脱颖而出。在这场竞争中,淘宝还充分利用了互联网的传播效应,通过口碑营销、广告投放等多种方式,扩大了品牌知名度和影响力。而 eBay 则受限于其全球化的运营策略,难以在中国市场进行灵活调整和创新。

经过数年的激烈角逐,淘宝逐渐在中国电商市场上占据了主导地位。相关数据显示,淘宝的市场份额逐年攀升,而 eBay 则不断式微。这场商业模式之战的胜负已分,淘宝以其独特的商业模式和创新精神,赢得了中国市场的认可和尊重。

淘宝的成功并非偶然,其背后蕴含着深刻的市场洞察力和战略智慧。首先,淘宝准确把握了中国消费者的购物习惯和需求,通过免费模式和混合商业模式,吸引了大量消费者和卖家参与。其次,淘宝注重用户体验的提升,通过优化网站界面和推出支付宝等创新举措,提升了用户的购物体验。最后,淘宝充分利用了互联网的传播效应,通过口碑营销和广告投放等多种方式,扩大了品牌知名度和影响力。

如今,eBay 与淘宝的商业模式之战已经落下帷幕,但电商市场的竞争从未停歇。随着科技的不断进步和消费者需求的日益多样化,电商企业需要不断创新和完善自身的商业模式,以适应市场的变化和发展。

组织化与团队化

组织化

对一个企业而言,组织化是指企业通过一系列的架构设计、制度建设、流程规范和人员管理等措施,将原本分散的个体和资源整合起来,形成一个有序、高效、协同运作的整体的过程。

在架构设计方面,首先要明确层级与职责。企业应建立清晰的组织架构,划分不同的层级,如高层管理、中层管理和基层员工。每个层级都有明确的职责范围,确保工作任务能够合理分配。例如,高层管理负责制定企业的战略规划,中层管理负责将战略规划转化为具体的行动计划并指导基层员工执行,基层员工则负责具体的业务操作。明确各部门之间的职责分工,避免职责重叠或职责空白。市场营销部门负责产品的推广和销售,研发部门负责新产品的开发,生产部门负责产品的制造等,做到事事有人管、一事不能多人管。其次要建立沟通渠道。组织化要求企业建立有效的沟通渠道,确保信息能够在不同层级和部门之间顺畅流通。这包括正式的沟通渠道,如会议、报告、邮件等,以及非正式的沟通渠道,如团队活动、工作交流等。定期召开部门间的沟通会议(例会)可以让各部门了解彼此的工作进展和需求,及时解决问题和协调工作。同时,鼓励员工在日常工作中积极交流,分享经验和知识,提高工作效率。

在制度建设方面,企业要制定一系列的规章制度,包括人事管理制度、财务管理制度、绩效考核制度等,规范员工的行为和工作流程。这些制度可以确保企业的运营有章可循,提高工作的标准化和规范化程度。严格的考勤制度用来规范员工的上下班时间和请假流程,完善的财务审批制度确保企业资金的安全和合理使用。组织化需要建立有效的激励机制,激发员工的工作积极性和创造力。这包括物质激励和精神激励,如薪酬奖励、晋升机会、荣誉表彰等。

在流程规范方面,企业要对各项业务流程进行优化,提高工作效率和质量。这包括对生产流程、销售流程、服务流程等进行分析和改进,消除不必要的环节和浪费,确保工作流程的顺畅和高效。通过引入先进的生产技术和管理方法,可以优化生产流程,提高产品的生产效率和质量;对销售流程进行优化,可以提高客户的满意度和销售业绩。组织化还要求企业建立严格的质量控制体系,确保产品或服务的质量符合标准。这包括制定质量标准、建立质量检测机制、加强过程控制等。例如,制定严格的产品质量标准,对原材料、生产过程和成品进行严格的质量检测;建立质量追溯机制,及时发现和解决质量问题,提高产品的可靠性和安全性。

在人员管理方面,企业要根据自身的发展需求,招聘合适的人才,并为员工提供系统的培训和发展机会。招聘过程注重选拔具有专业技能和团队合作精神的员工,培训则包括新员工入职培训、岗位技能培训、职业发展培训等,提高员工的综合素质和业务能力。组织化强调团队建设,培养员工的团队合作精神和协作能力。企业可以通过组织团队活动、开展团队培训等方式,增强团队的凝聚力和战斗力。比如,组织户外拓展活动,让员工在活动中增进彼此的了解和信任;开展团队建设培训,提高员工的沟通能力和协作能力。

总之,组织化是企业实现高效运营和可持续发展的重要保障,组织化的程度(完善度和颗粒度)与企业的发展规模和营收质量呈现正相关关系,越是优秀的企业、越是大型的企业,其组织化程度越完善、越致密。通过组织化,企业能够整合资源、提高效率、规范管理、激发员工的积极性和创造力,从而在激烈的市场竞争中立于不败之地。

基于 IT 系统的流程化作业

所谓流程化,是指按特定顺序组织任务的方法,具有顺序性、标准化、可重复性特点。顺序性即明确任务的先后顺序;标准化是指任务的各个步骤都有明确的规范;可重复性指相同流程可以多次应用。流程化能提高效率,员工按流程操作可以减少思考和协调时间;可保证质量,员工按标准步骤操作可以减少失误,稳定产品或服务质量;便于管理,管理者能据此监控、评估和改进各工序。

组织化是指构建有序架构体系,涉及人员安排、部门设置等,旨在整合资源、明确分工与高效协作,提升整体竞争力与适应力。流程化则侧重于工作任务的顺序安排,规定各环节操作标准。如生产流程中各工序的操作流程,目的是提高效率、保证质量和便于管理。二者区别明显:组织化关注整体架构的搭建,是将不同元素组合成协同的整体;流程化聚焦任务操作顺序与标准,是对工作流程的规划与规范。

在当今这个信息化、数字化的时代,IT 技术系统已经渗透到企业运营的每一个角落,成为推动企业发展的重要引擎。我们很难想象,如果没有现代IT技术系统的支撑,企业的组织化效率将会陷入怎样的困境。

IT系统对于企业流程化的推动作用不言而喻。传统的组织管理模式往往依赖人工操作和纸质文档,这不仅增加了工作量,还容易出现信息丢失、传递失误等问题。而IT系统的引入,使得企业能够实现信息的快速录入、存储、查询和共享,大大提高了工作效率。更重要的是,IT系统通过标准化的流程设计,将企业的各项业务活动纳入一个统一的框架内,确保了工作的有序进行。以供应链管理为例,一个完善的IT系统可以实现对供应商、库存、物流等各个环节的实时监控和优化管理。通过数据分析,企业可以准确预测市场需求,合理安排生产计划,减少库存积压和缺货现象。同时,IT系统还能够帮助企业及时发现并解决供应链中的潜在问题,提高整个供应链的响应速度和灵活性。

IT系统不仅提高了企业组织化的效率,还促进并再生了企业的组织化和流程化。企业的组织化和流程化是企业管理的重要内容,它关系到企业的运营效率、质量和竞争力。首先,IT系统可以帮助企业优化业务流程。通过对企业现有业务流程的分析和梳理,IT系统可以找出其中的"瓶颈"和问题,并提出优化方案。例如,企业可以通过业务流程管理系统(BPM)对销售流程、采购流程、生产流程等进行优化,提高流程的效率和质量。其次,IT系统可以实现业务流程的自动化。在优化业务流程的基础上,IT系统可以通过工作流引擎等技术实现业务流程的自动化。例如,企业可以通过自动化的审批流程,减少人工干预,提高审批效率;通过自动化的生产流程,提高生产效率和质量。最后,IT系统可以促进企业的组织变革。随着IT系统的应用,企业的业务模式和管理方式也会发生相应的变化。这就要求企业进行组织变革,以适应新的业务需求。例如,企业可以通过引入项目管理制、矩阵式组织结构等方式,提高组织的灵活性和适应性。

更为重要的是,IT系统的建成还带来了一个宝贵的副产物——大数据。企业在运营过程中会产生大量的数据,如销售数据、财务数据、生产数据等。传统的手工处理方式不仅耗时费力,而且容易出现错误。而IT系统可以自动采集、存储和分析这些数据,为企业管理层提供准确、及时的决策依据。例如,企业可以通过ERP系统对供应链进行管理,实时掌握库存情况、订单状态等信息,从而优化采购和生产计划,提高运营效率。通过对这些数据的深入挖掘和分析,企业可以更加准确地了解市场需求和客户偏好,从而制定出更加精准的市场营销策略。同时,大数据还可以帮助企业发现潜在的市场机会和风险点,提前做好应对准备。

大数据的应用不仅提高了企业的决策效率,还提升了决策的科学性和准确性。传统的决策方式往往依赖个人的经验和直觉,容易出现主观性和片面性。而大数据分析则能够提供全面、客观的数据支持,使得决策更加理性、科学。例如,在产品研发方面,通过分析客户的使用习惯和反馈数据,企业可以更加准确地定位产品的功能和特点,提高产品的市场竞争力。

随着人工智能技术的不断发展,特别是大语言模型的逐步成熟和应用推广,关于"企业大脑"的研究近期可能会有重大的突破。大语言模型具备强大的自然语言处理能力,可以帮助企业从海量的文本数据中提取有价值的信息,进而辅助决策者做出更加明智的选择。

在未来,我们可以预见,承载企业流程化的IT系统及其产生的大数据将在企业的智能决策系统中发挥更加重要的作用。一方面,IT系统将继续优化企业的业务流程,提高工作效率;另一方面,大数据和人工智能技术将为企业提供更加精准、科学的决策支持。大语言模型具有强大的语言理解和生成能力,可以帮助企业快速处理和分析大量的文本数据。例如,企业可以通过大语言模型对客户的反馈意见、市场调研报告等文本进行分析,提取有价值的信息。同时,大语言模型还可以与企业的 IT 系统进行集成,实现智能问答、智能推荐等功能,为企业员工提供更加便捷的服务。在未来的企业智能决策系统中,IT 系统及其产生的数据将与大语言模型等人工智能技术深度融合,为企业提供更加智能、高效的决策支持。例如,企业可以通过智能决策系统对市场数据、客户数据、生产数据等进行实时分析和预测,自动生成最优的决策方案。同时,智能决策系统还可以根据企业的实际情况进行自我学习和优化,不断提高决策的准确性和效率。

此外,随着物联网、云计算等技术的不断发展,IT 系统还将进一步拓展其应用范围和服务能力。例如,通过物联网技术,企业可以实现对生产设备的远程监控和维护,提高设备的利用率和生产效率;通过云计算技术,企业可以实现对资源的灵活调配和按需使用,降低运营成本。

值得一提的是,承载流程化作业的 IT 系统并不仅仅局限于企业内部的管理和运营。在供应链管理、客户关系管理等领域,IT 系统同样发挥着重要的作用。通过与供应商、客户等外部实体的信息系统进行对接,企业可以实现信息的实时共享和协同工作,提高整个产业链的运作效率。

当然,承载流程化作业的 IT 系统也面临着一些挑战和问题。例如,数据安全和隐私保护问题一直是企业关注的焦点。随着大数据和云计算技术的广泛应用,数据的存储和传输变得更加便捷,但同时也带来了更大的安全风险。因此,企业在推进 IT 系统流程化的过程中,必须高度重视数据安全和隐私保护工作,建立健全的数据安全管理体系和应急响应机制。

此外,承载流程化作业的 IT 系统还需要企业具备一定的技术和管理能力。一方面,企业需要拥有一支专业的技术团队,负责 IT 系统的规划、设计、开发和维护工作；另一方面，企业还需要拥有一套完善的管理制度，确保 IT 系统的顺利运行和持续优化。

中西管理文化的不同

中西方管理文化由于历史、社会、文化等多方面因素的影响，存在着显著的差异。然而，在当今全球化的时代背景下，我们不能简单地对任何一方进行片面的批评，而应客观地认识各自的优缺点，积极探索两者的融合之道。

西方管理文化以科学精神为核心。在管理过程中，注重运用归类、筛选、研究和证伪等科学方法。这种管理方式强调对人、财、物等资源的合理配置，通过量化的措施来精确衡量实际效果与质量。西方管理文化重视人的因素，但其出发点是为了更好地实现目标，对过程的把控也是紧紧围绕目标展开的。在西方企业中，为了追求高效，不断进行技术革新。西方管理文化以明确的规则和制度激发人的积极性，同时约束不良行为，鼓励提升企业效益和创造社会价值。在政府管理、大学和科研机构等领域，同样遵循着科学的管理方法，注重效率、创新和结果导向。

相比之下，中国管理文化有着独特的特点。在一定程度上，中国管理文化更注重人际关系的协调与平衡。传统的中国管理文化中，强调揣摩人心、适度防备、维持各方平衡以及进行适度控制。这种管理方式源于中国悠久的历史文化和社会传统。在中国的社会环境中，人际关系的和谐被视为重要的价值追求。在管理中，人们往往注重人与人之间的情感交流和关系维护，通过协调各方利益来实现整体的稳定。然而，这并不意味着中国管理文化完全不重视事实本身。随着时代的发展，中国的管理理念也在不断进步和创新，越来越多的企业和组织开始借鉴西方先进的管理理念，注重效率、创新和结果导向。同时，中国管理文化中的人际关系处理等方面也为西方管理文化带来了新的思考。例如，在团队建设中，中国管理文化强调的团结协作、互帮互助的精神，可以增强团队的凝聚力和战斗力。

中西方管理文化各有优势，也都存在一定的局限性。西方管理文化的科学方法虽然能够提高效率和实现明确的目标，但在某些情况下可能会忽视人的情感需求和人际关系的重要性。而中国管理文化注重人际关系的协调，可能在决策过程中更加灵活，但也可能因为过于注重人情世故而影响决策的公正性和效率。因此，在全球化的时代背景下，中西方管理文化的融合显得尤为重要。

中西方管理文化的融合可以从多个方面入手。首先，在企业管理中，可以借鉴西方的科学管理方法，建立完善的管理制度和流程，提高工作效率和质量。同时，结合中国管理文化中的人际关系处理技巧，营造良好的团队氛围，增强员工的归属感和忠诚度。其次，在政府管理中，可以学习西方的民主决策和监督机制，提高政府的透明度和公信力。同时，发挥中国管理文化中注重民生、以人为本的理念，更好地为人民服务。在大学和科研机构中，可以引进西方的创新管理模式，鼓励学术自由和创新精神。同时，传承中国管理文化中的尊师重道、团队合作的传统，促进学术交流和合作。

团队化

团队是由一群具有不同技能、知识和经验的人组成的群体,他们为了共同的目标而协同工作,成员之间相互依存、相互影响。

在企业团队中,成员之间需要相互沟通、相互协作,共同解决问题。团队成员之间的知识和技能互补,可以提高团队的整体实力,更好地完成任务。同时,企业团队也需要有明确的目标和计划,以及有效的领导和管理。只有这样,才能确保团队的高效运作,为企业的发展做出贡献。

从上述论述中,我们不难看出,团队作为一种充满活力和创造力的组织形式,具有诸多鲜明的特征。

首先,清晰的目标定义犹如团队前行的灯塔,照亮着每一位成员的奋斗之路。明确的目标是凝聚人心的核心力量。它不仅仅是一个遥远的终点,更是一系列具体的阶段性目标和任务的集合。在企业项目团队中,在项目的启动阶段确定的里程碑,到执行过程中的各项关键指标,都能让成员们明确自己的职责和贡献,从而共同朝着最终的目标迈进。

其次,团队成员角色分明,协作机制清晰,如同精密的机器齿轮,相互配合,高效运转。每个成员都在团队中扮演着特定的角色,承担着不可替代的责任。在企业团队中,研发人员的创新思维、销售人员的市场开拓、管理人员的协调统筹,都为团队的成功贡献着力量。而良好的协作机制则是连接这些角色的纽带,确保信息的畅通传递、任务的顺利交接和问题的及时解决。这种协作机制不仅包括正式的沟通渠道和工作流程,还包括成员之间的默契和信任,使得团队在面对复杂的任务和挑战时能够迅速做出反应,协同作战。

再次,团队的规模通常不会很大。几人、十几人的小团队就能够形成紧密的合作机制,但在一些大型项目和复杂任务中,几十人甚至上百人的团队也有其存在的必要性。在大型团队中,通过科学的组织架构和分工,可以将庞大的任务分解为若干个小模块,每个小模块由一个小团队负责,从而实现高效的运作。

最后,团队一般都有既定的生命周期。大部分团队是为了完成特定的任务而临时组建的,任务完成后便解散。但也有一些团队,如企业的核心团队、科研机构的长期研究团队等,他们在不断地适应变化、迎接挑战的过程中持续发展。这些团队通过不断地调整目标、优化成员结构和协作机制,保持着旺盛的生命力。即使是那些具有明确生命周期的团队,其成员在团队解散后,也可能会因为共同的经历和合作关系,在未来的工作中再次携手,形成新的团队。

有效的领导是团队成功的关键因素。领导者如同团队的舵手,把握着团队的方向,协调着各种资源,激励着成员们奋勇前行。一个优秀的领导者不仅要有卓越的领导能力和专业素养,还要能够了解成员的需求和特点,因材施教,激发他们的潜力。在不同的团队中,领导方式也应根据实际情况进行调整,以适应团队的发展需求。

如果在组织行为学的视野下,深入探究团队的概念,我们可以发现它的深刻意义。前面我们已经谈到,在现代组织管理中存在一些难以克服的弊病。传统管理机制往往具有严格的层级结构、复杂的程序规范以及相对僵化的决策模式。这种机制在一定程度上保证了组织的稳定性和规范性,但也带来了诸多问题,如信息传递不畅、决策效率低下、创新活力不足等。

而团队概念的出现，无疑为解决这些问题提供了新的思路和方法，成为克服弊病的管理利器。

从信息传递方面来看，团队通常由不同专业背景和技能的成员组成，成员之间的沟通更加直接、高效。团队成员可以在相对平等的氛围中快速分享信息，及时反馈问题，大大提高了信息的流通速度和准确性，避免了信息在传递过程中的失真和延误。

在决策方面，团队能够充分发挥成员的智慧和创造力，而团队可以通过成员之间的讨论、分析和协作，综合各方面的意见和建议，做出更加科学、合理的决策。这种决策方式更加灵活，能够快速适应变化的环境和需求。

此外，团队对于激发创新活力也有着重要作用。团队鼓励成员勇于尝试新方法、新观念，成员之间的知识碰撞和经验交流更容易产生创新的火花，为组织带来新的发展机遇。

我们知道，在当今快速发展的商业环境中，创新已成为企业保持竞争力的关键因素。然而，传统的组织化部门在创新方面往往既缺乏动力，又不具备灵活性，难以满足企业不断创新的需求。在这种情况下，采用团队机制便成了一种自然而然的选择。

比如为了研发一个新产品，企业可以跨部门抽取优秀的人才，形成一个突击、专管的团队。这个团队将汇聚来自不同领域的专业人士，他们各自拥有独特的技能和经验。例如，研发部门的工程师可以提供技术支持，设计部门的设计师能够贡献创新的外观设计理念，市场部门的人员则了解客户需求和市场趋势，他们的加入将为新产品的研发带来多维度的视角。

跨部门组建的团队打破了传统部门之间的壁垒，促进了信息的流通和知识的共享。在传统组织架构中，部门之间往往存在沟通障碍，信息传递不及时、不准确，这严重影响了创新的效率和质量。而在创新团队中,成员们可以直接交流、分享见解,迅速整合各方资源,为新产品的研发提供有力支持。

此外,这样的团队具有高度的灵活性和适应性。面对不断变化的市场需求和技术环境,团队可以快速调整策略和方向。如果在研发过程中发现新的技术突破或市场机会,团队能够迅速做出反应,整合新的资源,调整产品设计。与传统部门相比,创新团队不受烦琐的层级结构和规章制度的束缚,能够更加敏捷地应对各种挑战。

同时,创新团队也能为成员提供更大的发展空间和激励。团队成员来自不同部门,他们在共同的目标下紧密合作,能够互相学习、共同成长。而且,成功研发出新产品所带来的成就感和回报也会激励团队成员更加积极地投入创新工作中。

案例研究

阿米巴组织

在当今竞争激烈的商业环境中,企业需要不断寻求创新的管理模式以提高运营效率、激发员工积极性和增强竞争力。阿米巴组织(The Amoeba Organization)作为一种独特的管理模式,近年来受到了广泛关注和应用。它起源于日本,由稻盛和夫在经营京瓷公司的过程中创立,如今已在全球范围内的众多企业中发挥着重要作用。

"阿米巴"这个名称是由稻盛和夫借鉴阿米巴变形虫的特性而命名的。阿米巴变形虫是一种单细胞生物,能够根据周围环境的变化迅速改变自身的形状和行为。在遇到不同的生存条件时,它可以伸出伪足进行移动、捕食或躲避危险。这种灵活性使得阿米巴变形虫能够适应各种复杂的环境。作为单细胞生物,阿米巴变形虫具有独立生存的能力,可以通过自身的代谢活动获取营养、进行繁殖和维持生命。每个阿米巴变形虫都是一个独立的个体,能够在适宜的环境中独立生存和发展。阿米巴变形虫可以通过分裂繁殖的方式快速增加数量。当环境适宜时,阿米巴变形虫会不断分裂,形成多个新的个体。这种分裂繁殖的特性使得阿米巴变形虫能够迅速扩大种群规模,适应更广泛的生存环境。

阿米巴组织模式的起源与发展有着深刻的历史背景。稻盛和夫在经营京瓷公司的早期,发现随着企业规模的扩大,传统的层级管理模式逐渐暴露出效率低下、反应迟缓等问题。为解决这些难题,他借鉴生物学中的阿米巴变形虫的生存方式,创造出了阿米巴经营模式。阿米巴经营模式的核心思想是将企业划分为一个个小的经营单元,即阿米巴。每个阿米巴都像一个独立的小企业,自主经营、独立核算,同时又相互协作、共同发展。

阿米巴组织的性质介于传统组织和团队之间,既具有传统组织的一些特点,又具备团队的优势。在与传统组织的相似之处方面,它保留了一定的层级结构,每个阿米巴都有自己的负责人,多个阿米巴可以组成更大的阿米巴,形成层级关系。同时,又有着明确的职责分工,每个阿米巴都有自己的业务范围和职责。此外,也像传统组织一样需要建立规章制度,如核算制度、考核制度等。而与团队的相似之处在于,拥有共同目标,每个阿米巴都有明确的经营目标,成员们围绕这个目标开展工作。强调协作精神,不同的阿米巴之间需要相互协作、共同发展。并且具有灵活性,能够根据市场的变化和客户的需求及时调整经营策略和业务范围。

阿米巴组织具有显著的原子性。首先体现在独立核算上,每个阿米巴都是一个独立的经营单元,可以进行独立核算。阿米巴成员可以清楚地了解自己所在阿米巴的经营状况,包括收入、成本、利润等。这种独立核算的方式使得每个阿米巴都像一个独立的经济实体,激发成员们更加关注成本控制和效益提升,增强经营意识和责任感。企业也可以通过对各个阿米巴的核算结果进行分析和比较,及时发现问题并采取相应措施。其次是自主经营,阿米巴组织赋予每个阿米巴较大的自主经营权。阿米巴负责人可以根据市场情况和客户需求,自主决定经营策略、业务范围、人员安排等。这种自主经营的方式使得每个阿米巴都具有独立的决策和行动能力,充分发挥成员的创造力和积极性,提高工作效率和质量,同时使企业更快速地适应市场变化,提高竞争力。最后是自我管理,阿米巴组织强调成员的自我管理。每个阿米巴成员都要对自己的工作负责,积极参与阿米巴的经营管理。通过自我管理,成员们可以不断提高自己的工作能力和素质,为阿米巴的发展做出更大贡献。自我管理培养了成员的自律意识和责任感,提高了工作积极性和主动性,减少了企业管理成本。

在现代企业中,阿米巴组织有着重要的应用价值。首先,它能激发员工的积极性和创造力。将经营权下放给基层员工,让他们在自己的工作岗位上发挥出更大的创造力和积极性。员工不再是被动地执行上级的命令,而是成为企业的经营者,能够主动地思考和解决问题,为企业的发展贡献自己的智慧和力量。其次,提高企业的运营效率。阿米巴组织通过独立核算和自主经营,使得每个阿米巴都能像一个小企业一样高效运转。同时,不同的阿米巴之间又可以相互协作、共同发展,形成一个有机的整体。这种管理模式大大提高了企业的运营效率,降低了运营成本。再次,增强企业的适应能力。阿米巴组织具有较高的灵活性和适应性,能够根据市场的变化和客户的需求及时调整经营策略和业务范围。使企业更加快速地适应市场变化,提高竞争力。最后,培养企业的经营人才。阿米巴组织强调成员的自我管理和自主经营,为员工提供了一个良好的锻炼和成长平台。通过参与阿米巴的经营管理,员工们可以不断提高自己的经营意识和管理能力,为企业的发展培养出一批优秀的经营人才。

成功应用阿米巴组织的企业案例也不少。如海尔集团在发展过程中积极探索人单合一模式,与阿米巴经营理念有相似之处。海尔将企业划分为多个自主经营体,每个经营体就像一个阿米巴组织,直接面对市场和用户,拥有决策权、用人权和分配权。如海尔的冰箱生产部门,不同的生产线被划分为不同的经营体,负责特定型号冰箱的生产、销售和服务。经营体成员共同制定目标,并根据目标完成情况获得相应报酬,激发了员工的积极性和创造力,使他们更加关注市场需求和用户体验。同时,海尔打造了一个开放的平台,为各个自主经营体提供资源支持和服务。这种模式就像一个生态系统,各个经营体在其中相互协作、共同发展。通过平台化转型,实现了企业资源的优化配置,提高了运营效率和竞争力。

此外,例如韩都衣舍,作为一家知名电商服装企业,成功应用阿米巴模式实现了快速发展。他们实行小组制运营,将企业划分为多个产品小组,每个小组由设计师、商品制作专员和页面制作专员组成,相当于一个小型的阿米巴组织。独立负责产品的设计、生产和销售,拥有较大的自主权。小组之间相互竞争,根据业绩进行排名和奖励。激发了小组的创新活力和竞争意识,使韩都衣舍能够快速推出符合市场需求的时尚服装。韩都衣舍还建立了强大的数据系统,对各个小组的运营数据进行实时监控和分析。通过数据分析,小组可以及时了解市场动态和用户需求,调整产品策略和营销方案。

行业观

关于行业

"行业"(Industry)通常是指一组从事相似或相关经济活动的企业集合,这些经济活动包括但不限于生产、加工、分销、服务提供等,如制造业、金融业、餐饮业等。一个行业内的企业通常会面对类似的市场环境、监管要求和技术发展趋势。

在现代社会中,随着科技的发展、市场的细分以及全球经济一体化进程的加快,行业分类变得越来越复杂。传统的行业分类方法已经难以全面准确地描述当前经济体系中的多样性与动态变化。本章将探讨行业分类的复杂性,并分析其背后的原因及影响。

传统的行业分类方法通常基于企业所从事的主要经济活动来划分,如制造业、服务业、金融业等。这种分类方式在一定程度上能够反映企业的主营业务,但对于跨领域的综合性企业来说,则显得过于简单。例如,现代企业往往集生产、研发、销售、服务于一体,难以简单归类到某个单一行业中。此外,随着互联网技术的广泛应用,出现了大量跨界融合的新业态,如电子商务、金融科技等,这些新业态跨越了多个传统行业边界,使得原有的分类体系难以适应。

随着科技进步和社会需求的变化,新兴行业不断涌现,给行业分类带来了新的挑战。例如,人工智能、大数据、云计算等高新技术的迅猛发展催生了一系列新兴行业,如智能物流、在线教育、虚拟现实等。这些行业往往具有高度的交叉性和融合性,很难用传统的单一行业标签来定义。此外,随着人们对健康、环保意识的增强,绿色能源、健康医疗等领域也成为新兴行业的重要组成部分。这些行业的发展不仅改变了经济结构,也对行业分类提出了更高的要求。

全球化和信息化的发展使得行业之间的界限日益模糊。一方面,跨国企业的经营活动跨越多个国家和地区,其业务覆盖范围广泛,不再局限于某一特定市场;另一方面,信息技术的应用使得企业能够更加灵活地整合全球资源,形成跨区域、跨行业的产业链条。例如,苹果公司虽然是以硬件制造为主的企业,但其业务涵盖了软件开发、在线服务等多个领域,形成了一个庞大的生态系统。这种情况下,简单地将其归类为"制造业"显然是不够准确的。

随着市场竞争的加剧,企业纷纷探索多元化的经营模式,以增强自身的竞争力。这种多元化不仅体现在产品线的扩展上,还包括业务范围的拓展和服务领域的延伸。这种跨界经营使得企业不再局限于单一行业,而是成为一个多行业融合的综合体。对于行业分类而言,这种多元化经营模式无疑增加了分类的难度。

由于行业分类的目的不同,所采用的标准也有所差异。政府机构在制定政策时需要根据行业特点来制定相应的法规和政策;企业在进行战略规划时需要了解所处行业的竞争态势和发展趋势;投资者在进行投资决策时需要分析不同行业的风险和回报。因此,不同主体对行业分类的需求不尽相同,这也导致了行业分类标准的多样化。例如,证券交易所可能会根据上市公司的主营业务来划分行业,而统计局则可能根据国民经济活动的性质来划分行业。

随着经济社会的发展和科技进步,行业分类的复杂性日益显现,传统的行业分类方法已难以全面准确地描述当前经济体系中的多样性与动态变化。面对这一挑战,国家和相关的国际组织都出台了一些标准。

国家统计局制定了《国民经济行业分类》(GB/T 4754－2017)作为中国的国家标准,它将国民经济行业划分为门类、大类、中类和小类四个层次。该标准是我国常用的行业分类标准之一,广泛应用于统计、工商登记、税收等领域。例如,在工商登记中,企业需要根据自身的主要业务活动选择相应的行业代码进行注册。除了《国民经济行业分类》外,我国还有一些特定领域的行业分类标准,如《文化及相关产业分类(2018)》用于文化产业的统计和管理;《战略性新兴产业分类(2018)》用于界定战略性新兴产业的范围等。

联合国制定了《国际标准行业分类》(ISIC),旨在为不同国家和地区的经济活动提供统一的分类框架。ISIC将经济活动分为门类、大类、中类和小类四个层次,与我国的《国民经济行业分类》类似。许多国家在制定本国的行业分类标准时,会参考ISIC进行调整和适应。

还有一些有参考价值的分类标准,比如北美行业分类系统(NAICS)、全球行业分类标准(GICS)。GICS由摩根士丹利资本国际公司(MSCI)和标准普尔(S&P)共同开发,主要用于金融市场的行业划分和投资分析。

在经济活动中,企业和行业这两个概念虽然紧密相关,但实际上存在着根本的区别。企业是实在的、具象的存在,看得见、摸得着;而行业则是为了理解和研究经济活动而人为定义的范畴。

企业作为经济活动的基本单元,是具体而真实的实体。它拥有明确的法人地位,有着具体的办公场所、生产设备、员工队伍以及管理制度。企业通过生产产品或提供服务来实现其商业目标,其运营状况直接影响到市场的供给与需求。当我们谈论某家企业时,我们可以具体地描述它的产品、服务、品牌、发展战略等细节。企业是市场经济中最活跃的细胞,其经营活动构成了经济运行的基础。有关企业的更多知识,请参阅本书"企业是什么"一章。

相比之下,行业是一个较为抽象的概念。行业是由一组从事相似或相关经济活动的企业集合而成的。它并不是一个具体的实体,而是为了研究和管理经济活动而人为设立的范畴。行业分类的目的在于揭示同类企业之间的共性,便于对宏观经济活动进行统计、分析和管理。例如,我们将生产汽车的企业划归为汽车制造业,尽管这些企业各自拥有不同的品牌、技术、市场策略,但它们在某些基本特征上是相似的,如生产工艺、供应链管理等。行业分类为我们提供了一种观察和理解经济现象的视角,使我们能够从宏观层面把握经济发展的趋势和规律。

企业与行业之间的关系可以比喻为树木与森林的关系。每一棵树(企业)都是独一无二的,拥有自己独特的生长环境、形态和功能;而森林(行业)则是由这些树木共同构成的生态系统。树木之间相互依存、互相竞争,共同塑造了森林的生态环境。同样,企业之间既有合作又有竞争,它们共同构成了行业的生态。

理解企业和行业之间的区别对我们来说非常重要。对于企业家而言,这意味着既要关注企业自身的经营状况,又要了解所处行业的整体趋势和发展方向;对于政策制定者而言,则需要在制定行业政策时考虑到行业内各企业的具体情况,确保政策的有效性和针对性;对于投资者而言,了解行业分类可以帮助他们更好地评估市场风险和投资机会。

行业观的重要性

在当今复杂多变的商业环境中,企业要想获得持续的竞争优势,就必须具备清晰的行业观(Industry Perspective)。行业观是指企业对其所处行业的整体认知,包括对行业现状、发展趋势、竞争格局等方面的理解和判断。这种认知框架就像一张详尽的产业地图,不仅能够帮助企业明确自己在市场中的位置,还能指引企业找到发展的正确路径。行业观不仅是一种认识框架,更是企业制定战略、指导行动的重要指南。就像一张详尽的产业地图,行业观可以帮助企业在复杂的经济地形中找到前进的方向,规避风险,抓住机遇。

行业观能够帮助企业明确自己在市场中的位置,了解自身的优势和劣势。只有清楚自己在行业中的地位,企业才能制定出适合自身发展的战略。正如藏宝图上的标记可以帮助寻宝者找到宝藏的位置一样,行业观中的关键信息也可以帮助企业找到市场中的"宝藏"。通过行业观,企业可以更好地把握行业的发展趋势,从而制定出与行业发展相匹配的战略方向,确保企业的发展方向与市场趋势保持一致。通过与同行、友商的比较,企业可以发现自身的优缺点,从而明确努力的方向。

行业观可以帮助企业识别行业内外的潜在风险,如政策变化、技术革新等,提前做好应对措施。通过深入理解行业环境,企业可以及时调整策略,规避不利因素的影响,减少损失。例如,当行业研究显示某一技术即将被淘汰时,企业可以提前转型,避免陷入困境。

行业观有助于企业合理配置资源,确保将有限的资源投入最有潜力的领域,提高资源利用效率。这就像是在高处俯瞰整个战场,可以更好地安排兵力,实现最优配置。通过对行业结构的深入分析,企业可以更好地整合内外部资源,实现协同效应,提升整体竞争力。

行业观可以启发企业的创新思维,通过对比分析行业内的成功案例,激发企业的创新灵感,促使企业关注行业内的技术进步,推动自身技术升级,保持技术领先优势。

明确的行业观可以吸引更多优秀人才加盟,因为他们能够看到企业的发展前景,有助于提升团队的凝聚力,使员工对企业的发展方向有共同的认识,增强团队合作精神。

行业观可以帮助企业更好地理解客户的需求变化,提供更加精准的产品和服务。通过行业观,企业可以预见客户未来的需求,提前做好准备,提升客户满意度。例如,通过行业观发现某一市场需求的增加,企业可以提前布局,抢占市场先机。

如何建立行业观

前面我们介绍了行业观及其重要的意义,那么,该如何建立行业观呢? 我们从以下几个方面来分析。

(1)了解行业基础知识

每个行业都有其独特的定义和范畴。以互联网行业为例,它涵盖了电子商务、社交网络、在线游戏、数字媒体等多个细分领域。了解行业的定义有助于我们明确研究的对象和范围,避免在认识上出现模糊和偏差。在确定行业范畴时,我们需要考虑行业的上下游产业链、相关的服务和产品,以及与其他行业的交叉和融合。例如,汽车行业不仅包括汽车制造企业,还涉及零部件供应商、销售渠道、售后服务等多个环节。通过对行业范畴的全面了解,我们可以更好地把握行业的整体格局和发展趋势。

研究行业的历史发展可以让我们了解其起源、演变过程和关键转折点。这有助于我们理解行业的发展规律,预测行业未来的发展趋势。比如,通信行业从早期的有线电话发展到无线通信,再到如今的 5G 时代,经历了多次技术革命和市场变革。通过了解这些历史事件,我们可以认识到技术创新和市场需求对行业发展的推动作用,以及行业在不同阶段面临的挑战和机遇。同时,历史发展还可以让我们学习到行业内成功企业的经验和教训。

行业的主要参与者包括企业、机构和人物。了解他们的角色、市场份额和竞争优势,可以帮助我们更好地理解行业的竞争格局和发展趋势。企业是行业的核心参与者,它们通过提供产品和服务满足市场需求,实现自身的商业价值。我们可以通过研究行业内的龙头企业,了解其发展战略、产品创新、市场营销等方面的成功经验。同时,我们还可以关注新兴企业的崛起,分析它们的创新模式和竞争优势,预测行业的未来发展方向。特定机构在行业中也扮演着重要的角色,如行业协会、研究机构、金融机构等。行业协会可以为企业提供政策咨询、行业标准制定、市场推广等服务;研究机构可以进行行业研究和分析,为企业和政府提供决策参考;金融机构可以为企业提供融资支持,促进行业的发展。了解这些机构的作用和影响力,可以帮助我们更好地把握行业的发展动态。特定人物也是行业的重要参与者,如企业家、专家学者、行业领袖等,他们的思想、观点和行动往往会对行业的发展产生重大影响。

(2)进行市场分析

了解行业的市场规模是建立行业观的重要基础。市场规模可以通过查阅行业报告、统计数据等方式获得。我们可以了解行业的总体市场规模、增长率、市场份额分布等信息,分析行业的发展潜力和市场空间。通过对市场规模的分析,我们可以判断该行业是否具有投资价值和发展前景,为企业的战略规划和个人的职业选择提供参考。

将行业细分为不同的市场区段(Segment,也称之为细分市场),可以帮助我们更好地了解市场需求和竞争格局。市场可以根据产品类型、价格区间、用户群体等因素进行细分。例如,在化妆品行业,可以细分为高端市场、中端市场和低端市场。高端市场主要面向高收入人群,注重品牌和品质;中端市场则以性价比为主要竞争优势,满足中等收入人群的需求;低端市场主要面向低收入人群,价格较为低廉。通过对市场细分的分析,我们可以了解不同市场区段的特点和需求,为企业的产品定位和市场营销提供依据。

研究行业内的竞争格局可以帮助我们了解行业的竞争态势和主要竞争对手的情况。竞争格局可以通过分析市场份额、产品差异化、价格竞争等因素来确定。通过对竞争格局的分析,我们可以了解行业内的竞争激烈程度、主要竞争对手的优势和劣势,为企业的竞争策略和个人的职业发展提供参考。

(3)关注技术趋势

了解行业内的最新技术发展动态是建立行业观的重要内容。前沿技术可以为行业带来新的机遇和挑战,改变行业的竞争格局和发展趋势。

例如,在人工智能、大数据、区块链等技术的推动下,许多行业正在发生深刻的变革。人工智能可以提高生产效率、优化产品服务、改善用户体验;大数据可以为企业提供精准的市场分析和决策支持;区块链可以提高交易的安全性和透明度。通过关注前沿技术的发展动态，我们可以及时把握行业的发展趋势，为企业的创新和个人的职业发展提供机会。

分析技术进步对行业的影响包括可以帮助我们更好地理解行业的未来发展方向；可以带来新的产品和服务、改变行业的商业模式、提高行业的效率和竞争力。

(4)拓展信息渠道

定期阅读专业的行业研究报告是获取行业信息和分析的重要途径。行业报告通常由专业的研究机构或咨询公司发布，内容涵盖行业的市场规模、发展趋势、竞争格局、技术创新等方面。通过阅读行业报告，我们可以了解行业的最新动态和发展趋势，掌握行业的关键数据和信息，为企业的决策和个人的职业发展提供参考。同时，我们还可以通过对比不同机构发布的行业报告，了解不同观点和分析方法，拓宽自己的视野和思维方式。

关注行业相关的新闻网站、杂志和社交媒体可以及时了解行业动态和热点问题。新闻媒体通常会对行业内的重大事件、企业动态、技术创新等进行报道和分析，为我们提供丰富的信息和观点。

参加行业研讨会、展会等活动可以与业内人士交流，拓宽视野。行业会议和活动通常会邀请行业内的专家学者、企业领袖、投资人等参加，他们会分享自己的经验和观点，探讨行业的发展趋势和热点问题。通过参加行业会议和活动，我们可以与业内人士建立联系，了解行业的最新动态和发展趋势，学习先进的经验和技术，为企业的发展和个人的职业成长提供机会。同时，我们还可以通过展示自己的企业和产品，提高品牌知名度和市场影响力。

行业分析的方法论

(1)行业周期理论

该理论将行业的发展分为导入期、成长期、成熟期和衰退期四个阶段。

导入期：行业刚刚兴起，市场增长率较高，但市场规模较小，技术和产品尚未成熟，行业内企业数量较少。这个阶段的企业面临着较高的风险，但也有机会成为行业的领导者，进入壁垒低。

成长期：市场增长率迅速提高，市场规模不断扩大，技术逐渐成熟，行业内企业数量增加，竞争加剧。企业在这个阶段需要加大市场推广力度，提高产品质量和服务水平，扩大市场份额。这个阶段的进入壁垒偏低，存在进入的机会。

成熟期：市场增长率趋于稳定，市场规模达到较大水平，技术和产品成熟，行业内企业数量稳定，竞争格局相对稳定。企业在这个阶段需要注重成本控制、提高运营效率，市场领导者在规模经济效应和品牌方面占据优势，其他企业只能通过差异化竞争来维持市场份额。这个阶段已经不适合进入行业。

衰退期：市场增长率下降，市场规模逐渐缩小，技术落后，行业内企业数量减少。在这个阶段，企业在需要考虑转型或退出该行业，但是同时存在并购整合的机会，可以通过提高行业集中度来获得超额利润。

(2)行业集中度分析

行业集中度是衡量一个行业市场结构的重要指标，反映了行业内企业的规模分布和市场竞争程度。通常用行业内排名靠前的几家企业的市场份额之和来表示。

高集中度行业：如果行业集中度较高，意味着少数几家大企业占据了大部分市场份额。这种行业通常具有较高的进入壁垒，竞争相对较为缓和。大企业在技术、品牌、资金等方面具有优势，能够对市场价格和行业发展方向产生较大影响。比如，在石油、钢铁等行业，少数大型企业占据主导地位，行业高度集中。

低集中度行业：当行业集中度较低时，行业内企业数量众多，市场份额较为分散。这种行业竞争激烈，企业规模相对较小，进入和退出相对容易，存在并购和整合的机会。企业需要通过不断创新、提高产品质量和服务水平来争夺市场份额。例如，餐饮、零售等行业的集中度相对较低。

(3) PEST 分析

PEST 分析是对行业宏观环境进行分析的方法，从政治（Political）、经济（Economic）、社会（Social）和技术（Technological）四个方面来评估行业的外部环境状况。

政治因素：包括国家的政治制度、政府的政策法规、国际关系等。例如，政府对某一行业的扶持政策可能会推动该行业的快速发展，如对新能源行业的补贴政策促进了新能源产业的崛起；而贸易摩擦等政治因素可能会对某些进出口依赖度高的行业产生不利影响。

经济因素：涵盖宏观经济状况，如经济增长速度、通货膨胀率、利率、汇率、消费者收入水平等。经济繁荣时期，大多数行业会受益于消费需求的增加；而经济衰退时，消费者购买力下降，一些非必需品行业可能会受到较大冲击。

社会因素：涉及人口结构、文化传统、消费观念、生活方式等。比如,随着老龄化社会的到来,医疗保健、养老服务等行业的需求将不断增加;年轻人对个性化、便捷化产品和服务的偏好,也推动了相关行业的发展。

技术因素:关注行业的技术发展水平、创新能力以及技术变革对行业的影响。新技术的出现可能会颠覆传统行业,如互联网技术的发展就改变了零售、媒体等多个行业的商业模式。

(4) 波特五力模型

波特五力模型由迈克尔·E. 波特(Michael E. Porter,1947—)于20世纪80年代初提出,用于分析一个行业的基本竞争态势,包括行业内竞争者、潜在进入者、替代品的威胁、供应商的议价能力以及购买者的议价能力这五个方面。

行业内竞争者:分析行业内现有企业之间的竞争激烈程度,包括企业的数量、规模、市场份额、产品差异化程度等。竞争激烈的行业,企业需要通过不断提高产品质量、降低成本、提升服务水平来争夺市场份额。

潜在进入者:潜在进入者的威胁取决于进入行业的障碍和该行业的市场潜力。如果进入壁垒较低,市场潜力大,就会吸引更多的新企业进入,从而加剧竞争。

替代品的威胁:如果其他产品或服务能够满足消费者的相同需求,就会对本行业的产品或服务构成替代威胁。替代品的性价比越高,替代威胁就越大。例如,线上会议软件的发展对传统商务差旅行业产生了一定的替代作用。

供应商的议价能力:供应商的议价能力取决于其对投入要素价格和质量的控制力。如果供应商数量较少、供应的产品或服务具有独特性或不可替代性,那么供应商的议价能力就较强,会对行业内企业的成本产生影响。

购买者的议价能力:购买者的议价能力取决于其对产品或服务的需求程度、购买量以及转换成本等。购买者如果购买量大、有多种选择或者转换成本低,就具有较强的议价能力,可以压低价格或要求更高的产品质量和服务。

(5) 波士顿矩阵

波士顿矩阵又称市场增长率—相对市场份额矩阵,由美国著名的管理学家、波士顿咨询公司创始人布鲁斯·亨德森(Bruce Hendorson,1915—1992年)于1970年首创。该矩阵将企业的产品或业务分为明星产品、现金牛产品、问题产品和瘦狗产品四种类型,基于市场增长率和相对市场份额两个维度进行划分。

明星产品:市场增长率高且相对市场份额高。这类产品具有很大的发展潜力,是企业未来的利润增长点,需要加大投资以支持其迅速发展,进一步扩大市场份额,提高竞争地位。

现金牛产品:市场增长率低但相对市场份额高。这些产品在成熟市场中占据主导地位,能够为企业带来稳定的现金流,可以为企业的其他业务提供资金支持。企业应维持现金牛产品的市场份额,尽可能延长其生命周期。比如现在,iPhone就是苹果公司的现金牛产品,而MS Office则是微软公司的现金牛产品。

问题产品:市场增长率高但相对市场份额低。这类产品市场前景广阔,但企业在市场中的竞争地位较弱,需要进一步分析是否值得投入资源来提高其市场份额。如果经过评估认为有发展潜力,可以采取选择性投资战略,将其培养成明星产品;如果前景不明朗,则可能需要考虑放弃。

瘦狗产品:市场增长率低且相对市场份额低。这些产品处于衰退期,盈利能力差,无法为企业带来收益,应采用撤退战略,逐步淘汰或转移资源。例如,现在的功能手机市场需求逐渐下降,企业的市场份额也很低。

以上这些行业分析方法论各有特点和适用范围,在实际应用中,可以根据具体的分析目的和行业特点,选择一种或多种方法进行综合分析,以便更全面、准确地了解行业状况,为企业的战略决策提供有力支持。

案例研究

并购大王丹纳赫

丹纳赫公司(Danaher Corporation)是一家世界 500 强企业,全球领先的科技创新型产业投资集团,以持续的并购策略、独特的丹纳赫业务系统(DBS)以及在生命科学、诊断等多领域的领导地位而闻名于世。它通过不断收购具有潜力的企业,整合资源并提升运营效率,致力于帮助解决全球众多重大的健康挑战。

丹纳赫的故事始于 1969 年,创始人史蒂文·M. 雷尔斯(Steven M. Rales)和米切尔·P. 雷尔斯(Mitchell P. Rales)是两兄弟。最初,公司主要从事房地产投资业务,后来转型到高进入壁垒的专业设备制造业。1984 年,雷尔斯兄弟通过杠杆收购的方式收购了一家名为 DMG 的工具制造公司,这标志着丹纳赫公司的正式成立。在接下来的数十年里,他们不断寻找合适的收购目标,不断扩大公司的业务范围。

从 20 世纪 80 年代开始,丹纳赫启动了一系列大规模的并购活动,这些并购不仅涉及多个国家和地区,还涵盖了多个不同的行业领域,比较著名的并购案例如下。

并购福禄克（Fluke Corporation）：福禄克是一家专注于测试、测量和监控设备的公司，成立于1948年。2001年，丹纳赫以约22亿美元的价格收购了福禄克。这次并购不仅使丹纳赫进入了测试和测量设备市场，还为其带来了福禄克在全球范围内的广泛分销网络和强大的品牌影响力。通过整合福禄克的技术和资源，丹纳赫迅速提升了自身在测试和测量领域的竞争力。

并购贝克曼·库尔特（Beckman Coulter）：贝克曼·库尔特是一家全球领先的医疗设备和诊断试剂供应商，成立于1935年。2011年，丹纳赫以约68亿美元的价格收购了贝克曼·库尔特。这次并购使丹纳赫进入了生命科学和诊断领域，为其打开了新的增长空间。贝克曼·库尔特的加入，不仅丰富了丹纳赫的产品线，还为其带来了先进的研发能力和广泛的市场覆盖。通过整合贝克曼·库尔特的技术和市场资源，丹纳赫迅速提升了自身在生命科学和诊断领域的竞争力，成为该领域的重要玩家之一。

并购徕卡微系统（Leica Microsystems）：徕卡微系统是一家专注于光学和光电子技术的公司，成立于1849年。2015年，丹纳赫以约13亿美元的价格收购了徕卡微系统。这次并购使丹纳赫进入了先进材料和光学仪器市场，为其带来了新的技术优势和市场份额。徕卡微系统的加入，使得丹纳赫能够为客户提供更加先进的光学解决方案，进一步巩固了其在工业测量和精密仪器市场的领先地位。同时，徕卡微系统的技术和品牌影响力，也为丹纳赫在全球范围内的市场拓展提供了有力支持。

自1984年成立以来，丹纳赫进行了大量的并购交易。在成立后的最初两年内就收购了12家公司，后续几十年间更是不断出手。例如，2015年斥资138亿美元收购过滤、分离、纯化技术公司Pall Corporation;2019 年斥资 214 亿美元收购通用电气公司旗下 GE 生命科学公司的 GE 生物医药业务等。

丹纳赫有明确的并购策略,主要聚焦于具有高增长潜力和稳定现金流的行业,如生命科学、医疗诊断、环境与应用解决方案等。它注重收购拥有知名商标品牌、高市场份额、具有技术创新能力和分销网络的公司,并且在收购后,能够根据各子公司的产品线和潜在市场重新拆分整合。而且一旦发现并购标的的表现没有达到预期目标,丹纳赫就会毫不犹豫地甩手出售。

依靠并购、整合以及对所收购公司的商业对策管理,丹纳赫获得了高速发展。其每股收益实现了长期的高增长,股价也不断攀升。丹纳赫的收入和利润持续增长,从一个小型企业发展成为年销售额超过 290 亿美元、市值近 2 000 亿美元的大型企业。

丹纳赫之所以能够在并购道路上屡创佳绩,离不开其独到的业务系统 DBS(Danaher Business System)。DBS 是一套涵盖战略规划、运营管理、技术创新、人才培养等多个方面的综合性管理体系,是丹纳赫核心竞争力所在。DBS 的核心理念在于"持续改善,追求卓越",丹纳赫是北美较早采用 Kaizen(持续改善的日式经营)理念的公司之一,DBS 就是基于 Kaizen 理念经过多年的开发迭代而形成的。在这一理念的指导下,丹纳赫不断优化内部管理流程,提高生产效率,降低运营成本;同时,注重技术创新和产品研发,以满足客户日益多样化的需求。此外,DBS 还强调人才培养和企业文化建设,为公司的持续发展提供了有力保障。通过实施 DBS,丹纳赫成功地将收购来的各个业务单元纳入了一个统一的管理体系中,实现了资源共享和优势互补。这不仅提高了公司的整体运营效率,还增强了各业务单元之间的协同效应,进一步巩固了丹纳赫在市场中的领先地位。

丹纳赫能够从一个初创企业成长为一个世界五百强公司,其核心竞争力主要体现在以下三个方面。

(1) 对行业的深刻理解：丹纳赫始终坚持以客户需求为导向，深入挖掘行业痛点和发展趋势。通过对行业的持续跟踪和研究，丹纳赫能够准确把握市场动态，为客户提供更具竞争力的产品和服务。这种对行业的深刻理解，使得丹纳赫能够在激烈的市场竞争中始终保持领先地位。

(2) 成熟的并购理念和娴熟的并购操作：丹纳赫的并购理念独具特色，强调"行业第一或第二"的原则，并注重对被收购企业的深度整合和改造。在并购操作上，丹纳赫拥有一支专业的并购团队，他们具备丰富的经验和敏锐的市场洞察力，能够迅速找到合适的并购目标并制定出切实可行的并购方案。这种成熟的并购理念和娴熟的并购操作，为丹纳赫的快速扩张提供了有力支持。

(3) 超强的融资能力：丹纳赫在并购过程中展现出了超强的融资能力。凭借良好的信用记录和市场声誉，丹纳赫能够轻松获得各大金融机构的支持和信任。这使得公司在并购过程中能够迅速筹集到所需资金，确保并购项目的顺利进行。同时，丹纳赫还善于利用资本市场进行融资，通过发行股票和债券等方式筹集资金，为公司的发展提供了源源不断的动力。

回顾丹纳赫的发展历程，人们不禁为这家公司的辉煌成就感到赞叹。从初创企业到世界五百强企业，丹纳赫凭借其对行业的深刻理解、成熟的并购理念和娴熟的并购操作以及超强的融资能力，走出了一条独具特色的发展道路。

创新管理

创新的分类

关于创新的重要性,无论是在经济学意义上的,还是在管理学意义上的,我们在前文已经做了介绍。在本章里,我们重点介绍一下企业如何激发、促进公司的创新文化,如何安排、管理好公司的创新体系。

(1)根据创新的表现形式进行分类

知识创新:是指通过科学研究,包括基础研究和应用研究,获得新的基础科学和技术科学知识的过程。知识创新是技术创新的基础,是新技术和新发明的源泉,是促进科技进步和经济增长的革命性力量。

技术创新:是指生产技术的创新,包括开发新技术,或者将已有的技术进行应用创新。科学是技术之源,技术是产业之源,技术创新建立在科学理论创新的基础之上,而产业创新主要建立在技术创新基础之上。

产品创新:产品创新是指改善或创造产品,从而进一步满足顾客需求或开辟新的市场。产品创新可分为全新产品创新和改进产品创新。

全新产品创新是指产品用途及其原理有显著的变化。改进产品创新是指在技术原理没有重大变化的情况下,基于市场需要对现有产品所做的功能上的扩展和技术上的改进。

服务创新:服务创新是指使潜在用户感受到不同于从前的崭新内容,即新的设想、新的技术手段或者改进的服务方式。

制度创新:制度创新是指在现有的制度基础上,通过引入新的理念、方法、规则或机制,对原有制度进行改进、变革或创造全新的制度,以更好地适应社会、经济、政治等方面的发展需求。

管理创新:管理创新是指企业把新的管理要素(如新的管理方法、新的管理手段、新的管理模式等)或要素组合引入企业管理系统,以更有效地实现组织目标的活动。

(2)根据创新的组织方式进行分类

独立创新:独立创新是指在无其他企业技术引导的条件下,企业在获取技术和市场创新机会后,依靠自身力量独立研究开发、攻克技术难关、获得新的技术成果,并完成技术成果的商业化过程。

合作创新:合作创新是指企业、研究机构、大学之间的联合创新行为,新构思形成、新产品开发以及商业化等任何一个阶段的合作都可以被视为企业合作创新。

引进创新:引进创新是指通过引进外部先进技术、管理经验、人才等资源,进行消化、吸收、再创新的一种创新方式。

(3)根据创新的强度进行分类

渐进性创新:渐进的、连续的小创新。这些创新常出自直接从事生产的工程师、工人和用户之手。

突破性创新:使产品、工艺或服务具有前所未有的性能特征或具有相似的特征但性能有巨大的提高,或者创造出一种新的产品。

革命性创新：革命性创新是指会产生具有深远意义的变革，影响经济的发展，伴随着新兴产业出现的创新。

此外，根据创新的领域进行分类，可以将创新分为教育创新、金融创新、工业创新、农业创新、国防创新、社会创新、文化创新等；根据创新的行为主体进行分类，可以将创新分为政府创新、企业创新、团体创新、大学创新、科研机构创新、个人创新等；根据创新的层次进行分类，可以将创新分为首创型创新、改进型创新、应用型创新；根据创新的效果进行分类，可以将创新分为有价值的创新、无价值的创新、负效应创新等，不一而足。

企业创新管理的要素

企业创新管理包含以下几个关键要素。

(1) 创新战略

企业需要制定明确的创新战略，明确创新在企业发展中的地位和作用。长期规划需要确定企业在未来一段时间内的创新方向和目标，例如，在未来5年或10年内要推出哪些具有创新性的产品或服务，进入哪些新的市场领域等。市场定位则是根据市场需求和竞争态势，确定企业的创新重点是在产品创新、技术创新、服务创新还是商业模式创新等方面，以便更好地满足客户需求，提高市场竞争力。

(2) 创新文化

营造鼓励创新的文化氛围至关重要。企业可以建立容错机制和奖励机制来创新企业文化。容错机制：允许员工在创新过程中犯错，鼓励他们勇于尝试新的想法和方法。如果员工因为害怕犯错而不敢尝试创新,企业的创新活力将受到极大的抑制。奖励机制:对有创新成果的员工给予适当的奖励,如奖金、晋升、荣誉等,以激发员工的创新积极性。建立开放的沟通渠道,让员工能够自由地交流创新想法,促进知识共享和思想碰撞的快乐。

(3)创新人才

拥有具备创新能力的人才是企业创新的核心。企业应招聘具有创新思维和能力的员工,在选拔过程中,除了考察专业技能外,还要注重对创新潜力的评估。为员工提供创新相关的培训和发展机会,提升他们的创新能力和素质。

(4)创新流程

建立有效的创新流程可以提高创新的效率和成功率。企业应通过各种渠道收集创新创意,如员工建议、客户反馈、市场调研等。可以设立创意收集平台,鼓励员工随时提交创新想法。对收集到的创意进行评估和筛选,确定哪些创意具有可行性和商业价值。评估过程可以邀请相关部门的专家和领导参与,确保评估的客观性和准确性。然后实施经过筛选的创新项目,并在实施过程中不断进行调整和优化。创新项目成功后,要及时进行推广和应用,为企业带来经济效益和竞争优势。

(5)创新资源

企业应为创新提供必要的资源支持。为了确保企业有足够的资金用于创新项目的研发、实施和推广,企业可以设立创新专项资金,或者通过与外部投资机构合作等方式筹集创新资金。还应提供先进的技术设备和工具,为员工的创新活动提供技术保障。同时,要加强与科研机构、高校等的合作,获取最新的技术信息和资源。给予员工一定的时间用于创新活动,避免过度的工作压力影响员工的创新积极性。还可以考虑设立创新工作时间制度,让员工有专门的时间进行创新思考和实践。

企业要想创新,一定要在战略层面予以严肃的确认,然后再做好预算的安排。对创新成果的预期一定要现实,因为创新活动毕竟始终伴随着风险。在竞争如此激烈的市场中,没有创新就无法生存,这已经是商业人士的普遍共识了。因此,我们应该把创新当作一种信仰来看待,是必做且必须长期坚持的一件事。

企业创新管理制度的构成

企业创新管理制度通常由以下几个主要部分构成。

(1)创新目标与战略规划

企业应确定在一定时期内的创新方向和具体目标,例如新产品研发数量、技术突破目标、市场占有率提升幅度等。这些目标应具有可衡量性和挑战性,能够为企业的创新活动提供明确的方向。根据企业的发展战略和市场需求,制定创新战略规划。包括确定创新的重点领域、创新的方式(如自主研发、合作创新、引进技术等)以及创新的时间节点等。创新战略应与企业的整体战略相协调,为企业的可持续发展提供支撑。

(2)创新组织与人员管理

企业应建立专门的创新管理部门或团队,负责统筹协调企业的创新活动。明确各部门在创新中的职责和分工,确保创新活动的顺利开展。例如,研发部门负责技术创新,市场部门负责收集客户需求和市场信息,为产品创新提供依据。创新人才选拔与培养机制,制定创新人才选拔标准和流程,吸引和选拔具有创新能力和潜力的人才加入企业。同时,建立完善的创新人才培养体系,通过培训、交流、项目实践等方式,提升员工的创新能力和素质。设立创新奖励制度,对在创新活动中表现突出的个人和团队给予物质和精神奖励,激发员工的创新积极性。

(3)创新流程管理

企业应建立创意收集渠道,鼓励员工提出创新想法。对收集到的创意进行筛选和评估,对具有可行性和商业价值的创意进行开发。对确定的创新项目进行立项管理,明确项目的目标、任务、时间节点、责任人等。建立项目跟踪和评估机制,及时掌握项目进展情况,对项目进行调整和优化。加强对创新成果的知识产权保护,制定知识产权管理策略,包括专利申请、商标注册、版权保护等。确保企业的创新成果得到合法的保护,提高企业的核心竞争力。

(4)创新资源管理

企业应设立创新专项资金,确保创新活动有足够的资金支持。制定资金使用计划和审批流程,提高资金使用效率。同时,积极争取外部资金支持,如政府资助、风险投资等。建立技术资源库,收集和整理企业内部和外部的技术信息和资源。加强与科研机构、高校等的合作,获取最新的技术成果和技术支持。建立信息收集和分析机制,及时掌握市场动态、行业趋势、竞争对手信息等,为企业的创新决策提供准确的信息支持。

(5)创新风险管理

企业应对创新活动中可能面临的风险进行识别和评估,包括技术风险、市场风险、财务风险等。确定风险的等级和影响程度,为风险应对提供依据。制定风险应对策略,包括风险规避、风险降低、风险转移和风险接受等。根据风险的不同情况,采取相应的应对措施,降低创新活动的风险。建立风险监控机制,对创新活动中的风险进行实时监控。设置风险预警指标,当风险达到一定程度时,及时发出预警信号,采取相应的措施进行处理。

(6)创新绩效评估

企业应建立科学合理的创新绩效评估指标体系,包括创新投入指标、创新产出指标、创新效益指标等。评估指标应具有可衡量性和客观性,能够准确反映企业的创新绩效。确定创新绩效评估的方法和流程,定期对企业的创新活动进行评估,评估可以采用自我评价、内部评审、外部专家评估等多种方式相结合,确保评估结果的准确性和公正性,将创新绩效评估结果应用于企业的管理决策中,对创新活动进行总结和反思。根据评估结果,调整创新战略、优化创新管理流程、改进创新激励机制等,不断提高企业的创新绩效。

内部孵化器与 CVC 基金的运用

为了鼓励创新,企业可以采用内部孵化器和 CVC(Corporate Venture Capital,企业风险投资)基金这两种有效的方法。通过合理运用这些手段,结合对创新核心团队的有效激励,企业能够发挥自身资源优势,构建有机且深度协同的企业群落。

内部孵化器是企业内部设立的培育创新项目和初创企业的机构,为创新想法提供相对独立且资源丰富的环境,有助于将创意或技术商业化。孵化器在孵的项目可以利用母公司的资金、技术、人才和市场渠道等资源,降低创新项目的启动成本和风险。

企业设立内部基金或 CVC 基金资助创新活动是一种有前瞻性的举措。CVC 基金与传统风险投资基金的区别在于,其投资决策除考虑财务回报外,还注重与母公司的战略协同效应。母公司通过投资创新企业,可获取前沿技术、拓展市场领域、建立战略合作伙伴关系,加速自身的创新进程。

对创新的核心团队应给予足够的激励。激励包括物质奖励,如股权、奖金等,也包括职业发展机会、更大的决策权和自主权等非物质奖励。激励机制能激发团队的创造力和积极性,使其在创新工作中更加投入。

企业可以将创新公司发展为母公司的卫星企业,让它们充分利用母公司的平台优势。在资金方面,母公司能为卫星企业提供启动资金、融资支持和财务指导。在技术上,可共享研发成果、技术专利和专业知识,提升卫星企业的技术实力。在客户资源方面,母公司可将客户网络介绍给卫星企业,为其产品或服务打开市场入口。

然而,企业运用孵化器和 CVC 基金时也会面临一些挑战。首先是平衡母公司战略目标与创新项目独立性的问题。过度干预会抑制创新,完全放任则可能使项目偏离母公司发展方向。其次是激励机制需要精心设计,激励不足难以调动积极性,过度激励可能导致短视行为和其他风险。

为克服这些挑战,企业需要建立科学的管理体系。在项目筛选阶段,明确投资标准和战略方向,确保项目与母公司核心业务和长期战略协同。在项目执行过程中,建立沟通和监督机制,及时解决问题、调整策略。同时,不断优化激励机制,根据项目进展和成果进行动态调整。

案例研究

创新驱动的 3M 公司

在当今竞争激烈的全球市场中,创新无疑是企业生存与发展的核心要素。而 3M 公司,这家拥有百年历史的多元化科技企业,以其令人瞩目的创新能力和持续不断的创新成果,成为全球企业创新的卓越典范。

3M 公司全称为明尼苏达矿业及制造公司(Minnesota Mining and Manufacturing Company),3 个单词的首字母正好都是 M,因此简称 3M 公司。3M 公司成立于 1902 年,总部坐落在美国明尼苏达州圣保罗市。它是一家全球性的多元化科技企业,产品涵盖工业、医疗、电子、交通、安全等众多领域,产品数量超过 6 万种。在全球 70 多个国家和地区设有分支机构,员工总数达 9 万余人。3M 公司以创新的产品和解决方案闻名于世,其使命是通过创新改善人们的生活,核心价值观包括创新、品质、客户导向、团队合作和社会责任。

回顾 3M 公司的发展历史,可谓波澜壮阔。1902 年公司成立时,创始人本想开采明尼苏达州的铁矿石用于砂轮磨料,却发现铁矿石不具备开采价值,公司陷入了困境。1904 年开始出售唯一产品水晶湾钢玉,业务发展缓慢,直到 1906 年第一张砂纸售出,3M 公司才在研磨产品领域迈出了第一步。

产品创新突破阶段:1921 年,3M 公司推出世界上第一种防水涂附磨料——3M™ Wet or Dry™ 防水砂纸,极大地提高了砂纸在潮湿环境下的使用性能。随后,1925 年 Scotch 遮蔽胶带诞生,解决了汽车喷漆时的遮蔽问题,随后发明的透明胶带更是改变了人们的包装和粘贴方式。1937 年成立中央研究实验室,同年涂敷玻璃珠的反光膜测试成功,1938 年 Scotchlite 反光膜被应用于交通安全标志板。

"二战"及战后发展阶段:3M 公司在"二战"期间为战争提供了防毒面具、飞机零部件等重要物资。战后,公司继续推进产品创新和多元化发展,1948 年推出首个无纺织物产品礼品包装丝带,1950 年推出 3M^{TM} Thermo-Fax^{TM} 复印机,1956 年向纺织行业推出 Scotchgard^{TM} 织物和室内装饰保护剂,1957 年推出 Scotch® 双面胶带,1958 年研制的 Scotch-Brite^{TM} 清洁垫上市。

快速发展阶段:3M 积极拓展国际市场,同时不断推出新产品。1979 年成功研制新型保温绝热材料 Thinsulate。1980 年推出具有划时代意义的便利贴,创造了全新市场类别,还推出了 3M^{TM}VHB^{TM}(超高粘合力)胶带。

全球化与创新深化阶段:3M 公司持续进行产品创新,1991 年推出 Scotilshield 窗户贴膜,2000 年推出 Vikuiti 品牌光管理产品,2023 年在 CES 展会上展示涵盖多个领域的创新成果。公司还通过一系列收购行为扩大业务范围和提升技术实力,如 2017 年收购江森自控国际公司的安全装备业务 Scottsafety,2019 年收购 Acelity 及其 KCI 子公司等。

3M 公司的创新管理制度是其成功的关键。在创新文化与理念方面,3M 公司鼓励冒险和尝试,认为失败是创新过程中的必然经历,只要能吸取教训就是有价值的探索。同时,3M 公司坚信创新是发展的核心驱动力,将创新融入企业基因。在创新组织架构方面,3M 公司采用扁平化结构,减少行政管理层次,加强员工间的合作与交流,信息传递更迅速。员工还可以自行组成"创新小组",开发感兴趣的项目,一旦成功,就可升格为独立产品部门。在创新资源投入方面,3M 公司保持着较高的研发资金投入,2022 年投入 19 亿美元,约占销售额的 5.4%。

同时，拥有丰富的人才资源和 46 个技术平台。在创新时间管理方面，3M 公司允许研发人员每周拿出 15％的工作时间进行个人感兴趣的研究。在创新流程管理方面，3M 公司拥有严格的新产品引入流程，对新产品进行全面评估审核，同时将可持续发展理念融入创新管理，要求新产品具备可持续价值承诺。

3M 公司的创新成果十分丰硕，产品种类繁多，涉及多个领域，生活中的无痕挂钩、百洁布等都是其发明创造。便利贴更是著名的爆款产品，被评为 20 世纪改变人类生活方式的十大发明之一。3M 公司还拥有众多专利，超过 13.2 万项，技术平台优势明显。在财务业绩方面，创新产品带来了持续稳定的营收增长，2019 年 3M 公司营业收入高达 321 亿美元。新产品对营收贡献巨大，40％的年营业额来自 5 年内开发的新产品。在可持续发展方面，3M 公司在能源管理和节能减排方面成效显著，自 2002 年以来，组织碳排放绝对值减少 75.0％。同时，3M 公司形成了鼓励冒险、容忍失败、鼓励全员创新的企业文化，培养了大量创新人才。

竞争力

什么是企业的竞争力？

企业的竞争力就是企业赖以在市场中获得客户并产生盈利和可持续发展的综合实力，这种能力体现在企业能够比其竞争对手更有效地满足顾客需求，实现独特的价值主张，并在竞争激烈的市场中保持一定的地位。

企业竞争力不仅包括产品的质量、价格、性能和服务水平等直接因素，还包括品牌影响力、创新能力、管理效率、供应链管理、企业文化等间接因素。企业竞争力是一个多维度的概念，它要求企业在多个层面上具备卓越的表现，能够在不断变化的市场环境中持续地创造出高于行业平均水平的价值。

简而言之，企业竞争力是企业能够在市场竞争中胜出的关键所在，它是由一系列内部优势与外部适应性共同作用的结果。

在"企业是什么"一章里，我们简单介绍过企业核心竞争力的概念，可以把二者的关系比喻为数学里的集合与元素的概念。企业的竞争力是个综合了若干元素的集合,而企业核心竞争力则是其中最突出的那个元素,也代表了企业竞争力的根本所在。

企业竞争力决定了企业的生存空间与发展潜力,是企业存在的根本前提,企业竞争力的重要性体现在如下多个层面。

(1)企业竞争力可以确保企业的生存与发展

在激烈的市场竞争中,缺乏竞争力的企业将面临被淘汰的风险。以曾经辉煌一时的诺基亚为例,只因未能及时跟上智能手机发展的潮流,在与苹果、三星等竞争对手的较量中逐渐失去市场份额,最终陷入困境。企业只有具备强大的综合竞争力,才能在不断变化的市场环境中生存下来,并为未来的发展奠定基础。

(2)企业竞争力有助于获取市场份额

竞争力强的企业能够吸引更多的客户,从而扩大市场份额。当企业的产品或服务在质量、价格、用户体验和支持服务等方面具有优势时,消费者更倾向于选择该企业的产品。以电商行业为例,亚马逊凭借其高效的物流配送体系、丰富的商品种类和优质的客户服务,在全球范围内吸引了大量的消费者,成为电商领域的巨头,占据了很大的市场份额。而那些竞争力较弱的电商企业则可能面临客户流失、市场份额缩小的局面。通过不断提升竞争力,企业可以在市场竞争中脱颖而出,赢得更多的客户和市场份额。

(3)企业竞争力还能提高企业的盈利能力

强大的竞争力通常意味着企业能够以更高的价格销售产品或服务,或者在相同价格下降低成本,从而提高盈利能力。竞争力强的企业还可以通过规模经济效应、优化供应链等方式降低成本,进一步提高盈利空间。盈利能力的提高不仅为企业的持续发展提供了资金支持,也为股东创造了更大的价值。

(4)具备强大竞争力的企业能够吸引优秀人才

优秀的人才通常希望加入那些能够提供丰厚待遇、有发展前景、能够提供良好的职业发展机会和工作环境的企业。例如,谷歌以其创新的企业文化、先进的技术和优厚的待遇吸引了全球顶尖的技术人才。这些优秀人才的加入又进一步提升了谷歌的竞争力,形成良性循环。人才是企业最宝贵的资源,拥有优秀的人才队伍可以为企业的创新和发展提供强大的动力。

(5)企业竞争力还能促进创新与进步

为了保持竞争力,企业需要不断进行创新,推出新的产品、服务和商业模式。这种创新不仅有利于企业自身的发展,也推动了整个行业的进步。企业之间的竞争也促使它们不断提高产品和服务的质量,为消费者带来更多的价值。创新是企业发展的源动力,竞争力强的企业往往更具有创新能力,能够引领行业的发展潮流。

(6)企业竞争力还能增强企业的抗风险能力

在面对各种风险时,竞争力强的企业具有更强的抗风险能力。例如,在遭遇经济衰退或行业危机时,竞争力强的企业可以通过调整战略、优化产品结构、降低成本等方式应对危机,而竞争力较弱的企业则可能难以承受风险而倒闭。此外,竞争力强的企业还可以通过多元化经营等方式分散风险,提高企业的稳定性。在不确定的市场环境中,抗风险能力是企业生存和发展的重要保障。

企业竞争力的构成

企业竞争力是一个综合概念,涵盖了多个维度和要素,这些因素共同作用决定了企业在市场上的表现与地位。

(1)资源基础视角下的企业竞争力

资源基础理论(Resource-Based View,RBV)认为,企业是独特资源和能力的集合体,正是这种独特的组合赋予了企业竞争优势。根据 RBV 框架,企业所拥有的有价值的、稀缺的、难以模仿的以及不可替代的资源被认为是形成持久竞争优势的基础。基于这一理论,我们可以把构成企业竞争力的主要方面归纳为以下几个方面。

物质资源:包括生产设备、土地、资金等有形资产。虽然这些资源对于生产活动至关重要,但它们往往容易被竞争对手获取或复制,因此单独依靠物质资源很难形成长期的竞争优势。

人力资源:员工的知识、技能及创新能力构成了企业重要的无形资产。特别是高技能人才和技术专家,他们为企业带来了难以复制的核心竞争力。

组织资源:如企业文化、管理系统、工作流程等。良好的内部管理体系能够促进信息流通、提高决策效率,从而增强企业的灵活性与响应速度。

关系资源:与供应商、客户、合作伙伴之间建立的良好关系网络也是企业宝贵的资源之一。强大的外部合作关系有助于降低交易成本、加快新产品开发速度等。

品牌声誉：长期积累的品牌形象和顾客忠诚度可以为企业带来显著的竞争优势。强大的品牌形象能够吸引更多的消费者，并可能允许企业在定价上拥有更大的自由度。

(2) 核心竞争力与差异化战略

除了上述提到的基本资源外，企业还需要识别和发展自己的核心竞争力，即那些能够使其在市场上区别于其他竞争者的能力。核心竞争力通常表现为一种特别的技术专长或者对特定市场的深刻理解。例如，在高科技行业，持续的研发投入和技术革新能力就是非常重要的核心竞争力；而在零售业，核心竞争力则可能是优秀的供应链管理能力和对消费者需求变化的敏锐洞察力。为了充分发挥自身的核心竞争力，企业需要制定合适的差异化战略。差异化意味着提供与众不同的产品或服务，以满足特定细分市场上消费者的特殊需求。这不仅有助于企业避开直接的价格战，还能建立起较高的进入壁垒，使新进者难以轻易模仿。在实施差异化策略时，重要的是要确保企业所提供的价值主张确实为客户所认可，并且愿意为此支付溢价。

(3) 创新作为驱动增长的动力

在知识经济时代的背景下，创新能力日益成为决定企业成败的关键因素之一。技术创新可以帮助企业开发出新颖的产品或改进现有产品的性能，而商业模式创新则可能彻底改变整个行业的游戏规则。无论是哪种形式的创新，都需要企业具备开放的心态，鼓励跨部门协作，并营造有利于创意生成的文化氛围。值得注意的是，创新不仅仅局限于产品研发层面，还包括市场营销方式、客户服务体验等多个方面。通过不断探索新的方法来提升顾客满意度，企业可以在激烈的市场竞争中脱颖而出。

(4) 适应性与学习能力

面对瞬息万变的外部环境,保持高度的适应性和快速学习的能力对企业来说同样至关重要。这意味着企业不仅要对外部变化做出迅速反应,还要能够在实践中不断总结经验教训,优化自身的运营模式。建立一个灵活高效的组织结构,培养团队成员之间的良好沟通习惯,这些都是提高企业适应性的有效途径。此外,积极进行数字化转型也是当今企业必须面对的一个挑战。利用大数据分析工具来更好地理解市场需求、预测趋势走向,或是采用云计算技术降低成本、提高工作效率,都将是未来几年内许多企业努力的方向。

综上所述,企业竞争力是由多种因素共同作用的结果,其中既包括传统的资源要素,也涉及更加抽象的企业文化和创新能力等方面。对于希望在全球化竞争中立于不败之地的企业而言,关键在于准确地识别出自己最宝贵的核心资源,并围绕这一点构建起坚固的竞争壁垒。同时,持续不断地追求创新,保持对市场动态的高度敏感,也是支撑企业长远发展的根本所在。只有这样,企业才能够在复杂多变的商业环境中找到属于自己的位置,实现可持续发展。

企业竞争力的构成

(1)硬实力、软实力、巧实力三分法

①硬实力(Hard Power)

物质资源:生产设备、土地、资金等有形资产属于硬实力范畴。例如,企业的生产设备先进与否直接影响生产效率和产品质量;土地资源可用于建设厂房等生产设施；充足的资金能保障企业的日常运营、扩大生产规模等。这些都是企业在市场竞争中实实在在的物质基础。

人力资源中的部分因素：员工的一些技能，尤其是与生产操作相关的技能可以视为硬实力。例如，熟练操作先进生产设备的工人技能，能够直接作用于生产过程，提升生产效率和产品质量，这是企业竞争力中较为直观的人力方面的硬实力体现。

②软实力(Soft Power)

企业文化(组织资源的一部分)：企业文化是一种软实力，积极健康的企业文化能增强员工的凝聚力和归属感，促使员工为企业的目标努力工作。

品牌声誉：长期积累的品牌形象和顾客忠诚度是软实力的重要组成部分。品牌声誉好的企业能吸引更多消费者，消费者基于对品牌的信任愿意购买其产品或服务，并且可能愿意接受较高的价格，这是企业在市场中无形的优势。

③巧实力(Smart Power)

人力资源中的创新能力：员工的创新能力有助于企业开发独特的产品或服务，使企业在市场中脱颖而出。

组织资源中的管理系统和工作流程：良好的管理系统和工作流程能够促进企业内部信息流通顺畅、提高决策效率，使企业能够灵活应对市场变化。

关系资源：企业应与供应商、客户、合作伙伴建立良好的关系网络，通过巧妙地维护和发展这些关系，能够降低交易成本、加快新产品开发速度等。

创新能力中的商业模式创新：商业模式创新能改变整个行业的游戏规则。例如，共享经济模式的创新，使企业可以通过巧妙地整合闲置资源，满足用户需求的同时创造新的商业价值。

适应性与学习能力：企业需要巧妙地感知外部环境变化，迅速做出反应并学习新的知识、技术和管理经验。

(2)产品层、制度层、核心层三分法

另外一种分类法是将企业竞争力划分为三个层面进行分析，即产品层、制度层和核心层，这三个层面相互关联、相互作用，共同构成了企业的整体竞争力。

①产品层

产品层是企业竞争力的表层，包括企业产品的生产及质量控制能力、服务、成本控制、营销和研发能力。这是企业直接面向市场、与消费者接触的最前沿。

生产及质量控制能力：高效、稳定的生产能力是确保产品质量和交付时间的基础。严格的质量控制体系则能确保产品质量达到或超越行业标准，满足消费者需求。

服务：优质的售后服务能够提升顾客满意度，增强品牌忠诚度。良好的售前咨询服务则有助于引导消费者做出购买决策。

成本控制：合理的成本控制能够降低产品价格，提高产品性价比，从而在竞争中占据优势。

营销和研发能力：有效的营销策略能够提升品牌知名度和市场占有率；而强大的研发能力则能不断推出新产品，满足市场不断变化的需求。

②制度层

制度层是企业竞争力的支持平台，包括各经营管理要素组成的结构平台，企业内外部环境，资源关系，企业规模、品牌和企业产权制度。制度为企业提供了稳定的运营环境和资源保障。

结构平台：合理的组织结构和管理体系能够确保企业高效运转，实现资源的最优配置。

企业内外部环境：企业需要密切关注市场变化和政策导向，及时调整经营策略以适应外部环境的变化。同时，良好的内部环境能够激发员工的工作热情和创新精神。

资源关系：企业需要建立广泛的资源关系网络，包括供应链、销售渠道、合作伙伴等，以确保资源的稳定供应和市场的有效拓展。

企业规模、品牌和企业产权制度：企业规模的大小直接影响其市场地位和议价能力；品牌则是企业形象的重要载体，能够提升产品的附加值；而合理的产权制度则能确保企业的长期稳定发展。

③核心层

核心层是企业竞争力的根本所在，包括以企业理念、企业价值观为核心的企业文化、企业的创新能力、差异化个性化的企业特色、稳健的财务以及拥有卓越远见的全球化发展目标。

企业文化：优秀的企业文化能够激发员工的工作热情和创新精神，增强企业的凝聚力和向心力。同时，良好的企业形象也能提升品牌的知名度和美誉度。

创新能力：创新是企业发展的不竭动力。企业需要具备持续的技术创新和管理创新能力，以适应市场的不断变化和满足消费者日益多样化的需求。

差异化个性化的企业特色：在同质化竞争日益严重的今天，企业需要通过差异化个性化的产品和服务来赢得消费者的青睐。

稳健的财务：稳健的财务状况是企业持续发展的基础。企业需要建立健全的财务管理体系，确保资金的合理使用和风险控制。

全球化发展目标：随着全球化的深入发展，企业需要具备全球化的视野和战略目标，以在全球市场上占据一席之地。

竞争壁垒

(1)竞争壁垒的概念

竞争壁垒,指的是企业在市场竞争中所拥有的独特优势,能够阻止竞争对手进入或削弱竞争对手的攻击,从而保持企业的市场地位和盈利能力。它有技术优势、品牌影响力、成本优势、渠道优势、规模经济等多种形式。

大家可能听说过"护城河"这种说法,巴菲特关于"护城河"有很多经典表述:"我们喜欢拥有这样的'护城河',它必须具有宽阔的、可持续的'护城河',环绕着我们认为很棒的'经济城堡'。'护城河'会随着时间的推移变得越来越宽,企业的盈利能力也会越来越强","一家真正伟大的公司必须有一条持久的'护城河',以保护投资资本获得高额回报。"

这里的"护城河"与竞争壁垒在本质上是同一概念的不同表述。"护城河"更多是从投资角度出发,强调企业具备的能够长期保持竞争优势、持续为股东创造价值的特质。而竞争壁垒则是从企业经营管理角度出发,描述企业在市场竞争中所拥有的阻止竞争对手进入或削弱竞争对手攻击的优势。二者都是为了让企业在激烈的市场竞争中脱颖而出并保持稳定的市场地位和盈利能力,只是表述的侧重点略有不同。

竞争壁垒对于企业的重要性不言而喻。首先,它能够为企业带来持续的竞争优势。在市场竞争中,拥有竞争壁垒的企业能够更好地抵御竞争对手的挑战,保持市场份额,实现稳定的盈利。其次,竞争壁垒有助于提高企业的议价能力。当企业拥有独特的竞争优势时，可以在与供应商、客户的谈判中占据更有利的地位，提高产品或服务的价格，降低成本，从而提高企业的盈利能力。例如，一些拥有专利技术的企业可以通过授权专利技术获得高额的收入，同时也可以在与竞争对手的竞争中占据优势。

最后，竞争壁垒能够为企业创造长期的价值。拥有竞争壁垒的企业往往能够在市场中持续发展，吸引更多的投资者和合作伙伴，为企业的未来发展奠定坚实的基础。

(2) 竞争壁垒的主要形式

技术壁垒：技术创新是企业建立竞争壁垒的重要手段之一。拥有先进的技术和专利，可以使企业在产品性能、质量、成本等方面具有优势，从而提高市场竞争力。

品牌壁垒：品牌是企业的重要资产之一，具有强大的品牌影响力可以为企业带来竞争优势。一个知名的品牌可以提高消费者的忠诚度，降低市场推广成本，提高产品或服务的价格。

成本壁垒：成本优势是企业建立竞争壁垒的另一种重要方式。通过优化生产流程、降低原材料成本、提高生产效率等方式，企业可以降低产品或服务的成本，从而在价格竞争中占据优势。

渠道壁垒：拥有广泛而稳定的销售渠道是企业建立竞争壁垒的重要手段之一。通过建立自己的销售网络、与经销商建立长期合作关系等方式，企业可以确保产品或服务能够顺利地到达消费者手中，提高市场占有率。

规模经济壁垒：规模经济是指随着企业生产规模的扩大，单位产品的成本逐渐降低的现象。拥有大规模生产能力的企业可以在成本上具有优势，从而在市场竞争中占据优势。

(3)如何建立和维护竞争壁垒

持续创新：企业要不断进行技术创新、产品创新和管理创新，以保持竞争优势。持续创新可以使企业在技术、产品、服务等方面始终处于领先地位，从而建立强大的竞争壁垒。

品牌建设：企业要注重品牌建设，树立良好的品牌形象，提高品牌知名度和美誉度。品牌建设需要长期的投入和努力，可以通过广告宣传、公关活动、承担社会责任等方式，提高品牌的影响力和价值。

成本控制：企业要加强成本控制，降低产品或服务的成本，提高企业的盈利能力。成本控制可以通过优化生产流程、降低原材料成本、提高生产效率等方式实现。

渠道拓展：企业要不断拓展销售渠道，提高产品或服务的市场占有率。渠道拓展可以通过建立自己的销售网络、与经销商建立长期合作关系、开拓新的市场等方式实现。

战略合作：企业要与供应商、客户、合作伙伴等建立长期的战略合作关系，共同发展，实现共赢。战略合作可以通过资源共享、技术合作、市场拓展等方式实现。

竞争态势的分析

首先要对自身所处的行业有清醒的认知，我们在"行业观"一章里已经有了充分的论证，这里就不再赘言行业分析对企业发展的意义了。深入详尽的行业分析内容复杂，涉及投资行业的诸多理论与方法论，已超出本书范畴，有兴趣的读者可自行深入学习。

我们假设读者对所处行业的周期阶段、行业集中度和竞争格局等都有了基本的认识。那么,建立了行业观以后,就要考察自家企业在行业中处于什么位置,是领跑者,还是跟随者？在头部、腰部还是尾部？

在假设读者对所处行业的周期阶段、行业集中度和竞争格局等具备基本认识的基础上,我们进一步探讨企业在行业中的竞争态势。企业竞争态势的分析要达到如下几个目的:

(1)明确企业在行业中的位置,即领跑者、跟随者的角色判定

领跑者通常是那些在技术创新、市场开拓、商业模式构建等方面具有先发优势的企业。它们往往投入大量资源进行研发,以推出具有创新性的产品或服务,引领行业的发展方向。作为领跑者,它们还具有强大的品牌影响力和市场话语权,可以在一定程度上影响行业标准的制定。

而跟随者则更多的是在领跑者开辟的市场道路上前行。它们可能模仿领跑者的成功模式,通过降低成本、提高效率等方式来获取市场份额。跟随者虽然缺乏开创性,但可以利用领跑者已经培育好的市场需求,避免一些先驱者可能面临的风险。

(2)企业在行业结构中的分布,即头部、腰部、尾部的判定

从行业结构来看,企业还可以分为位于头部、腰部和尾部的企业。头部企业往往是行业中的大型企业,它们拥有雄厚的资金、技术、人才等资源。这些企业在市场份额、品牌知名度、产品创新能力等方面都处于行业领先地位。以汽车行业为例,丰田、大众等头部企业,它们在全球范围内拥有庞大的生产销售网络和强大的研发能力,能够影响整个汽车行业的发展方向,无论是传统燃油汽车技术的发展,还是向新能源汽车的转型,它们都起着关键的引领作用。

腰部企业则是那些在规模和影响力上处于中游的企业。它们可能在某一特定区域或者某些特定细分市场具有较强的竞争力。腰部企业通常在努力寻求突破,试图向头部企业靠拢。比如一些专门生产豪华跑车的小众品牌,它们在豪华跑车这个细分市场有自己独特的优势,但在整体汽车市场中所占的份额相对较小。

尾部企业一般是规模较小、资源有限的企业。它们可能在技术、资金等方面相对薄弱,但也有自身的灵活性优势。尾部企业往往专注于一些小众市场或者特定客户群体,通过提供个性化的产品或服务来维持生存和发展。例如一些小型汽车改装厂,专门为特定的汽车爱好者群体提供个性化的汽车改装服务。

竞争策略的制定

竞争策略是指企业为了在特定市场环境中实现其目标而采取的一系列行动方案,涉及企业如何配置和利用其资源与能力,以便在竞争中取得优势。有效的竞争策略能够帮助企业明确发展方向、优化资源配置、提高市场占有率,并最终实现盈利最大化。

在当今高度竞争的市场环境中,企业不仅要了解自身所处的位置,还要能够根据竞争态势的变化灵活调整战略。竞争策略的制定是企业实现持续增长和保持竞争力的关键。我们将基于企业竞争态势的分析结果,探讨如何制定有效的竞争策略。

在制定竞争策略之前,企业首先需要对其所处的竞争态势有一个清晰的认识。通过前文提到的各种分析工具(如波特五力模型、波士顿矩阵、SWOT分析等),企业可以全面了解自身的竞争优势与劣势,以及外部环境的机会与威胁。这些分析结果将成为制定竞争策略的重要依据。

接下来,我们按照如下的步骤来制订竞争策略。

①明确战略目标:在制订策略之前,企业必须首先明确自己的战略目标。这些目标应该与企业的使命、愿景以及长期发展战略相一致。例如,如果企业的愿景是成为行业领导者,那么它的战略目标可能包括提高市场份额、增强品牌影响力等。

②识别核心竞争力:企业需要识别出自己的核心竞争力,即那些让企业在竞争中独具优势的因素。这些核心竞争力可以是技术优势、品牌影响力、客户关系、成本控制能力等。明确核心竞争力有助于企业确定在哪些领域应该加强投入,以巩固自身地位。

③选择竞争定位:基于上述分析,企业需要选择一个合适的竞争定位,常见的竞争定位包括成本领先、差异化、集中化等。成本领先策略侧重于通过高效的运营降低成本,从而在价格上获得竞争优势;差异化策略则关注通过提供独特的产品或服务来吸引顾客;集中化策略则是针对特定的细分市场,深耕细作,成为该细分市场的领导者。

④制订具体行动计划:一旦选择了竞争定位,企业就需要制订具体的行动计划来实现这一目标,包括产品开发计划、市场推广方案、销售渠道布局、人力资源配置等多个方面。每一个计划都应该详细列出执行步骤、所需资源、预期效果及时间表。

⑤监控与调整:竞争环境是不断变化的,因此企业需要定期审视其竞争策略的有效性,并根据市场反馈及时调整,包括监测关键绩效指标(KPIs)、收集客户反馈、分析竞争对手动向等。通过持续的监控与调整,企业可以确保其策略始终与市场变化保持同步。

为了更好地理解如何根据竞争态势制订竞争策略,我们结合具体的几个案例来展开讨论。

①领跑者企业的竞争策略:对于领跑者企业而言,持续创新是保持

领先地位的关键。它们需要不断投入研发资源,探索新的技术和商业模式,以满足消费者不断变化的需求。同时,领跑者企业还需要关注竞争对手的动态,防止被后来者超越。此外,领跑者企业还可以通过建立行业联盟或者标准制定组织等方式,巩固自己的领先地位,扩大自己的影响力。

②跟随者企业的竞争策略:跟随者企业要想在竞争中取得成功,需要采取差异化的竞争策略。虽然它们在技术和市场开拓方面可能不如领跑者企业,但可以通过提供更具性价比的产品或服务来吸引消费者。跟随者企业还可以聚焦于领跑者企业尚未充分关注的细分市场,挖掘潜在的市场需求。比如,一些跟随者企业专注于老年人智能手机市场,针对老年人的特殊需求,开发出具有大字体、大音量、操作简单等特点的手机。

③腰部企业的竞争策略:腰部企业则需要在巩固自身在细分市场上的优势的同时,寻求横向或纵向的拓展。例如,小众豪华跑车品牌可以通过与其他高端品牌合作,共享技术和渠道资源,或者向相关的高端汽车配件市场拓展。

④尾部企业的策略:尾部企业要注重提高自身的专业化和个性化服务水平,建立稳定的客户群体。比如小型汽车改装厂可以通过提高改装技术水平,提供更个性化的改装方案,与汽车爱好者建立长期稳定的合作关系。

打造可持续的竞争力

企业要想保持长久的竞争优势,就必须不断调整和完善自身的核心能力。打造持续的竞争力不是一蹴而就的事情,而是需要企业长期坚持、不断迭代的过程。

(1) 核心竞争力的定期评估

企业的发展离不开其核心竞争力的支持。所谓核心竞争力,指的是企业拥有的能够使其在竞争中占据有利地位的独特能力或资源。然而,随着时间的推移,市场环境、客户需求和技术条件都会发生变化,这可能导致企业原有的核心竞争力不再适用。因此,定期对公司认定的核心竞争力进行全面评估就显得尤为重要。

评估是为了确保企业的核心竞争力仍然符合当前市场的需求。通过这一过程,企业可以发现自身的优势是否仍然有效,是否需要调整或补充新的能力来应对新的挑战。

评估的方法主要包括以下几个步骤。

市场调研:收集最新的市场数据,了解行业发展趋势、竞争对手动态以及消费者偏好变化。

内部审计:评估企业内部各项能力的实际运行效果,包括技术创新能力、品牌影响力、供应链管理能力等。

客户反馈:通过调查问卷、访谈等形式,获取客户对企业产品和服务的真实评价。

专家咨询:邀请行业专家对企业现有的核心竞争力进行评估,并提供改进建议。

如果评估结果显示企业的核心竞争力需要修正或需要补充新的能力,企业应立即采取行动。这可能包括以下几个方面。

技术创新:持续投入研发,开发新技术、新产品,保持技术领先。

品牌建设:加强品牌宣传,提升品牌知名度和美誉度。

服务优化:改善客户服务体验,提高客户满意度。

人才储备：吸引和培养具有创新能力的人才，为企业发展注入活力。

（2）补齐业务短板

除了维护和提升核心竞争力，企业还需要关注自身的短板。短板是指那些制约企业发展的薄弱环节。只有补齐短板，企业才能在各个方面都达到最优状态，从而全面提升竞争力。

确定短板通常需要从以下几个方面入手。

运营效率：检查企业内部流程是否存在"瓶颈"，导致运营效率低下。

财务状况：评估企业的财务健康状况，包括现金流、资产负债比率等。

市场占有率：分析企业在目标市场中的表现，特别是与主要竞争对手的比较。

创新能力：考察企业在产品研发、市场开拓等方面的创新能力。

针对发现的短板，企业可以采取以下措施来改进。

流程优化：通过简化流程、引入先进管理工具等方式提高工作效率。

财务管理：优化财务结构，合理配置资金，降低财务风险。

市场拓展：积极开拓新市场，增加销售渠道，提高市场份额。

技术研发：加大研发投入，鼓励创新，推出更具竞争力的产品或服务。

循环提升：企业应当将补短板视为一项持续的任务，而不是一次性的举措。在完成一项短板的补齐后，企业应再次进行全面评估，查找新的短板，并重复上述过程。通过不断的循环提升，企业可以逐步消除所有薄弱环节，实现全面发展。

案例研究

可口可乐：百年品牌的长盛之道

可口可乐公司自1886年诞生以来，凭借其独特的魅力和不懈的创新精神，跨越了一个多世纪的时光长河。在全球饮料市场的激烈竞争中，它如何始终保持领先地位？我们将从多个维度深入剖析可口可乐公司的企业竞争力，并总结其成功的关键因素。

(1)企业竞争力概述

可口可乐公司，这家拥有百余年历史的饮料巨头，凭借其强大的品牌影响力、卓越的产品质量、出色的市场营销能力以及高效的供应链管理体系，在全球范围内赢得了无与伦比的竞争优势。其品牌形象——快乐、活力和分享——已深深植入消费者心中，成为全球知名的符号之一。在过去十年中，可口可乐的销售额显著增长，这一成绩充分证明了其强大的市场影响力和持续的增长潜力。

(2)企业竞争力的构成

资源基础视角下的企业竞争力

可口可乐公司拥有先进的生产设备和广泛的生产基地，能够满足全球市场的需求。公司资金雄厚，有足够的资金用于研发、市场推广和扩张。高素质的员工队伍，包括研发人员、市场营销人员和管理人员等，是公司的宝贵财富。完善的管理体系和企业文化强调团队合作、创新和客户导向。与供应商、经销商和合作伙伴建立了长期稳定的合作关系，确保了原材料的稳定供应、产品的顺利销售和市场的有效拓展。品牌声誉通过长期的广告宣传和公益活动得到了不断提升，消费者对其品牌的忠诚度极高。

核心竞争力与差异化战略

可口可乐公司的核心竞争力在于其独特的配方和品牌形象。严格的配方保密措施和持续的品牌推广,使产品保持了独特性和市场竞争力。此外,公司还推出了不同口味、包装和规格的产品,满足了不同消费者的需求。

创新作为驱动增长的动力

可口可乐公司不断推出新的产品和营销策略,如低糖、无糖饮料等,以满足消费者对健康饮品的需求。数字化营销、社交媒体等渠道的运用,也进一步提升了品牌影响力。

适应性与学习能力

可口可乐公司能够快速适应市场变化和消费者需求的变化。通过市场调研和数据分析,公司及时调整产品策略和营销策略。同时,公司还注重学习和借鉴其他企业的成功经验,不断提升自身的竞争力。

(3)竞争态势的分析

企业在行业中的位置

可口可乐公司是全球饮料行业的领导者之一,属于领跑者角色。公司在技术创新、市场开拓和品牌建设等方面具有先发优势,投入了大量资源进行研发,推出了众多创新产品。强大的品牌影响力和市场话语权使其能够在一定程度上影响行业标准的制定。

企业在行业结构中的分布

作为头部企业,可口可乐公司拥有雄厚的资金、技术、人才等资源。在市场份额、品牌知名度、产品创新能力等方面都处于行业领先地位。全球范围内庞大的生产销售网络,使得公司能够影响整个饮料行业的发展方向。

分析企业竞争态势的方法论

可口可乐公司通过与供应商建立长期合作关系、提升品牌忠诚度、不断创新等方式应对市场竞争力量；通过不断推出新产品和营销策略，保持产品的市场竞争力；通过优化价值链各个环节，降低成本、提高效率和质量；在战略群组中，公司以品牌影响力和市场份额为主要竞争优势，不断拓展新的市场细分领域。

(4)竞争策略的制定

明确战略目标

可口可乐公司的战略目标是成为全球最受消费者喜爱的饮料品牌，实现持续增长和盈利。

识别核心竞争力

公司的核心竞争力在于品牌影响力、配方独特性和市场营销能力。通过不断强化这些核心竞争力，巩固了市场地位。

选择竞争定位

公司选择了差异化竞争定位，通过推出不同口味、包装和规格的产品以及品牌建设和市场营销来塑造独特的品牌形象。

制订具体行动计划

产品开发计划：不断推出新的产品口味和包装，满足消费者的多样化需求。

市场推广方案：加大广告宣传和赞助活动的投入，提升品牌知名度和美誉度。

销售渠道布局：拓展全球销售渠道，加强与经销商和零售商的合作。

人力资源配置：吸引和培养优秀人才，提升员工的专业素质和创新能力。

监控与调整

定期监控市场动态和竞争对手的动向,并根据市场反馈及时调整竞争策略。通过数据分析和市场调研了解消费者需求的变化,及时调整产品策略和营销策略。

(5)打造可持续的竞争力

核心竞争力的定期审查

可口可乐公司定期对其核心竞争力进行审查,确保品牌影响力、配方独特性和市场营销能力仍然符合市场需求。通过市场调研、内部审计和客户反馈等方式,了解消费者对品牌的认知度和满意度,以及竞争对手的动态。如果发现核心竞争力需要修正或补充新的能力,会立即采取行动,如加大研发投入、加强品牌建设和优化市场营销策略等。

补齐业务短板

可口可乐公司关注自身的业务短板,如产品单一性风险和健康饮品市场竞争压力。通过推出低糖、无糖饮料和功能性饮料等新产品,拓展业务领域,降低产品单一性风险。同时,加强在健康饮品市场的研发和市场推广,提高在这一领域的竞争力。

循环提升

可口可乐公司将补短板视为一项持续的任务,不断进行循环提升。在完成一项短板的补齐后,会再次进行全面评估,查找新的短板,并重复上述过程。通过不断的循环提升,逐步消除所有薄弱环节,实现全面发展。

22 企业金融

企业金融概述

在当今这个复杂多变且充满不确定性的商业世界中,企业金融无疑是企业运营与发展过程中不可或缺的一环。它犹如企业的经济命脉,贯穿于企业的整个生命周期,从初创阶段到成长壮大,再到成熟稳定,每一个阶段都离不开企业金融的支撑和引导。金融犹如企业竞争力的放大器,既能放大企业的优点,也能放大企业的缺点。企业金融不仅涉及资金的筹集、运用和管理,更关乎企业的战略决策、风险管理以及长期可持续发展。

随着全球经济的深度融合和市场竞争的日益激烈,企业所面临的金融环境也日趋复杂。金融市场风云变幻,利率、汇率、通货膨胀等金融因素时刻影响着企业的经营成本和收益。同时,金融创新和金融科技的发展也为企业提供了更多的融资渠道和投资机会,但同时也带来了新的风险和挑战。因此,深入了解和掌握企业金融知识,对于企业管理者来说显得尤为重要。

(1)企业金融的核心概念

①资金的时间价值

资金的时间价值是企业金融的基础概念之一,我们在"时间价值与时间管理"一章中已讨论过。它指的是资金在不同时间点上的价值差异,即同样数量的资金,在不同的时间点上具有不同的购买力或经济价值。这种差异主要源于资金的时间成本和投资收益。资金具有时间价值的原因主要有以下几点。

资金的使用需要付出机会成本:当企业将资金用于某项投资时,就意味着放弃了将这笔资金用于其他投资可能获得的收益。这种放弃的收益就是资金的机会成本。

投资存在风险:任何投资都存在一定的风险,投资者需要对风险进行补偿。因此,资金的时间价值也反映了投资者对风险的补偿要求。

通货膨胀的影响:随着时间的推移,通货膨胀会导致货币的购买力下降。因此,同样数量的资金在不同时间点上的实际价值也会发生变化。

②风险与收益的权衡

在企业金融中,风险与收益的权衡是一个核心概念。它指的是在投资决策中,投资者需要在风险和收益之间进行权衡,以实现投资收益的最大化。风险与收益之间存在正相关关系,即风险越高,收益也越高;反之,风险越低,收益也越低。这是因为投资者在承担较高的风险时会要求获得更高的收益作为补偿。

企业在制订投资决策时,需要充分考虑自身的风险承受能力和投资目标,选择合适的投资组合。投资组合是指将不同风险和收益特征的投资项目组合在一起,以实现投资收益的最大化和风险的最小化。通过投资组合,企业可以分散风险,降低单一投资项目的风险对整体投资组合的影响。

(2)企业融资策略

①债务融资与股权融资

债务融资和股权融资是企业最常用的两种融资方式。债务融资是指企业通过向债权人借款来筹集资金,需要按期还本付息。债务融资的优点是融资成本较低,不会稀释原有股东的权益;缺点是增加了企业的财务风险,可能导致企业陷入财务困境。股权融资是指企业通过发行股票来筹集资金,投资者可以购买股票成为企业的股东。股权融资的优点是不会增加企业的财务风险,但会稀释原有股东的权益;缺点是融资成本较高,需要向股东支付股息和分红。

②融资成本与资本结构

融资成本包括债务融资成本和股权融资成本。债务融资成本主要是指借款利息和筹资费用;股权融资成本主要是指股息、红利和发行费用等。企业在选择融资方式时,需要综合考虑融资成本、融资风险和企业目标等因素,选择最优的融资组合。

资本结构是指企业各种长期资金的构成和比例关系。合理的资本结构能够降低企业的融资成本,提高企业的市场价值。企业在制定资本结构决策时,需要考虑债务融资和股权融资的优缺点,以及企业的风险承受能力和盈利能力等因素。

(3)企业投资决策

①投资项目的评估与选择

投资项目的评估与选择是企业投资决策的重要环节。企业在进行投资项目评估时,需要综合考虑项目的预期收益、风险、现金流以及市场前景等因素。常用的投资项目评估方法包括净现值法、内部收益率法和回收期法等。净现值法是指将项目的未来现金流按照一定的折现率折现到当前价值,然后与项目的初始投资进行比较,以确定项目的盈利性。内部收益率法是指计算项目的内在收益率,即使得项目的净现值等于零的折现率。回收期法是指计算项目收回初始投资所需的时间,以评估项目的流动性。

②投资风险的管理

企业在进行投资风险管理时,需要采取多种措施来降低风险,如分散投资、对冲策略、保险等。分散投资是指将资金投资于不同的投资项目或行业,以降低单一投资项目的风险对整体投资组合的影响。对冲策略是指通过购买期权、期货等金融衍生品来对冲投资项目的风险。保险是指通过购买保险产品来转移投资风险。

(4)企业金融风险管理

①市场风险的管理

市场风险是指由于市场价格波动而导致的企业投资收益的不确定性。企业在进行市场风险管理时,需要采取多种措施来降低风险,如分散投资、对冲策略等。此外,企业还需要密切关注市场动态和政策变化,及时调整投资策略和资产配置。

②信用风险的管理

信用风险是指由于借款人违约而导致的企业债权投资的损失。企业在进行信用风险管理时,需要对借款人的信用状况进行评估,选择信用等级较高的借款人进行投资。同时,企业还需要建立完善的信用风险管理制度,加强对信用风险的监控和管理。

(5)企业金融创新与金融科技

①金融创新在企业中的应用

金融创新是指金融机构和金融市场不断推出新的金融产品和金融工具,以满足企业和投资者的多样化需求。企业可以通过金融创新来拓宽融资渠道、降低融资成本、提高投资收益等。

②金融科技的发展对企业金融的影响

金融科技是指运用科技手段和创新思维来改造和提升金融服务的过程。金融科技的发展对企业金融产生了深远的影响。一方面,金融科技为企业提供了更加便捷、高效的金融服务;另一方面,金融科技也给企业带来了新的风险和挑战。因此,企业在利用金融科技进行金融活动时,需要加强风险管理,确保金融活动的合规性和安全性。

从资本市场融资

(1)企业融资方式

在现代金融体系中,企业融资的方式多种多样,涵盖了股权融资、债权融资等多种形式。从一般意义上而言,相对于债权融资,股权融资在很多方面对企业具有更大的吸引力。

股权融资,简而言之,是指企业通过出售公司股份来筹集资金。这种融资方式不仅为企业带来了充裕的资金支持,更在多个层面展现出其独特的优势和重要性。第一,股权融资为企业注入了长期稳定的资金来源。与债权融资相比,股权融资无须定期偿还本金和支付利息,这大大减轻了企业的短期财务压力。企业可以将更多的精力投入长期发展战略的规划和实施中,而不是疲于应对短期的债务偿还。第二,股权融资有助于优化企业的资本结构。通过引入外部投资者,企业不仅可以获得所需的资金,还能实现股权的多元化。这种多元化的股权结构有助于提升企业的治理水平,增强企业的抗风险能力。第三,外部投资者往往能够为企业带来新的视角和思维方式,有助于企业在激烈的市场竞争中保持敏锐的市场洞察力和创新能力。第四,股权融资还具有激励作用。当企业通过股权融资引入外部投资者时,这些投资者将成为企业的股东,与企业共同分享未来的收益和风险。这种机制能够激发企业员工的积极性和创造力,促使他们更加努力地工作,为企业创造更大的价值。第五,股权融资有助于提升企业的品牌形象和市场地位。知名的投资机构和投资者往往会对企业的品牌和市场地位产生积极的影响。他们的加入不仅能够提升企业的知名度和美誉度,还能为企业带来更多的合作机会和发展空间。

当然,股权融资并非没有挑战。股权融资可能会导致企业控制权的稀释,以及面临信息披露和监管等方面的压力。但总体而言,股权融资的优势仍然明显大于其劣势。

正是基于以上考量,下文我们将重点聚焦于权益性投资和股权融资。

(2)几个基本概念

权益性投资,顾名思义,是指投资者对企业或项目进行投资,从而获得该企业或项目的所有权或权益。这种投资方式的核心在于投资者通过持有股份或权益份额,成为企业或项目的所有者之一,享有相应的权益和收益。权益性投资的分类繁多,主要包括普通股投资(Common Share)、优先股投资(Preferred Share)、认股权证投资(Warrants)等。普通股投资是最常见的权益性投资方式,投资者通过购买企业的普通股,成为企业的股东,享有企业的经营参与权、收益权和处置权。优先股投资则是指投资者购买企业的优先股,享有优先分配股息和剩余财产的权利。认股权证投资则是指投资者购买企业发行的认股权证,有权在未来某一特定时间内以约定价格购买企业的股票。股权投资属于权益性投资的一种，投资实践中也有普通股、优先股和认股权证的区分和安排。

一级市场和二级市场是资本市场中两个重要的组成部分。一级市场，也称为初级市场或发行市场，是企业首次发行证券时形成的市场。在这个市场上，企业或政府机构通过发行新的股票、债券等证券来筹集资金。一级市场的特点是交易规模大，价格相对稳定，且参与者主要是机构投资者和高净值投资者。在一级市场中，证券的发行者直接向投资者出售证券，无须通过任何中介机构。股权投资属于一级市场。

与一级市场相对应的是二级市场，也称为次级市场或流通市场。二级市场是对已经发行的证券进行买卖、转让和流通的市场。在二级市场上，投资者之间可以自由买卖证券，价格由市场供求关系决定。二级市场的特点是交易活跃，价格波动较大，参与者包括个人投资者和机构投资者。二级市场的存在为投资者提供了流动性，使得投资者可以随时买卖证券，实现资金的快速周转。证券投资属于二级市场。

(3)私募股权投资

私募股权投资(Private Equity, PE)是股权投资的一种特殊形式，是指投资者通过非公开方式向企业进行投资，成为企业的股东，享有企业的经营参与权、收益权和处置权，通常被认为涉及较复杂的交易结构和较高的投资回报。私募股权投资的主要目的是获取长期稳定的收益，通过参与企业的经营管理，推动企业的发展和成长。按照投资标的阶段的不同，主要分为风险投资(Venture Capital, VC)基金(或者叫作创业投资基金)、私募股权投资基金等，这是一种习惯上的、不太严谨的分类方式，因为私募股权投资基金是更加广义的说法。

广而言之，私募股权投资青睐的标的一般具有如下特点。

清晰的商业模式和盈利能力：VC 和 PE 在投资项目时，会仔细评估项目的商业模式和盈利能力。一个清晰的商业模式和良好的盈利能力能够确保项目的可持续发展和投资回报。

良好的管理团队：VC和PE非常重视投资项目的管理团队。一个优秀的管理团队通常具备丰富的行业经验、卓越的领导能力和高效的执行力，能够带领企业不断前进，实现可持续发展。

创新性：VC和PE注重投资具有创新性的项目和企业。这些项目和企业通常在技术、产品、服务或商业模式等方面具有独特性和创新性，能够打破传统行业的束缚，引领行业的发展趋势。

高成长性：VC和PE更倾向于投资那些具有高成长性的项目和企业。这些项目和企业通常具有创新性的商业模式、强大的市场竞争力和广阔的市场前景，能够实现快速的增长和扩张。

巨大的市场潜力：VC和PE更倾向于投资那些具有巨大市场潜力的项目和企业。这些项目和企业通常所处的行业具有广阔的市场前景和发展空间，能够为投资者带来丰厚的回报。

（4）从股权投资市场融资

随着资本市场的日益繁荣，股权投资市场已成为众多企业寻求资金支持的重要渠道。那么，如何从股权投资市场成功融资呢？以下是一些关键步骤和策略。

明确融资目标与规划：企业需要清晰界定自身的融资目标，包括所需资金的具体数额、使用用途以及预期的资金回报周期。这一目标的确立，应基于企业的中长期发展战略，确保融资活动与企业整体发展方向相契合。

完善商业计划书：商业计划书是企业向投资者展示自身商业模式、市场前景及盈利能力的重要工具。一份优秀的商业计划书应包含详尽的市场分析、竞争策略、财务预测等内容，以说服投资者相信企业的成长潜力和投资价值。

确定合适的融资轮次与估值:企业应根据自身发展阶段和市场状况,选择合适的融资轮次(如天使轮、A 轮、B 轮等)。同时,合理确定企业估值,既要体现企业的市场地位和发展潜力,又要确保融资活动的可行性和吸引力。

寻找专业的投资顾问或中介机构:投资顾问和中介机构在企业融资过程中发挥着桥梁作用。他们拥有丰富的行业资源和人脉网络,能够帮助企业精准对接潜在投资者,提高融资效率。

参加路演和投融资对接活动:积极参加各类路演和投融资对接活动,是企业展示自身实力、吸引投资者关注的有效途径。在这些活动中,企业有机会与众多投资者面对面交流,深入了解市场需求和投资偏好。

加强与投资者的沟通与互动:在与投资者的沟通过程中,企业应保持透明度和诚信度,及时披露相关信息,回应投资者的关切。同时,积极寻求与投资者的战略合作,实现资源共享和优势互补。

完善公司治理结构与内部控制:良好的公司治理结构和内部控制体系是企业赢得投资者信任的关键。企业应建立健全的董事会、监事会等治理架构,确保决策的科学性和合理性。同时,加强内部控制,防范经营风险。

制定合理的退出机制:投资者在投资时通常会考虑退出机制。企业应与投资者协商确定合适的退出方式(如 IPO、股权转让等),并在投资协议中明确约定相关条款,以保障双方的权益。

关注法律法规与监管要求:在融资过程中,企业需要严格遵守相关法律法规和监管要求,确保融资活动的合法性和合规性。同时,密切关注政策动态和市场变化,及时调整融资策略。

构建良好的投资者关系:构建长期稳定的投资者关系对于企业的

持续发展至关重要。企业应定期向投资者报告经营状况和发展成果，听取投资者的意见和建议，增强投资者的归属感和忠诚度。

持续提升企业核心竞争力：企业的核心竞争力是吸引投资者的根本。企业应不断加大研发投入，提升技术创新能力；优化产品和服务质量，巩固市场地位；加强人才培养和团队建设，激发组织活力。

利用多元化融资渠道：除了股权投资市场外，企业还可以探索其他融资渠道，如债权融资、政府补贴、内部融资等。多元化的融资渠道有助于降低融资成本，提高资金使用率。

重视投后管理工作：成功融资后，企业需要重视投后管理工作，确保资金的有效利用和投资回报的实现。同时，要加强与投资者的沟通协作，共同推动企业发展目标的实现。

(5) 从证券市场融资 (IPO、SPO、PIPE)

证券市场作为资本市场的重要组成部分，为企业提供了多样化的融资途径。其中，首次公开发行(IPO)、后续公开发行(SPO)和私人股权投资已上市公司股份(PIPE)是企业常用的三种融资方式。

IPO：IPO 是企业通过在证券交易所首次向公众出售股票来筹集资金的方式。IPO 的优势在于能够为企业带来大量的资金，提高企业的知名度和品牌影响力。通过 IPO，企业可以迅速扩大规模，增强市场竞争力。然而，IPO 的门槛较高，需要满足一系列严格的监管要求，且整个过程较为复杂和耗时。

SPO：SPO 是指企业在首次公开发行股票后，再次向公众发行股票。SPO 可以帮助企业进一步筹集资金，用于扩大生产、偿还债务、研发投入等。相比 IPO，SPO 的监管要求相对较低，流程也较为简便。SPO 为企业提供了持续融资的渠道，有助于企业实现长期稳定的发展。

PIPE：PIPE 是一种为企业提供资金的私募股权投资方式。PIPE

投资者通常包括大型机构投资者、对冲基金和高净值个人。PIPE 交易的优点在于速度快、灵活性高，不需要像 IPO 那样进行烦琐的注册和审批程序。企业可以通过 PIPE 获得及时的资金支持，以满足短期的资金需求或进行战略并购。此外，PIPE 投资者往往具备丰富的行业经验和资源，能够为企业提供有价值的建议和支持。

资本市场作为企业融资的重要平台，为企业提供了多样化的融资途径，以满足不同企业在各个发展阶段的资金需求。企业应当根据自身的发展战略、财务状况、市场定位以及竞争环境等多方面因素，综合考虑并选择最适宜的融资渠道和方式。在初创期，企业往往面临资金短缺的问题，此时可以通过天使投资、风险投资等渠道获取启动资金。随着企业规模扩大，可以考虑在中小企业板、创业板等板块上市，通过发行股票筹集资金。对于成熟型企业，债券融资、银行贷款等方式可能更为合适，可以降低融资成本并优化债务结构。此外，企业还应关注宏观经济形势、政策走向及市场竞争态势，以便及时调整融资策略。例如，在宽松的货币政策环境下，企业可以优先考虑债务融资；而在紧缩政策下，则需更加注重股权融资。

企业对外投资

(1)企业对外投资概述

在全球化浪潮日益汹涌的今天，企业对外投资已成为推动企业发展、提升竞争力的重要手段。它不仅是企业拓展市场、获取资源的关键途径，更是企业实现全球化布局、增强国际影响力的战略选择。通过对外投资,企业能够跨越国界,将自身的技术、品牌、管理等优势与全球资源进行有效整合,从而实现更高效的发展。

企业对外投资的目的多元且深远,它们不仅关乎企业的当下生存,更牵动着企业的未来命运。首先,对外投资是企业获取稀缺资源的重要途径。在全球范围内,某些地区可能拥有独特的自然资源、技术专利或人才优势,而这些正是企业发展所必需的关键要素。通过对外投资,企业可以直接获取这些稀缺资源,从而降低生产成本,提高产品质量,增强市场竞争力。其次,对外投资有助于企业拓展国际市场,提升品牌影响力。在全球化背景下,企业需要不断拓展自己的"势力范围",寻找新的增长点。通过对外投资,企业可以进入新的国家和地区,了解当地的市场需求、消费习惯和文化背景,从而制定更加精准的市场营销策略。同时,企业的产品和服务也会随着对外投资的步伐走向世界,进一步提升品牌的知名度和美誉度。此外,对外投资还是企业实现技术升级和创新发展的关键手段。在全球范围内,不同国家和地区的技术水平和创新能力存在差异。通过对外投资,企业可以接触到先进的技术和管理经验,从而推动自身的技术升级和创新发展。这种技术引进和消化吸收的过程,不仅能够提升企业的核心竞争力,还能够为企业带来新的增长动力。更为重要的是,对外投资有助于企业优化全球布局,提升国际竞争力。在全球化时代,企业的竞争已经不再局限于单一国家或地区的竞争,而是全球范围内的竞争。通过对外投资,企业可以在全球范围内优化资源配置,形成更加合理的生产和销售网络。这种全球布局的优化,不仅能够降低企业的运营成本,还能够提高企业的反应速度和市场适应能力,从而在国际竞争中占据有利地位。

为了更加突出"金融"的属性,我们在这里不讨论那种直接发起设立的投资形式,不管是企业自身独立发起设立,还是联合他方共同发起设立的。

(2)企业对外投资的范围和分类

直接投资是企业对外投资的主要形式之一,它涉及企业对目标企业的股权控制。根据投资比例和控制权的不同,直接投资可分为少数股权投资/参股和多数股权投资/控股两种类型。

少数股权投资/参股是指企业对目标企业进行投资,但所持有的股份不足以对其经营决策产生决定性影响。这种投资方式风险相对较低,因为企业不需要对目标企业的经营结果承担全部责任。同时,少数股权投资/参股也允许企业在保持一定自主性的同时,分享目标企业的经营成果。然而,少数股权投资/参股也存在一定的局限性。由于企业对目标企业的控制力较弱,可能无法充分实现自身的战略意图。此外,当目标企业经营不善时,企业所持有的股份价值可能会受到损失。

多数股权投资/控股是指企业对目标企业进行投资,并持有足以对其经营决策产生决定性影响的股份。这种投资方式使企业能够全面参与目标企业的经营管理,实现自身的战略意图。同时,多数股权投资/控股也有助于企业获取目标企业的核心技术和市场资源,从而提升自身的竞争力。

然而,多数股权投资/控股也存在较高的风险。由于企业需要对目标企业的经营结果承担全部责任,一旦目标企业经营不善,企业可能会面临巨大的损失。此外,多数股权投资/控股还需要企业投入大量的人力、物力和财力来管理目标企业,这对企业的管理能力提出了更高的要求。

作为有限合伙人(LP)来进行私募股权投资(PE 基金):作为 LP,企业可以参与到 PE 基金中。PE 基金是一种专门投资非上市企业的基金,它通过专业的投资管理团队来寻找和筛选具有发展潜力的企业,并为其提供资金支持和增值服务。作为 LP 参与到 PE 基金中,企业可以借助专业投资机构的力量来拓展自身的投资视野和能力。同时,PE基金通常具有较高的投资回报率和较长的投资周期,这有助于企业实现长期稳定的收益。然而,作为LP参与到PE基金中也存在一定的风险。由于PE基金的投资决策由专业的投资管理团队负责,企业可能无法充分了解和控制投资风险。此外,PE基金的投资回报率和投资周期也存在一定的不确定性。

通过自身控制的基金管理人设立投并购基金来展开对外投资:这种投资方式使企业能够更加灵活地运用资金和管理资源,实现自身的战略意图。通过设立投并购基金,企业可以专注于寻找和培育具有发展潜力的企业,并为其提供资金支持和增值服务。同时,投并购基金还可以通过杠杆效应来放大企业的投资能力,从而实现更高的投资回报。然而,设立投并购基金也需要注意风险控制和合规管理。由于投并购基金通常涉及大量的资金流动和复杂的交易结构,企业需要建立完善的风险控制体系和合规管理制度来确保投资活动的合法性和稳健性。

并购

在现代商业世界中,企业并购(Mergers and Acquisitions,简称M&A)已成为一种常见的战略手段。并购是企业增长的第二台发动机,通过并购,企业可以实现资源的优化配置、市场份额的扩大、技术的快速获取以及管理经验的传承,从而在激烈的市场竞争中立于不败之地。

企业并购,简单来说,是指一家企业通过取得另一家企业的部分或全部产权,从而实现对其经营控制的行为。并购可以分为兼并和收购两种形式。兼并通常指两家或多家企业合并为一家新企业，而收购则是指一家企业通过购买另一家企业的股权或资产来获得其控制权。

并购是企业实现业务增长的第二台发动机，它具有以下几个方面的优势：一是提高市场竞争力。通过并购，企业可以迅速扩大规模，提高市场份额，增强在市场中的话语权。二是实现资源整合。并购可以将不同企业的优质资源进行整合，形成协同效应，提高整体运营效率。三是获取先进技术。通过并购，企业可以快速获取目标企业的核心技术和管理经验，提升自身的核心竞争力。四是降低进入壁垒。对于想要进入新行业的企业来说，并购可以绕过行业壁垒，快速进入市场。

根据并购双方的业务特点和战略意图，并购可以分为以下几种类型：一是横向并购。指同一行业内的企业之间的并购，目的是扩大市场份额，提高行业集中度。二是纵向并购。指产业链上下游企业之间的并购，目的是实现产业链整合，提高整体运营效率。三是混合并购。指不同行业、不同领域的企业之间的并购，目的是实现多元化经营，分散经营风险。

企业并购的实施过程通常包括以下几个步骤：一是明确并购目标。企业需要根据自身发展战略和市场环境，选择合适的并购目标。二是开展尽职调查。对目标企业的财务状况、市场地位、技术实力等方面进行全面深入的调查和分析。三是制订并购方案。根据尽职调查结果，制订详细的并购方案，包括交易价格、支付方式、整合计划等。四是履行审批程序。按照相关法律法规和政策要求，履行各项审批手续。五是实施并购整合。完成并购交易后，对双方企业进行资源整合、文化融合等方面的工作。

在并购过程中，企业需要高度重视风险防范工作。一是防范财务风险。要对目标企业的财务状况进行严格把关，确保并购交易的合法性和合规性。二是防范法律风险。要严格遵守相关法律法规和政策要求,避免因违法违规行为而引发的法律纠纷。三是防范文化冲突风险。要充分考虑双方企业的文化差异,制订切实可行的文化融合方案,确保并购后的企业能够顺利实现文化融合。

并购交易的完成只是第一步,并购后的整合与协同才是关键。企业需要制订详细的整合计划,明确整合的目标、原则、步骤和时间安排。在整合过程中,要注重以下几个方面:一是业务整合。要根据双方企业的业务特点和市场定位,合理调整业务布局,实现优势互补和协同发展。二是资源整合。要对双方企业的资金、技术、人才等资源进行全面整合,提高资源利用效率。三是文化融合。要加强双方企业的文化交流和沟通,形成共同的企业价值观和文化理念。

案例研究

无远弗届的"腾讯邦联"

在中国的商业社会中,一个全新的商业生态系统正在悄然崛起,那就是"腾讯邦联"。这是笔者创建的一个新概念,用以指代以腾讯公司为核心的商业生态体系。这一概念并非凭空而来,而是基于腾讯公司强大的资本实力和战略眼光所构建的一种独特的商业生态。"腾讯邦联",简而言之,就是指通过资本纽带将众多企业紧密地联系在一起,形成一个以腾讯为核心的庞大商业网络。在这个网络中,腾讯不仅扮演着投资者的角色,更是整个生态系统的引领者和赋能者。通过其强大的技术实力、丰富的流量资源和先进的运营经验,腾讯为网络内的企业提供全方位的支持,助力它们实现快速成长和转型升级。同时,这些企业也通过自身的创新和发展,不断为"腾讯邦联"注入新的活力,推动整个生态系统的繁荣与发展。

从"腾迅邦联"的构成来看,腾讯位于整个体系的核心,拥有强大的品牌影响力、技术实力和资金优势,在社交、游戏、数字内容等领域占据领先地位,为"邦联"内成员提供源源不断的流量和数据支持。在"战略合作伙伴"级别,则分布有京东、美团点评、拼多多等知名互联网企业,这些企业在各自领域具有显著优势,与腾讯形成互补效应,共同拓展市场边界。腾讯还通过投资孵化了大量初创企业,如快手、斗鱼直播等,这些企业为"邦联"注入了新鲜血液和创新动力,同时也为腾讯带来了丰厚的投资回报。

目前,"腾讯邦联"已经成为全球范围内极具影响力的商业生态系统之一。其成员企业遍布各行各业,涵盖了从互联网到传统产业的广泛领域。通过腾讯强大的资本运作能力和战略规划能力,"邦联"内的企业得以实现资源共享、优势互补和协同发展。论市场规模,"邦联"内企业合计市值上万亿美元,覆盖全球用户数十亿计;论创新能力,依托腾讯的技术优势和创新能力,"邦联"内企业不断推陈出新,陆续推出具有强大市场竞争力的新产品和服务;论国际化布局,"腾讯邦联"积极拓展海外市场,并在多个国家和地区设立分支机构或开展国际合作项目。

然而,"腾讯邦联"的形成并非一蹴而就的,而是经历了漫长而复杂的发展历程。下面将从投资并购、战略合作以及内部孵化三个方面详细阐述腾讯是如何一步步构建起这个"无远弗届"的商业生态的。

自成立以来,腾讯就积极采取投资并购策略以扩大业务范围并增强自身实力。通过对有潜力的企业进行投资或收购,腾讯不仅获得了丰厚的财务回报,还实现了对关键技术和市场的控制。比如,2014年,腾讯投资了当时刚刚成立不久的美团。随后几年,随着美团与大众点评合并成为美团点评,腾讯继续增持股份;现今,腾讯已成为美团点评的大股东之一,通过这一投资,腾讯成功进入了本地生活服务领域,并享受到了美团点评高速发展带来的巨大红利。

除了直接投资并购外,腾讯还通过与各行业的领军企业建立战略合作关系来拓展其商业版图。这种合作模式使得腾讯能够迅速融入新的领域并借助合作伙伴的资源实现快速发展。2014年,腾讯与京东达成战略合作协议,腾讯向京东注资2.15亿美元并获得京东约15%的股份;同时,腾讯还将旗下的拍拍网、易迅网等电商资产转让给京东。此次合作不仅使腾讯在电商领域的影响力大幅提升,还为京东提供了宝贵的流量支持和技术援助。

在构建"腾讯邦联"的过程中,内部孵化也是一个不可忽视的力量。腾讯凭借其强大的技术实力和敏锐的市场洞察力,成功孵化出了一批具有创新精神和市场竞争力的企业。以微信为例,它最初只是腾讯内部的一个即时通信工具研发项目。经过不断的迭代和完善,微信逐渐发展成为一款集社交、支付、购物等多种功能于一体的超级App。如今,微信已成为腾讯重要的业务板块之一,也是"腾讯邦联"不可或缺的一部分。

"腾讯邦联"的构建与发展,极大地促进了腾讯在战略层面的升维,使其在市场竞争中占据了更高的制高点。这一现象的出现,既体现了腾讯作为商业领袖的前瞻性与智慧,也彰显了其在商业生态系统构建中的卓越能力。

"腾讯邦联"内的企业众多,各自在不同领域拥有独特的优势和资源。通过深度合作,腾讯能够实现战略协同,将这些优势和资源进行有效整合,从而创造出更大的价值。这种战略协同不仅提升了腾讯的整体竞争力,也为未来的发展开辟了新的空间。

"腾讯邦联"内的创新氛围浓厚,各种前沿技术和创新理念层出不穷。在这种环境下,腾讯得以不断汲取新的灵感,推动战略创新。这种战略创新不仅有助于腾讯打破传统思维束缚,探索新的商业模式和发展路径,也为公司的持续发展注入了强劲动力。

"腾讯邦联"的存在,使得腾讯在执行战略时能够更加灵活和高效。通过与邦联内企业的紧密合作,腾讯能够迅速响应市场变化,调整战略方向,从而抓住稍纵即逝的市场机遇。这种战略执行的优化,极大地提升了腾讯在市场中的应变能力和竞争力。

"腾讯邦联"的成功构建,无疑是腾讯在商业领域的一次伟大创举。它不仅展现了腾讯强大的资本实力和战略眼光,更体现了其对商业生态系统的深刻理解和独到见解。

企业何以成长

世界之大，无奇不有。在广袤无垠的商业世界中，大大小小的企业星罗棋布，都在各自的轨道上或急或弛地运转。把商业世界的企业比喻为星星好像还挺合适，企业的规模之差就像恒星与流星雨一样巨大。像苹果、微软、谷歌之类的巨无霸企业，市值动辄上万亿美元，比这个星球上大多数国家的 GDP 还要大。根据 2023 年的数据，按 GDP 总额排名，瑞士为第 20 名，GDP 为 8 800 亿美元，第 19 名沙特阿拉伯，为 1.07 万亿美元。截至 2024 年 8 月，市值超过 1 万亿美元的公司有 8 家，除了一家石油公司、一家投资公司外，其他 6 家均为高科技公司。这些公司在全球经济舞台上翩翩起舞，发挥着它们巨大的影响力。

与此同时，中小企业却似繁星般密布，有的企业只有十几人的团队，充满着奋斗的激情与活力，为了梦想在拼搏；也有三两个人的小作坊，虽规模微小，却也有着自己的坚持与追求。它们或许没有巨头企业的光芒万丈，但它们也是经济生态中不可或缺的一部分，都在用自己的方式书写着商业的故事，都在用心地诠释着自身的价值。

这一宏大与微小并存的景象，让人不禁为商业世界的多样性而感慨。从庞大的商业帝国到小巧的创业团队，每一个企业都有着自己的使命和价值，共同构成了这个丰富多彩、充满活力的商业生态。可是，那些爱思考的人们接下来可能会问，为什么有些企业能做得那么大，而有些企业却做不大呢？

在回答这个问题之前，我们先了解一下企业做大的动力何在。

企业为什么要做大？

生活中，我们经常听到"做大做强"的说法，这种说法实际上存在一定的逻辑漏洞，可能将其调整为"做强做大"更具合理性。

首先，强调"做强"，意味着企业或组织应以强大的内在实力为成长的起点。一个真正做强的企业，必定拥有核心竞争力。这种核心竞争力可以表现为独特的技术优势，也可以是高效的管理模式，还可以是强大的创新能力。

当企业在技术、管理、创新等方面做强时，自然会带来一系列积极的结果，其中之一就是"做大"。做强的企业能够凭借其优势在市场竞争中脱颖而出，吸引更多的客户和资源。随着客户群体的不断扩大，市场份额逐渐增加，企业的规模也随之扩大。

如果仅仅追求"做大"而忽视"做强"，企业可能会陷入困境。单纯追求规模扩张可能会导致管理混乱、效率低下、创新不足等问题。比如一些企业在快速扩张过程中，由于没有坚实的核心竞争力支撑，最终因无法应对市场变化和竞争压力而走向衰落。有个说法很有意思，"中国的好多企业不是饿死的，而是撑死的"。

因此，"做强做大"的表述更加准确地反映了企业发展的逻辑顺序。即先通过不断提升自身实力，在技术、管理、创新等方面做到强大，然后在此基础上实现规模的扩大。

关于企业的规模，国外也有个说法，"The bigger the better（越大越好)"。从物理学意义上来看,企业的规模越大,说明它的熵越小,而熵越小,则组织性越好,越能适应环境。接下来,我们从经济学和管理学的层面来分析一下大型企业在哪些方面具有特殊的优势。

(1)成本优势

随着企业规模的扩大,企业可以在生产、采购、销售等各个环节实现规模经济。例如,在生产方面,大规模生产可以使企业充分利用生产设备,提高设备的利用率,降低单位产品的固定成本。同时,大规模采购原材料可以获得更优惠的价格,降低采购成本。在销售方面,大规模的销售网络可以降低销售成本,提高市场占有率。以汽车制造企业为例,大规模生产可以降低每辆车的生产成本。通过采用先进的生产技术和自动化设备,企业可以提高生产效率,减少人工成本。同时,大规模采购零部件可以与供应商谈判获得更低的价格,进一步降低成本。

企业规模的扩大可以使企业在研发、管理等方面实现成本摊薄。大规模的研发投入可以在更多的产品中进行分摊,降低单位产品的研发成本。同样,大规模企业的管理成本可以在更大的业务范围内进行分摊,提高管理效率。例如,科技企业在研发新技术时,需要投入大量的资金和人力。如果企业规模较小,研发成本可能会很高,导致产品价格过高,缺乏市场竞争力。而大规模企业可以将研发成本分摊到更多的产品中,降低单位产品的研发成本,提高产品的性价比。

(2)市场影响力

大规模企业通常具有更高的品牌知名度和美誉度。企业可以投入更多的资金进行品牌建设和市场推广,提高品牌的影响力。强大的品牌可以吸引更多的消费者,提高市场占有率。

大规模企业在市场中往往具有更强的定价权。由于其市场份额较大,对市场价格的影响力也较大。企业可以根据市场需求和成本情况,灵活调整产品价格，提高盈利能力。例如，在一些垄断性行业中，大规模企业可以通过控制产量和价格，实现利润最大化。即使在竞争激烈的市场中，大规模企业也可以凭借其成本优势和品牌优势，在一定程度上影响市场价格。

(3)资源获取能力

大规模企业通常更容易获得融资。银行和投资者更愿意向规模较大、实力较强的企业提供资金支持。大规模企业可以通过发行股票、债券等方式筹集大量资金，用于企业的发展和扩张。例如，上市公司可以通过资本市场筹集大量资金，用于研发、生产、市场推广等方面。而小规模企业由于风险较高，融资难度较大，往往难以获得足够的资金支持。

大规模企业通常能够吸引更多的优秀人才。这类企业可以提供更好的薪酬待遇、职业发展机会和工作环境，吸引行业内的顶尖人才。优秀的人才可以为企业带来创新和竞争力，推动企业的发展。例如，一些世界 500 强企业往往能够吸引全球各地的优秀人才，这些人才的加入可以为企业带来新的技术、管理经验和创新思维。

大规模企业在供应链管理方面具有更强的优势。企业可以与供应商建立长期稳定的合作关系，获得更优质的原材料和服务，同时降低采购成本。大规模企业还可以通过对供应链的整合和优化，提高供应链的效率和稳定性。例如，大型零售企业可以与供应商谈判获得更低的采购价格，同时通过优化供应链管理，提高库存周转率，降低运营成本。

(4)抗风险能力

大规模企业通常可以实现多元化经营，降低对单一产品或市场的依赖。企业可以通过进入不同的行业和市场，分散风险，提高抗风险能力。例如，一些大型企业集团涉足多个行业，如能源、金融、制造业等，当某个行业或市场出现不利情况时,其他行业或市场的业务可以起到一定的缓冲作用,降低企业的整体风险。

大规模企业由于规模较大,在市场波动时相对更加稳定。企业可以通过调整生产规模、优化资源配置等方式,应对市场变化,降低风险。

然而,"The bigger the better"这种说法也并非绝对正确。著名经济学家罗纳德·哈里·科斯(Ronald Harry Coase,1910—2013年)在其大作《企业的性质》一书中首次提出了交易费用的概念,并科学地界定了企业的边界。科斯指出,企业的边界取决于市场交易费用和企业内部组织成本之间的平衡。当企业内部组织成本小于市场交易费用时,企业就会扩大规模,将更多的交易内部化;反之,当企业内部组织成本大于市场交易费用时,企业就会缩小规模,将一些交易放回市场。例如,如果一个企业不断扩大生产规模,管理层次越来越多,内部信息传递效率降低,协调成本增加,当这些内部组织成本超过了通过市场交易获取资源的成本时,企业就不会再继续扩大规模,甚至可能会剥离一些业务,缩小企业规模。

企业规模过大也可能带来一些其他问题,如管理难度增加、决策效率低下、创新动力不足等。因此,企业在追求规模扩大的同时,也需要注重提高管理水平、保持创新能力,以实现可持续发展。

企业成长背后的动因

(1)规模经济效应

规模经济,指的是随着企业生产规模的扩大,其平均成本呈现下降的趋势。这一现象在多个行业中均有体现,尤其是在那些初始投资大、固定成本高的产业中尤为显著。具有明显规模经济效应的行业,如钢铁制造、石油化工、航空运输等,由于前期需要投入大量的资金用于建设工厂、购置设备、技术研发等,只有达到一定的生产规模后,才能够有效地分摊这些成本,从而降低单位产品的成本。当少数几家大企业能够通过规模化生产实现较低的成本结构时,它们便能够在价格竞争中占据有利地位,进而挤压小型企业的生存空间。

随着市场逐渐向这些大型企业倾斜,行业的集中度也随之上升。头部企业由于规模效应带来的成本优势,可以不断地通过降价、提高产品质量或服务水平等方式来吸纳更多的市场份额。与此同时,规模较小的企业由于无法承受长期的价格战或是缺乏足够的资金支持持续的技术升级,最终可能被迫退出市场或者被大型企业兼并。这样的行业格局变化,导致市场上出现了"强者恒强"的局面,即头部企业越做越大,市场地位越发稳固。这不仅体现在市场份额的增长上,还包括品牌影响力、技术积累等方面。随着时间推移,这种趋势会进一步强化,形成较高的进入壁垒,使得新进入者很难在短期内挑战现有巨头的地位。

具有显著规模经济效应的行业,其市场结构倾向于高度集中,头部企业的主导地位日益突出,这既是市场竞争的结果,也是企业追求经济效益最大化的一种表现。

(2)范围经济效应

范围经济效应指的是企业通过增加产品种类或服务范围,能够在不影响甚至提高整体效率的情况下,实现成本的节约和利润的增加。这种效应为企业提供了扩展业务边界的机会,使其能够更好地满足客户需求,实现可持续发展。

具有范围经济效应的企业通常具备较强的创新能力。它们能够围绕核心技术和市场定位,开发出一系列相互关联的产品或服务,从而形成一个完整的生态系统。

除了内部创新外,具有范围经济效应的企业还善于运用资本的力量,通过并购来快速扩展业务版图。并购不仅可以帮助企业迅速获得新的技术和市场,还能有效降低进入新领域的风险。例如,当一家科技公司希望进入云计算市场时,通过收购一家已经在这个领域有一定积累的企业,比从零开始搭建云服务平台要更为高效。并购后的整合工作,则可以进一步发挥范围经济的优势,实现资源共享、协同作业,从而降低运营成本,提高整体竞争力。

范围经济效应还体现在企业为客户提供综合解决方案的能力上。随着客户需求的多样化和复杂化,单一产品或服务已难以满足市场的需求。企业通过提供多元化的解决方案,不仅能够满足客户的多重需求,还可以通过交叉销售增加收入来源。例如,一家专注于智能家居的企业,除了提供智能音箱外,还可以推出智能灯具、安防系统等配套产品,形成一个智能家居生态系统。这样不仅降低了获客成本,还提升了客户满意度,为企业带来了更多的增值空间。

(3)网络效应

在数字经济时代,网络效应是衡量企业成长潜力的重要指标之一。网络效应是指随着使用某一产品或服务的人数增加,该产品或服务的价值也随之增加。这一特性在某些行业和商业模式中尤为明显,使得具备网络效应的企业能够迅速扩张,占领市场。

单边网络效应通常出现在用户群体相对单一的产品或服务中,最典型的例子就是社交媒体平台。以 Facebook 为例,当越来越多的朋友和家人注册并使用 Facebook 时,这个平台对于新用户的吸引力就会越来越大,因为他们可以在上面找到更多的朋友,分享生活点滴,进行社交互动。随着用户数量的增长，Facebook 能够收集到更多的数据，从而更好地优化用户体验，吸引更多广告商投放广告，形成良性循环。这种单边网络效应使得 Facebook 能够迅速成长为全球主要的社交网络之一。

双边网络效应存在于连接两个或更多不同用户群体的平台型业务中，最典型的就是电子商务平台和在线交易市场。例如，淘宝和 eBay 这样的电商平台，它们连接了买家和卖家。随着卖家数量的增加，商品种类变得丰富，买家有更多的选择；同时，随着买家数量的增长，卖家可以获得更多的潜在顾客，交易量增加。这种相互促进的关系使得电商平台能够迅速聚集大量用户，形成强大的市场地位。

在某些情况下，平台不仅连接买卖双方，还可能涉及第三方服务提供商，形成了三方网络效应。例如，在出行领域，滴滴出行就是一个很好的例子。滴滴连接了乘客、司机以及支付平台等第三方服务商。随着乘客和司机数量的增长，平台的服务质量得到了提升，吸引了更多的参与者；同时，支付平台等第三方服务商的接入也为用户提供了一站式的便捷服务，进一步增强了平台的吸引力，使得滴滴能够快速扩张。

具有网络效应的企业，无论是基于单边、双边还是三边网络效应，都有可能实现快速增长。通过不断吸引新用户，提升平台价值，这些企业能够建立起难以逾越的竞争壁垒，从而在各自领域内占据主导地位。然而，值得注意的是，网络效应虽好，但企业也需要不断创新和完善用户体验，以维持用户的活跃度和忠诚度，确保长期稳健的发展。

(4) 优越的独占性

拥有了独占性，就意味着抬高了行业的进入壁垒，因此拥有优越的独占性的企业往往容易脱颖而出。这些独占性可以表现为品牌、知识产权或行政许可等形式。

品牌是一种重要的无形资产,能够为企业创造独特的市场地位。强大的品牌不仅能够吸引消费者,还能为企业带来溢价能力。例如,路易威登(Louis Vuitton)作为一个奢侈品牌,凭借其悠久的历史、卓越的品质和独特的设计理念,在全球范围内享有极高的声誉。LV的产品不仅是身份和地位的象征,更是品质保证的标志。因此,尽管其产品定价高昂,仍能吸引众多忠实的消费者,从而帮助路易威登集团在全球奢侈品市场中占据重要份额。

知识产权包括专利、商标、版权等,是企业创新能力和竞争力的重要体现。拥有关键专利技术的企业可以在一定时期内垄断市场,防止竞争对手轻易模仿。例如,高通公司(Qualcomm)作为全球领先的无线通信技术研发公司,拥有大量的标准必要专利(SEPs),特别是在3G/4G/5G等移动通信领域。这些专利使得高通在通信芯片市场上处于领先地位,任何希望生产兼容这些标准的设备的制造商几乎都需要获得高通的专利授权。这种技术上的独占性不仅为高通带来了丰厚的专利费收入,还巩固了其在行业内的主导地位。

在某些受严格监管的行业,如制药、金融、能源等,获得必要的行政许可是企业开展业务的前提条件。这类许可往往具有较高的门槛,使得拥有许可的企业能够在一定范围内形成垄断。

综合而言,无论是通过品牌建设、知识产权保护还是获得必要的行政许可,拥有独占性资产的企业都能够建立较高的进入壁垒,从而在市场上占据更有利的位置。这些独占性不仅为企业带来了短期的利润回报,更重要的是,它们构成了企业的核心竞争力,支撑着企业的长远发展。

(5)独到的动能优势

企业要想实现持续增长并保持市场领先地位,仅仅依靠传统的规模经济、网络效应或独占性资源是不够的。某些企业通过独特的动能优势,如超强的业务创新能力、有效的激励机制以及精细化管理等,也能实现快速成长和发展壮大。

超强的业务创新能力:3M 公司和雅马哈是两个在业务创新方面极具代表性的例子。3M 公司以其多元化的产品线和持续的技术革新而闻名,其业务范围涵盖了工业、医疗保健、安全与图形、交通与电子等多个领域。3M 公司鼓励员工花费一部分时间从事个人感兴趣的项目,这种创新文化催生了许多改变世界的发明,如便利贴、无尘砂纸等。雅马哈则从最初的钢琴修理业务发展成为一个横跨乐器制造、摩托车生产等多个领域的跨国集团,其业务创新不仅体现在产品种类的多样化上,还包括对新材料、新技术的应用,以及不断探索的新商业模式。

有效的激励机制:有效的激励机制是推动企业持续增长的关键因素之一。如华为通过股权激励计划、绩效考核制度等手段,激发员工的工作热情和创造力。这种机制使得员工能够像"狼"一样充满斗志,不断追求卓越,为企业创造更高的价值。华为的这种文化不仅增强了团队凝聚力,还促进了企业的快速发展,使其在全球通信设备市场上占据了领先地位。

精细化管理:精细化管理意味着企业通过对每一个环节进行细致入微的管控,以实现效率的最大化。丰田汽车是精益生产模式的典范,其 TQM(全面质量管理)和 TPS(丰田生产系统)等管理体系,通过消除浪费、持续改进等原则,大幅提高了生产效率和产品质量。丰田不仅在汽车制造过程中实施精细化管理,还将这种理念延伸到了供应链管理、客户服务等多个方面。精细化管理使得丰田能够以较低的成本生产出高品质的产品,赢得了市场的广泛认可。

企业增长的分类

按照增长的路径来看,可以分为有机增长(Organic Growth)和并购增长(Mergers and Acquisitions Growth)。

有机增长是指企业依靠自身的资源、能力和业务活动实现的增长。这种增长方式通常是企业通过内部创新、提高运营效率、拓展市场份额、开发新产品或服务等途径来实现的。其特点包括增长较为稳定、可持续性强,对企业的核心业务有深入的强化作用。企业在有机增长过程中,能够更好地掌控发展节奏,对风险的把控能力相对较高。实现方式如下。

①产品创新:不断投入研发资源,开发出具有竞争力的新产品。

②市场拓展:进入新的地理区域或细分市场。

③提升运营效率:通过优化生产流程、降低成本、提高员工绩效等方式,提高企业的盈利能力和竞争力。

并购增长是指企业通过收购其他企业或与其他企业合并来实现快速扩张。这种增长方式可以迅速扩大企业的规模、市场份额和资源,实现协同效应。特点是增长速度快,但同时也伴随着较高的风险和整合难度。并购后需要进行有效的整合,才能实现预期的增长目标。实现方式如下。

①横向并购:同一行业内企业之间的并购,目的是扩大市场份额、增强竞争力。例如两家汽车制造企业的合并,可以整合资源,提高生产效率,降低成本。

②纵向并购：产业链上下游企业之间的并购，实现产业链的整合。比如一家汽车制造商收购一家零部件供应商，可以确保零部件的稳定供应，降低采购成本。

③混合并购：不同行业企业之间的并购，实现多元化经营，分散风险。例如一家科技企业收购一家传统制造业企业，拓展业务领域。

国际化增长（International Growth）是指企业通过进入国际市场实现业务扩张。这种增长方式可以利用不同国家和地区的资源、市场和机会，提高企业的竞争力和影响力。由于要面临不同的文化、法律、政治和经济环境，因而风险较高，但同时也具有巨大的发展潜力。实现方式如下。

①出口：将产品或服务出口到其他国家和地区。这是企业进入国际市场的较为简单的方式，成本相对较低。

②建立海外子公司：在国外直接投资建立子公司，进行生产、销售和服务。这种方式可以更好地适应当地市场需求，但需要投入较多的资金和资源。

③跨国并购：收购国外企业，快速进入当地市场。例如中国企业收购国外的知名品牌，利用其品牌影响力和市场渠道拓展国际业务。

战略联盟与合作增长（Strategic Alliances and Partnerships Growth）是指企业与其他企业建立战略合作伙伴关系，共同开展业务活动，实现互利共赢。这种增长方式可以共享资源、技术、市场渠道等，降低风险和成本。特点是灵活性高，合作双方可以根据市场变化和自身需求进行调整。但合作关系的稳定性相对较弱，需要双方不断努力维护。实现方式如下。

①技术合作：企业与其他企业合作开发新技术、新产品。例如医药企业之间合作研发新药，共享研发成果。

②市场合作：共同开拓市场，推广产品或服务。比如两家企业在不

同地区分别具有优势市场,通过合作可以互相进入对方的市场,扩大销售范围。

③供应链合作:在供应链环节进行合作,提高供应链的效率和稳定性。例如企业与供应商建立长期合作关系,确保原材料的稳定供应。

案例研究

高速成长的字节跳动

字节跳动成立于 2012 年,在短短十几年间,从一个创业团队迅速发展成为全球知名的科技巨头,独特的算法和内容分发平台让其在全球互联网行业中脱颖而出,成为一股谁都无法忽视的互联网新势力。

让我们将时光倒回 2012 年。是年 3 月,张一鸣在北京的创业大街知春路租下了一间民宅——锦秋家园,作为字节跳动的第一间办公室。当时张一鸣的团队规模极小,选择民宅既可以节省成本又能够方便生活。在这个狭小的公寓里,研发、财务、设计分别在不同的房间办公,会议室只有 5 平方米。尽管条件简陋,但这里孕育着伟大的梦想。张一鸣和他的团队最先确定了公司的英文名"ByteDance",之后才有了"字节跳动"这个中文名。起初,字节跳动只有两个软件工程师,但他们一口气做了 12 个产品来"试水",最终只有"今日头条"这款产品得以脱颖而出。张一鸣通过自学推荐算法,敲出了"今日头条"第一版的推荐系统,实现了按照每个读者不同的口味推送不同的新闻内容的"千人千面"功能,一举奠定了字节跳动的高起点。

2013 年,随着今日头条的快速发展,团队不断扩张,锦秋家园已无法满足办公需求,字节跳动迎来了第一次搬家,从锦秋家园搬到了盈都大厦。这一年,公司的发展步伐明显加快,团队成员的增加也为业务的拓展提供了更多的人力支持。2014年,自媒体开始兴起,字节跳动敏锐地抓住了这一机遇,推出了头条号,为创作者提供推荐引擎和创作平台。然而,邀请作者入驻成了难题,公司甚至全员动员去邀请创作者,大家不辞辛劳地联系各位创作者,并细致耐心地做好沟通工作,绝不放过任何一个可能的机会。这一年,除了将百度杨震原收入麾下外,今日头条还招收了一众从百度等企业核心部门跳槽出来的机器学习算法工程师。

2015年,张一鸣在自己的微博上发出了100万美元招聘顶级机器学习人才的广告,联系人方式一栏里,只写了他本人的邮箱地址。当时互联网还正处于招移动端、iOS技术人员的阶段,字节跳动估值也还没达到10亿美元,这一举动吸引了大量供职于Google、Facebook、Twitter和YouTube等大公司的高端技术人才。这为字节跳动的技术发展注入了强大的动力,也进一步巩固了其在算法领域的领先地位。

2016年2月,字节跳动第二次搬家,搬到了更大的中航广场,依然在知春路。在这里,字节跳动有了更广阔的发展空间。不久,便推出了划时代的新产品——抖音,上线于2016年9月。抖音以其独特的短视频形式和简单易用的操作界面,迅速吸引了大量用户。10月,字节跳动人工智能实验室(AI Lab)成立,吸引了大量技术人才的加入,为字节跳动在人工智能领域的研究和应用提供了强大的支持。

2017年,抖音以"TikTok"的名字"出海",开始了全球化征程。这一举措具有重大的战略意义,为字节跳动打开了更广阔的市场空间。2018年,字节跳动以10亿美元并购了拥有超过2.4亿用户的短视频应用Musical.ly,正式进入北美市场。此后,TikTok在全球范围内迅速崛起,多次登顶各大应用市场和全球社交媒体下载量排行榜榜首。

时至今日,字节跳动已成为中国互联网行业的头部企业,收入增长迅速且规模庞大。2023年销售额增长30%至1 100亿美元,超过了腾讯等传统互联网巨头,在中国互联网企业中处于领先地位。在技术创新方面,字节跳动拥有强大的算法推荐系统,能够基于数据为用户提供个性化的推荐内容,这一技术优势使其在内容分发领域占据领先地位。在人工智能领域也积极探索,不断推出新的 AI 产品和技术,如飞书、豆包等,展现出深厚的技术积累。产品布局完善,已经形成了强大的产品矩阵,旗下拥有众多知名且具有广泛影响力的产品。今日头条是其早期的旗舰产品,拥有庞大的月活用户数;抖音、TikTok 更是在短视频领域占据主导地位,在全球范围内拥有极高的人气和用户黏性。此外,还有西瓜视频等产品,丰富了其内容生态。

字节跳动旗下的 TikTok 在海外市场取得了巨大成功,拥有庞大的用户群体。例如,2023 年约有 1.7 亿美国人使用 TikTok,约超过美国总人口的 50%。其全球月活用户数也非常可观,在全球范围内具有广泛的影响力。TikTok 的崛起对全球社交和娱乐应用市场产生了重大影响,与 Facebook、Instagram 等社交平台形成了竞争态势,改变了全球社交媒体的格局。其创新的短视频模式和强大的社交属性,吸引了大量年轻用户,成为全球年轻人喜爱的社交平台之一。字节跳动不断拓展海外业务,除了 TikTok,还推出了社交分享应用 Lemon8 等产品。Lemon8 在海外市场表现出色,曾在美国 App Store 排行榜上飙升至首位,成为字节跳动在海外市场的又一爆款应用,为其全球化战略奠定了坚实基础。

字节跳动之所以能够实现如此高速的增长,可以归因为如下几个方面:

(1)强大的技术实力

字节跳动的核心竞争力之一是其强大的算法推荐系统。通过对海量用户的行为数据进行深度分析和学习,算法能够准确地预测用户的兴趣和需求，为用户提供高度个性化的推荐内容。这种精准的推荐不仅提高了用户的满意度和黏性，也为内容创作者提供了更好的展示平台，促进了内容的生产和传播。用户在使用今日头条或抖音时，总能快速找到自己感兴趣的信息或视频，极大地提高了用户的使用体验。

公司始终将技术创新作为发展的核心驱动力，在推荐算法、人工智能、大数据等领域投入巨大。不断优化和升级算法，提高技术性能和服务质量，保持在技术上的领先地位。字节跳动拥有一支庞大的技术研发团队，他们不断探索新的技术应用场景，为公司的产品创新提供了坚实的技术支持。

以大语言模型（LLM）为例。字节跳动提出了诸多关于 LLM 的原创性的算法创新，包括遗忘学习的研究、强化微调方法（ReFT）、实现量化推理自由等。字节跳动研发了云雀大模型，采用了 Transformer 架构的深度神经网络，训练数据规模庞大，涵盖多模态数据，使其拥有丰富的语言知识和语境信息。基于 LLM 技术，字节跳动推出了一些深受用户青睐的应用，如豆包、扣子和话炉等。豆包可以回答问题，帮助写文案；扣子能实现语音转文字、图片编辑等任务；话炉能打造虚拟角色，实现互动娱乐等。

(2) 多元化的产品矩阵

字节跳动旗下拥有今日头条、抖音、TikTok、西瓜视频、懂车帝等多个现象级产品，覆盖了资讯、视频、社交、娱乐、汽车等多个领域。这些产品针对不同的用户群体和需求场景，为用户提供了丰富多样的选择，满足了用户在不同方面的需求。例如，今日头条适合喜欢阅读新闻资讯的用户，抖音和 TikTok 则深受年轻用户喜爱，他们可以通过短视频分享自己的生活和创意，西瓜视频则为用户提供了更丰富的长视频内容。

字节跳动的产品之间相互协同，形成了一个庞大的生态系统。例如,用户在今日头条上看到的视频内容可以直接跳转到西瓜视频或抖音上进行观看,这种跨平台的流量引导和用户转化,提高了用户的活跃度和留存率,也为公司带来了更多的商业机会。同时,字节跳动的产品矩阵也为广告投放提供了更多的渠道和选择,吸引了大量的广告商,为公司的营收增长提供了有力支持。

(3)以用户为中心的理念

字节跳动始终将用户体验放在首位,不断优化产品的功能和设计,提高产品的易用性和趣味性。例如,抖音的界面简洁、操作方便,用户可以轻松地拍摄、编辑和分享短视频;今日头条的内容推荐精准,用户能够快速找到自己感兴趣的信息。公司还积极倾听用户的反馈和建议,不断改进产品,满足用户的需求和期望。

公司重视与用户的互动和沟通,通过各种方式鼓励用户参与到产品的创作和分享中。例如,抖音举办了各种挑战活动和话题,用户可以根据自己的兴趣和特长参与其中,展示自己的才华和创意。这种用户参与的模式不仅增强了用户的黏性和归属感,也为产品的传播和推广提供了强大的动力。

(4)优秀的人才战略

字节跳动在创业初期就确立了高标准的人才招聘策略,注重招聘优秀的人才,尤其是具有创新精神和实践能力的技术人才和管理人才。这些人才为公司的发展提供了强大的智力支持和创新动力。公司的招聘团队积极拓展招聘渠道,吸引了来自国内外各大知名企业和高校的优秀人才。

公司为员工提供了广阔的发展空间和良好的工作环境,鼓励员工不断学习和创新。同时,通过丰厚的薪酬待遇、股权激励等方式,激励员工为公司的发展积极贡献力量。例如,字节跳动的员工持股计划,让员工能够分享公司的发展成果,增强了员工的归属感和忠诚度。

(5)全球化的战略布局

字节跳动在成立后三年(2015年)就启动了全球化战略,将旗下的产品推向国际市场。通过本地化运营和文化适应,TikTok等产品在海外市场获得了巨大成功,吸引了大量的海外用户,为公司的增长提供了新的动力。例如,在不同的国家和地区,TikTok会根据当地的文化和用户需求,推出相应的内容和活动,提高用户的参与度和满意度。

字节跳动在全球范围内招聘优秀的人才,组建了国际化的团队。同时,与国际上的知名企业和机构进行合作,拓展业务领域和市场份额,提升公司的国际影响力。例如,字节跳动与华纳音乐集团、谷歌等公司的高管合作,为公司的业务发展提供了更多的资源和支持。